谢林著作集

先刚 主编

哲学与宗教

Philosophie und Religion

〔德〕谢林 著　先刚 译

图书在版编目(CIP)数据

哲学与宗教/(德)谢林 (F.W.J.Schelling)著；先刚译. —北京：北京大学出版社, 2017.1

(谢林著作集)

ISBN 978-7-301-27713-3

Ⅰ.①哲…　Ⅱ.①谢…②先…　Ⅲ.①哲学—研究 ②宗教—研究　Ⅳ.①B

中国版本图书馆CIP数据核字(2016)第266267号

书　　　名	哲学与宗教 ZHEXUE YU ZONGJIAO
著作责任者	〔德〕谢林 著　先 刚 译
责任编辑	王晨玉　吴 敏
标准书号	ISBN 978-7-301-27713-3
出版发行	北京大学出版社
地　　　址	北京市海淀区成府路205号　100871
网　　　址	http://www.pup.cn　新浪微博:@北京大学出版社
电子信箱	pkuwsz@126.com
电　　　话	邮购部 62752015　发行部 62750672　编辑部 62752025
印刷者	北京中科印刷有限公司
经销者	新华书店
	650毫米×980毫米　16开本　24印张　250千字 2017年1月第1版　2022年10月第4次印刷
定　　　价	80.00元

未经许可，不得以任何方式复制或抄袭本书之部分或全部内容。
版权所有，侵权必究
举报电话: 010-62752024　电子信箱: fd@pup.pku.edu.cn
图书如有印装质量问题，请与出版部联系，电话: 010-62756370

中文版《谢林著作集》说明

如果从谢林于1794年发表第一部哲学著作《一般哲学的形式的可能性》算起，直至其1854年在写作《纯粹唯理论哲学述要》时去世为止，他的紧张曲折的哲学思考和创作毫无间断地整整延续了60年的时间，这在整个哲学史里面都是一个罕见的情形。[①] 按照人们通常的理解，在德国古典哲学的整个"神圣家族"（康德—费希特—谢林—黑格尔）里面，谢林扮演着一个承前启后的关键角色。诚然，这个评价在某种程度上正确地评估了谢林在德国古典哲学发展过程中的功绩和定位，但另一方面，它也暗含着一个贬低性的判断，即认为谢林哲学尚未达到它应有的完满性，因此仅仅是黑格尔哲学的一种铺垫和准备。这个判断忽略了一个基本事实，即在黑格尔逐渐登上哲学顶峰的过程中，谢林的哲学思考始终都与他处于齐头并进的状态，而且在黑格尔于1831年去世之后继续发展了二十多年。一直以来，虽然爱德华·冯·哈特曼（Eduard von Hartmann）和海德格尔（Martin Heidegger）等哲学家都曾经对"从康德到黑格尔"这个近乎僵化

[①] 详参先刚：《永恒与时间——谢林哲学研究》，第一章"谢林的哲学生涯"，北京：商务印书馆，2008年，第4—43页。

的思维模式提出过质疑，但真正在这个领域里面给人们带来颠覆性认识的，乃是瓦尔特·舒尔茨（Walter Schulz）于1955年发表的里程碑式的巨著《德国唯心主义在谢林后期哲学中的终结》①。从此以后，学界对于谢林的关注度和研究深度整整提高了一个档次，越来越多的学者都趋向于这样一个认识，即在某种意义上来说，谢林才是德国古典哲学或德国唯心主义的完成者和终结者。②

  我们在这里无意于对谢林和黑格尔这两位伟大的哲学家的历史地位妄加评判。因为我们深信，公正的评价必须而且只能立足于人们对于谢林哲学和黑格尔哲学乃至整个德国古典哲学全面而深入的认识。为此我们首先必须全面而深入地研究德国古典哲学的全部经典著作。进而言之，对于一位研究德国古典哲学的学者来说，无论他的重心是放在四大家里面的哪一位身上，如果他对于另外几位没有深入的了解，那么很难说他的研究能够获得多少准确而透彻的认识。在这种情况下，对于中国学界来说，谢林著作的译介尤其是一项亟待补强的工作，因为无论对于康德、黑格尔还是对于费希特而言，我们都已经拥有其相

---

① Walter Schulz, *Die Vollendung des deutschen Idealismus in der Spätphilosophie Schellings*. Stuttgart 1955; zweite Auflage, Pfullingen 1975.
② 作为例子，我们在这里仅仅列出如下几部著作：Axel Hutter, *Geschichtliche Vernunft: Die Weiterführung der Kantischen Vernunftkritik in der Spätphilosophie Schellings*. Frankfurt am Main 1996; Christian Iber, *Subjektivität, Vernunft und ihre Kritik. Prager Vorlesungen über den Deutschen Idealismus*. Frankfurt am Main 1999; Walter Jaeschke und Andreas Arndt, *Die Klassische Deutsche Philosophie nach Kant: Systeme der reinen Vernunft und ihre Kritik (1785-1845)*. München 2012.

对完备的中译著作,而相比之下,谢林著作的中译仍然是一种非常匮乏的局面。有鉴于此,我们提出了中文版《谢林著作集》的翻译出版规划,希望以此推进我国学界对于谢林哲学乃至整个德国古典哲学的研究工作。

中文版《谢林著作集》所依据的德文底本是谢林去世之后不久,由他的儿子(K. F. A. Schelling)编辑整理,并由科塔出版社出版的十四卷本《谢林全集》(以下简称为"经典版")①。"经典版"《谢林全集》分为两个部分,第二部分(第11—14卷)首先出版,其内容是晚年谢林关于"神话哲学"和"天启哲学"的授课手稿,第一部分(第1—10卷)的内容则是谢林生前发表的全部著作及后期的一些手稿。自从这套全集出版以来,它一直都是谢林研究最为倚重的一个经典版本,目前学界在引用谢林原文的时候所遵循的规则也是以这套全集为准,比如"VI, 60"就是指所引文字出自"经典版"《谢林全集》第六卷第60页。20世纪上半叶,曼弗雷德·施罗特(Manfred Schröter)为纪念谢林去世100周年,重新整理出版了"百周年纪念版"《谢林全集》②。但从内容上来看,"百周年纪念版"完全是"经典版"的原版影印,只不过在篇章的编排顺序方面进行了重新调整而已,而且"百周年纪念版"的每一页都标注了"经典版"的对应页码。就此而言,无论人们是使用"百周年纪念版"还是继续使用"经典版",本质上都没有

---

① F. W. J. *Schelling, Sämtliche Werke*. Hrsg. von K. F. A. Schelling. Stuttgart und Augsburg: Cotta'sche Buchhandlung, 1856-1861.

② *Schellings Werke. Münchner Jubiläumsdruck, nach der Originalausgabe (1856-1861) in neuer Anordnung*. Hrsg. von Manfred Schröter. München 1927-1954.

任何差别。唯一需要指出的是,"百周年纪念版"相比"经典版"还是增加了新的一卷,即所谓的《遗著卷》(Nachlaßband)①,其中收录了谢林的《世界时代》的1811年排印稿和1813年排印稿,以及另外一些相关的手稿片断。1985年,曼弗雷德·弗兰克(Manfred Frank)又编辑出版了一套六卷本《谢林选集》②,其选取的内容仍然是"经典版"的原版影印。这套《谢林选集》因为价格实惠,而且基本上把谢林的最重要的著作都收录其中,所以广受欢迎。虽然自1976年起,德国巴伐利亚科学院启动了四十卷本"历史—考据版"《谢林全集》③的编辑工作,但由于这项工作的进展非常缓慢(目前仅仅出版了谢林1801年之前的著作),而且其重心是放在版本考据等方面,所以对于严格意义上的哲学研究来说暂时没有很大的影响。总的说来,"经典版"《谢林全集》直到今天都仍然是谢林著作的最权威和最重要的版本,在谢林研究中占据着不可取代的地位,因此我们把它当作中文版《谢林著作集》的底本,这是一个稳妥可靠的做法。

目前我国学界已经有许多"全集"翻译项目,相比这些项目,我们的中文版《谢林著作集》的主要宗旨不是在于追求大而

---

① F. W. J. von Schelling, *Die Weltalter. Fragmente. In den Urfassungen von 1811 und 1813*. Hrsg. von Manfred Schröter. München: Biederstein Verlag und Leibniz Verlag 1946.

② F. W. J. Schelling, *Ausgewählte Schriften in 6 Bänden*. Hrsg. von Manfred Frank. Frankfurt am Main: Suhrkamp 1985.

③ F. W. J. Schelling, *Historisch-kritische Ausgabe*. Im Auftrag der Schelling-Kommission der Bayerischen Akademie der Wissenschaften herausgegeben von Jörg Jantzen, Thomas Buchheim, Jochem Hennigfeld, Wilhelm G. Jacobs und Siegbert Peetz. Stuttgart-Band Cannstatt: Frommann-Holzboog, 1976 ff.

全，而是希望在基本覆盖谢林的各个时期的著述的前提下，挑选其中最重要的和最具有代表性的著作，陆续翻译出版，力争成为一套同时兼具完备性的精品集。实际上，即使从我们的初步规划来看，中文版《谢林著作集》也已经有十六卷的规模，而如果这项工作进展顺利的话，我们还会在这个基础上陆续推出更多的卷册（尤其是最近几十年来整理出版的晚年谢林的各种手稿）。也就是说，中文版《谢林著作集》将是一项开放性的长期工作，在这个过程中，我们也希望得到学界同仁的更多支持。

本丛书得到了教育部人文社会科学重点研究基地项目"《谢林著作集》的翻译和研究"（项目批准号15JJD720002）的资助，在此表示感谢。

先　刚

北京大学外国哲学研究所

北京大学美学与美育研究所

目　录

中文版《谢林著作集》说明 …………………………………… 1

译者前言 ………………………………………………………… 1

伊曼努尔·康德（1804）………………………………………… 1

哲学与宗教（1804）……………………………………………… 15

哲学导论（1804）………………………………………………… 93

自然哲学导论箴言录（1806）…………………………………… 167

自然哲学箴言录（1806）………………………………………… 257

论德国科学的本质（1807）……………………………………… 333

人名索引 ………………………………………………………… 354

主要译名对照 …………………………………………………… 357

译者前言

本卷收录的六部(篇)著作写作于1804—1807年间,是谢林任教于维尔茨堡大学时期的作品。从一个更大的时间段来看,这些著作属于谢林的"中期哲学",或更确切地说,属于通常所谓的"同一性哲学"或"绝对同一性体系"阶段。一般认为,谢林的"同一性哲学"起始于谢林1801年发表的《对我的哲学体系的阐述》(*Darstellung meines Systems der Philosophie*),一直延续到谢林1809年发表《论人类自由的本质》(*Philosophische Untersuchungen über das Wesen der menschlichen Freiheit*)之前。这段时间堪称谢林的哲学创作最为旺盛的时期,它同时也是谢林的整个哲学生涯的巅峰期。我们的这套十六卷本《谢林著作集》里,有四卷属于谢林的"同一性哲学"时期,而本卷即为其中之一。这时的谢林,作为精神王国的天之骄子,作为无可争议的"德国头号哲学家",继承并发扬康德和费希特塑造的德国哲学的辉煌,引领着德国哲学的未来发展方向。

收录入本卷的几部(篇)著作里,最重要的无疑是1804年发表的《哲学与宗教》(*Philosophie und Religion*)。谢林本人对于这部著作非常重视,在后来的《论人类自由的本质》里,他不仅把

《哲学与宗教》称作"类似著作"(VII,410),而且明确指出:"作者对于本书[《论人类自由的本质》]所表述的主要观点,对于'意志自由''善和恶''人格性'等等,迄今为止尚未在任何地方进行过解释,但《哲学与宗教》这部著作是唯一的例外。"(VII,334)当代以来,主要由于海德格尔的高度推崇,学术界尤其重视谢林的《论人类自由的本质》一书,而按照谢林本人的指示,人们在研究《论人类自由的本质》的同时,必须也把《哲学与宗教》纳入自己的视野。

实际上,《哲学与宗教》从发表伊始就是一部充满争议,并在这个意义上发挥着重要影响的著作。比如同时代的神学家和哲学家萨拉(Jakob Salat)就宣称:"在谢林迄今的著作里,还从来没有像《哲学与宗教》这样,新柏拉图主义、诺斯替主义(或摩尼教)、神秘主义、宿命论、异教观点(或唯物主义)、教士道德如此粗暴地捆绑在一起。"①而谢林的另一位同事瓦格纳(Johann Jakob Wagner)——谢林在《哲学与宗教》里不点名地抨击他是一只自不量力探索哲学奥秘的"山羊"——则认为:"当我读了谢林的最新著作[即《哲学与宗教》]之后,我不得不说,谢林已经在思辨之中沉沦了,而人们本来曾经指望他会清除这类思辨。"②诗人海涅对此书的评价则是:"到这里,哲学在谢林先生那里停顿

---

① Jakob Salat, *Die Fortschritte des Lichts in Baiern: Briefe und andre Aufsätze: nebst Zugaben über eine idealistische Wolke, welche neuerlich dort aufgestiegen ist*. München 1805. S. 219-220.

② Vgl. Xavier Tilliette (hrsg.), *Schelling im Spigel seiner Zeitgenossen. Band IV: Nachklänge*. Mailand 1997. S. 30.

下来了，但诗意，我宁可说是愚痴，却发作了。"①进入20世纪之后，马克思主义理论家卢卡奇（Georg Lukács）继续向谢林开火，他在其1954年出版的《理性的毁灭》（*Die Zerstörung der Vernunft*）一书里，甚至把谢林看作是法西斯主义的理论先驱（该书的副标题赫然打出"从谢林到希特勒的非理性主义之路"的口号），并且认为谢林之走向"明显反动"的源头就是《哲学与宗教》这部著作："自从谢林离开耶拿迁居维尔茨堡之后，他开始受到他的多数公开反动的信徒和学生的影响。他因此很快出版了《哲学与宗教》一书（1804），在这里，他的生涯有了决定性的转变，开始了他的明显反动的第二时期。这一转变'仅仅'在于：不是艺术而是宗教成了哲学的'工具'。"②

以上种种论调，无非都是认为谢林在《哲学与宗教》里转向宗教或"诗意"，从而背叛了哲学。诚然，如果各路批评者有着自己特定的哲学观点和思想立场，那么他们批评甚至咒骂谢林的"转向"也是情有可原的，毕竟谢林的哲学思考从来不是以取悦他们为目的。但关键在于，谢林的那个所谓的"转向"根本就不存在，根本就不曾发生，既然如此，那些批评者的热切劲儿究竟从何而来，这就令人难以理解了。对此唯一的解释是，那些人要么是别有用心，要么并没有认真阅读《哲学与宗教》这部著作。

也就是说，谢林在《哲学与宗教》里根本没有转向宗教，背叛哲学，正相反，他在其中以一种无比清楚和无比坚定的方式确

---

① 海涅：《论德国宗教和哲学的历史》，参阅《海涅文集》（批评卷），张玉书选编，海安译，北京：人民文学出版社，2002年，第333页。
② 卢卡奇：《理性的毁灭》，王玖兴等译，济南：山东人民出版社，1997年，第134页。

立了哲学的至高无上的地位,捍卫了哲学相对于宗教的优先性。我在《哲学与宗教的永恒同盟》①这部系统诠释《哲学与宗教》的论著里,通篇都在论证这一思想。读者如果没有闲暇阅读我的那部论著,也可以在谢林自己的论述里找到一些足够清楚的表述。作为例子,我在这里仅仅引用谢林的如下几句文字。比如,"哲学的本质恰恰在于:通过清晰的知识和直观认识来掌握'非哲学'[即宗教]自以为通过信仰而把持住的东西。"(VI, 18)又比如,"我原本的计划,即为理性和哲学索回那些已经被宗教的独断论和信仰的非哲学所霸占的对象。"(VI, 20)此外,这里需要提醒读者,《哲学与宗教》本身是一部为了论战而写就的著作,而谢林在其中严厉驳斥的对象,恰恰是以埃申迈耶尔(C. A. Eschenmayer)为代表的一些企图在哲学之外为宗教信仰保留地盘,甚至把宗教信仰凌驾于哲学之上的人,为此谢林一方面批评康德让哲学自贬身价,导致"那些在哲学里真正属于哲学的东西,到头来反而被完全托付给了信仰"(VI, 17),另一方面赞颂斯宾诺莎传承"古老的、真正的哲学,……把哲学引回到了她唯一的那些对象上面。"(Ebd.)试想,在这样一部旗帜鲜明地为哲学摇旗呐喊的战斗宣言里,谢林如何可能"明显走向反动","背叛"哲学,"转向"宗教呢?!

实际上,最大的误解可能来自于谢林在该书中提出的一个核心思想:哲学与宗教"同源分流"(VI, 16 ff.),最终又走向"永

---

① 先刚:《哲学与宗教的永恒同盟:谢林<哲学与宗教>释义》,北京:北京大学出版社,2015年。

恒同盟"(VI, 70)。但这恰恰是谢林哲学的伟大之处。谢林从来都没有像那些"瞎启蒙主义者"(Aufklärerei)一样,对于宗教抱着完全敌视和排斥的态度,而是在一般地批评宗教的同时,致力于汲取和包容宗教中的深刻思想和合理因素——按照谢林反复强调的观点,这些东西本来就是哲学与宗教的共同财富,只不过后来被宗教独霸了,现在由哲学"索回"而已。再者,即使在作为理想的"哲学与宗教的永恒同盟"里,也是宗教皈依于哲学,而不是哲学屈从于宗教。关于"必须把宗教扬弃于哲学中"这个问题,谢林并不是一个人在战斗,事实上,古代的柏拉图、亚里士多德、柏罗丁,近代的斯宾诺莎、莱布尼茨、康德、费希特、黑格尔、甚至叔本华都在做着同样的工作,虽然他们从各自的哲学体系出发,对于宗教中的深刻思想和合理因素有着不同的取舍和整合。在这件事情上,谢林和黑格尔最为契合,他们对于宗教(尤其是基督教)思想的整合最为全面,因此他们的哲学思想带有浓厚的"基督教哲学"色彩——但我们不要忘了,"基督教哲学"本身是来源于伟大的希腊哲学,而不是来源于思想贫乏的基督教!在这种情况下,如果人们遗忘了两位哲学家的基本初衷,忽略了这两个哲学体系的"大全一体"的性质,自然免不了断章取义,横加指责。而各种指责中最为无理的一个,无疑是把谢林哲学归入"非理性主义"或"反动宗教"的范畴,这等于是把谢林一生殚精竭虑,辛辛苦苦为理性和哲学"索回"的思想财富重新奉送给宗教。

本卷的另外几部(篇)著作,《伊曼努尔·康德》(*Immanuel*

Kant)和《论德国科学的本质》(*Ueber das Wesen deutscher Wissenschaft*)主要表述了谢林对于当代德国哲学的形势和走向的看法;更重要的是《哲学导论》(*Propädeutik der Philosophie*)和两部关于"自然哲学"的箴言录(*Aphorismen zur Einleitung in die Naturphilosophie; Aphorismen über die Naturphilosophie*)。谢林可能是历史上最为重视"哲学导论"的哲学家,他多次以阐述哲学史的方式展开哲学导论,并且在晚年分别为神话哲学和天启哲学创作了系统的长篇导论,更把"世界时代体系"作为他的整个后期哲学的导论来对待。众所周知,谢林在1830年甚至专门为巴伐利亚国王马克希米连二世(Maximilian II.)及其臣下讲授了一个暑期的"哲学导论"①,而这位国王从头至尾进行了专注的学习和研究。收入本卷的《哲学导论》写作于1804年,这是谢林在这个题材上的第一次尝试,其在实质上是一部简要的"近代哲学史"。在这里,谢林已经把哲学史看作是一个合乎逻辑的螺旋上升发展的过程,并且把他自己的"同一性哲学"作为"完满的唯心主义"(VI, 130)放在这个过程的顶峰。如果人们把这部《哲学导论》与谢林晚年的更为系统全面的《近代哲学史》(1830/31)相比较,还是能够找到一些显著的差异乃至转变,比如在《哲学导论》里,谢林认为莱布尼茨的《神正论》是一部充满想象的不严肃的作品(VI, 112),只有"单子论"才代表着其真正具有思辨意义的学说(VI, 116),而在《近代哲学史》里,谢林的评价完全颠倒过

---

① F. W. J. Schelling, *Einleitung in die Philosophie*. Hrsg. von Walter E. Ehrhardt. Stuttgart—Bad Cannstatt: frommann-holzboog, 1989.

来,转而认为"单子论"更像是莱布尼茨的一个无关紧要的"猜想"或"思想游戏"(X, 52, 56),反之《神正论》才是其真正严肃对待的东西(X, 56)。当然,最重要的差别在于,在写作《哲学导论》的时候,默默无闻的黑格尔尚未进入谢林的视野,而到了写作《近代哲学史》的时候,谢林却不得不用篇幅最大的一章来详细批驳如日中天的黑格尔哲学;再者,晚年谢林已经不再认为自己的"同一性哲学"是近代哲学的顶峰,毋宁说它仅仅是"否定哲学"的最高阶段(如果不把黑格尔哲学考虑进来的话),需要一条新的"肯定哲学"的路径来做补充。

最后再对两部关于自然哲学的箴言录略做解释。谢林这里的"自然哲学"并不是指一种特定的以自然界为对象的哲学(即谢林所说的"专门的自然哲学"),而是指他的"绝对同一性体系",或这里所说的关于"大全一体"(Ein-und Allheit)的学说。谢林对此的解释是:"如果人们把整个体系称作'自然哲学',那么这仅仅是一种 denominatio a potiori[从优命名法],或者说真正遵循 a priori[先天,从在先的开始]一词的意思,用体系里面先行的第一位的东西来命名——但在这种情况下,第一位的东西其实是居于从属地位的东西。"(X, 107)①也就是说,谢林始终强调的是,绝对者必须从自然界出发,上升到精神世界,实现真正的大全一体。因此谢林的这两部著作实际上仍然是一个阐述其哲学体系的尝试,只不过在这里采取了"箴言"的表述形式。"箴言"(类似地还有"片段""断想"等等)是当时流行的一种表述形式,

---

① 谢林:《近代哲学史》,先刚译,北京:北京大学出版社,2016年,第127页。

不仅为德国浪漫派所偏爱,而且也被谢林甚至黑格尔所采用。谢林曾经采用许多不同形式的表述方式来阐释他的哲学,除了一般的论著之外,还有书信、对话录、讲授录、几何学演绎、箴言、叙事甚至诗歌等等。当然,我们不能说这些表述方式全都取得了成功,但它们不仅表明了谢林的卓越而全面的写作技艺,更重要的是,它们反映了谢林的一个核心思想,即无比重视内容和形式的契合,并努力寻求在不同语境下相应的最为合适的表述和传达思想的方式。①当前的这两部箴言录其实也不是纯粹的"箴言"汇编,而是糅合进了一些几何学演绎的手法,力图展示出思想的层层推进并勾勒出体系的大致轮廓。作为"箴言录",这里面不可避免地呈现出许多跳跃,但如果把它们和谢林的其他著述放在一起,在他的整个著述的语境下来考察,那么人们在欣赏谢林许多精彩的思想火花的同时,也不难把握其精神主旨。

先　刚

2016年8月于北京大学人文学苑

---

① 详参先刚:《哲学与宗教的永恒同盟》,北京:北京大学出版社,2015年,第25—43页。

谢林著作集

伊曼努尔·康德

1804

F. W. J. Schelling, *Immanuel Kant*, in ders. *Sämtliche Werke*, Band VI, S. 1-10. Stuttgart und Augsburg 1856-1861.

伊曼努尔·康德①

尽管康德以高龄去世,但他绝不是一位过时的人物。相比他的那些最为激烈的反对者,他不仅在身体上比某些人更长命,而且在道德上比任何人都更长命。他把别人远远抛在身后,而他喷射出火焰的唯一目的,就是把他的哲学的纯粹精华从时代的杂质里提炼出来,将其呈现在一道纯粹的光明之内。无论什么时候,一位伟大著作家的公开影响,就是一方面表现出他与他那个时代的对立,另一方面又表现出他与那个时代的一致。按照自然法则,任何极端都要求有一个对立面,因此对于一个在精神上和道德上都已经土崩瓦解了的时代而言,最有意义的事情莫过于借助这个如此辉煌的精神的强硬态度,重新高扬时代的凝聚力。曾经有一段时期,人们只懂得进行一些折衷主义的和骑墙式的哲学思考,而对于那些思辨的对象,人们只是通过传统的延续而略有所闻,然后按照通常的人类理智来进行评判。现在,有一部著作②直指一切认识的根源,而单凭这部著作的内在

---

① 本文发表于《法兰肯国家和学者报》,1804年3月,第49、50期。——原编者注。译者按,这是谢林为纪念康德去世(1804年2月12日)而专门撰写的悼文。
② 即康德的《纯粹理性批判》(*Kritik der reinen Vernunft*),1781年初版,1787年第二版(修订版)。——译者注

统一性，单凭那种就像一个整块浇铸的作品的严格联系，即使我们暂不考虑其内容，它也必然已经通过它的形式和目标赢得了严肃而崇高的尊重。年轻人尤其会感受到这部著作的不可抗拒的吸引力，并为这部著作所提供的形式欢喜雀跃，因为借助于这些形式，他们不仅能够讨论科学的对象，而且能够比任何前人都[VI, 4] 更为方便和更为深入地讨论人生的对象，于是他们把这些形式当作是一个最为珍贵的宝藏。尽管伴随着一系列最为激烈的斗争和反斗争，时代本身还是来到了这样一个环节，在这里，康德与他的时代达到了完全的和谐，成为德国精神的最高代言人和先知。有人认为，唯有法国大革命这一伟大事件才给他的哲学带来了**真正**普遍而公开的效果，而单靠他的哲学本身是不可能带来这种效果的。实际上，再也没有比这更为虚假的断言了。在康德的狂热崇拜者里面，有些人惊叹于法国大革命和康德哲学的邂逅（在他们看来，二者是具有同等重要性的变革），并把这看作是一个天意，但他们不知道，本身说来，只有同一个长久以来已经得到教化的精神，这个精神按照民族和处境的不同，在法国那里为现实中的革命提供了动力，而在德国这里则为思想中的革命提供了动力。康德哲学带来的一个后果，就是让德国人比其他民族更加迅速地对法国大革命做出了一个评价；反过来，康德哲学也带来了一个震荡，这个震荡波及到迄今的一切基本原理，它把人们对于一些永恒不变的、通过自身就延续下来的法律基柱和社会体制的信念转化为一种普遍的事务，甚至把康德哲学的认识转化为世俗之人和政治家的一个迫切需要，因为康德哲学已经获得了一个威望,即它在这件事情上是一个能够做出裁决的最高机所。——康德哲学提供了一个简明的道德范式,使得人们能够对于各种道德事件做出最为明确的裁决,而它所捍卫的具有严峻主义色彩的道德原理和法律原理则是超越了一切对于经验的依赖,再也不必接受经验的审查——所有这一切在时代伟大的道德舞台上都曾经赢得拥戴,得到回应,并且获得最为丰富的应用素材。——然而伴随着法国大革命的低潮,康德哲学似乎也陷入到了低谷之中,而明白人都知道,后面这种情况的原因,不是在于康德哲学偶然地失去了这个人或那个人的兴趣和支持,而是在于法国大革命和康德哲学之间的那种现实的、内在的一致性和同等性,也就是说,二者都具有一种单纯 [VI, 5]
否定的特性,而且它们对于抽象性和现实性的矛盾都没有提供一个令人满意的解决方案,而这个矛盾无论对于思辨中的康德哲学还是对于实践中的法国大革命而言都是不可克服的。

  如果我们衡量一种哲学的公开效果的方式,就是去看它在多大程度上影响了其他学说,那么可以说,康德不仅在道德科学和政治科学方面,而且直接地或间接地在绝大多数科学方面都奠定了一种新颖的观察方式。正如他的同乡**哥白尼**把运动从中心放到外围周边,同样,康德也从根本上颠转了这样一个观念,即以为主体是一个被动而安静的接受者,只有对象发挥着作用——这个颠转就像通过一种电力作用一样,在知识的一切分支里面都扎根下来。

  我们在这里的目的,不是要详尽地阐述康德的科学贡献;对于我们当前的目的来说，康德在他的著作里面遗留下来的人格肖像是一个更为有趣的东西。人们早就已经注意到，按照康德的精神，他的哲学的整体理念不是先行于各个部分，毋宁说是那些部分先行于整体理念，而在这种情况下，康德哲学的整体就不是以有机体的方式，而是以拼凑的方式产生出来的。由于康德的教学任务是在课堂上讲授思辨哲学，所以很多年以来，他都是抱着一种纯粹的怀疑态度看待那些在当时占据统治地位的教科书概念，即沃尔夫—鲍姆伽登式的教科书概念；与此同时，由于他的精神具有一种无限的诚实性和正直性，所以他无法和其他人一样满足于这种独断论。无论如何，在1770年至1780年期间，他必然已经明确把握到了他的批判工作的主要理念，因为在**希贝尔**①于这段时间出版的《直线上升的人生历程》②一书里，康德的那些理念甚至已经以一种非常通俗的方式出现在一个著名的谈话里面，而按照那个谈话的说法，**"哲学系主任"**不仅是康德的一幅科学肖像，而且是他的一幅人格肖像。

[VI, 6]　　如果人们询问，为什么在每一个正直的人看来，康德都是明显优越于他的绝大多数反对者（**雅各比**是这些反对者里面的最新一位，而这人的尖刻是出了名的），那么原因仅仅在于，康德具有我们刚才提到的那种**哲学上的正直性**。康德非常无奈地发现，绝大多数哲学家都缺乏这种正直性，而在他看来，"正直"应

---

① 特奥多·希贝尔（Theodor Gottlieb von Hippel der Ältere, 1741-1796），德国政治家和作家，康德的学生和朋友。——译者注
② 《直线上升的人生历程》(*Lebensläufe in aufsteigender Linie*)是希贝尔于1778-1781年间发表的一部自传体小说。——译者注

当是哲学家的首要美德,因此他的单纯质朴的精神蔑视一切闪烁其辞的表述,蔑视一切故弄玄虚的做法。他发表的一系列著作表明,他是如何出乎自己意料地得出他的结论,而从他的某些表述来看,人们甚至可以推测,他几乎是违背了自己的意愿,仅仅考虑到对于世界的功用,才去从事"纯粹理性批判"之类如此抽象的研究工作。对康德自己而言,他的批判工作更像是一个从哲学那里解脱出来的过程,仅仅是一个必要的过渡,即从"思辨的荆棘小道"过渡到经验的丰硕果实,唯其如此,就像他明确指出的那样,唯有经过他的努力,那些更为幸运的后人才能够做到在科学的康庄大道上闲庭信步。康德的精神根本不是像人们通常认为的那样,属于沉重深奥的类型——康德本人在他的人类学讲授录中曾经嘲笑过"深奥"(tiefsinnig)这个词,在他看来,这个词仅仅意味着"无病呻吟"——而是属于轻松开朗的类型。通过他的最早的一些著作,比如《对于美感和崇高感的观察》(*Betrachtungen über das Gefühl des Schönen und Erhabenen*, 1764),人们还可以发现,他很欣赏法国人的优雅以及他们在社交场合中的机智风趣。正因如此,康德也喜欢那种充满活力的社交活动,喜欢在高朋满座的餐桌上谈笑风生,这些是他在任何场合都欣然承认的。也正因如此,康德的渊博无比的知识总是伴随着各种幽默风趣的奇怪念头和杜撰故事,他的这些表述大多保存在他的人类学讲授录里面,虽然其中也掺杂着一些不太重要的东西。

尽管康德是一位如此独特的哲学家,但如果人们像惯常的那样，**仅仅**把他看作是一位哲学家，那么他的真正的天才必然会被忽略。毫无疑问，只有这种精神类型的人才能够彻底征服独断论，并且把独断论所遮蔽的那个哲学视域昭示天下。假若开明的**巴门尼德**（在**柏拉图**的笔下，他就是这样一个人）和辩证法家**芝诺**有幸目睹康德费尽心机揭示出来的**二律背反**，那么他们一定会友好地把康德看作是他们的精神同道，因为二律背反在打败独断论之后成为一个不朽的胜利标志，成为真正的哲学的一个永恒的必经之道。

虽然康德的哲学是以一种拼凑的方式产生出来的，但不管怎样，他的精神毕竟已经展示出**一种自然的、不可遏制的走向总体性的冲动**，而且他在他那个层面上也达到了这种总体性。康德首先从事的是自然科学的研究，直到精疲力尽之后，才去从事思辨的研究以及那些与社会和生活相关的研究。在他的《天体的理论和历史》(*Theorie und Geschichte des Himmels*, 1755)里，康德预言道，在当时人们已经认识到的最远的一颗太阳系行星之外，还有一颗行星（虽然这个预言并没有说出太多东西），而且他在没有从事观察的情况下，就几乎正确地计算出了土星的自转周期；除此之外，他还率先发表了一些关于恒星、银河系和星云的大胆思想。康德的这些观点在当时就得到了人们的热烈赞扬，但它们真正成为尽人皆知的东西，则是通过**兰伯特**[①]于多年

[①] 约翰·兰伯特（Johann Heinrich Lambert, 1728—1777），德国数学家、物理学家和启蒙运动主义者。他在科学史上的最大成就在于证明了圆周率是一个无理数。——译者注

以后发表的《宇宙论书信集》①；事实上，兰伯特在他的书里只是重复了康德的观点，但他不仅没有提到康德的名字，反而制造出一种假象，仿佛这些观点在理性看来已经得到了令人满意的论证。②然而康德的极大野心远远超出了上述的一切，也就是说，他要在物质和物质的自然力的领域内寻找那些规定着世界体系及其运动的原因，而相比之下，**牛顿主义**则是把那些原因直接归诸上帝的全能。

后期的康德把他的理论理性批判看作是一个偏重形式的方面，然后把《自然科学的形而上学初始原理》(*Metaphysische Anfangsgründe der Naturwissenschaft*, 1786)看作是一个偏重实质的方面，予以补充。然而通过这个区分，他并没有把这两个部分的基本原理真正统一起来，而他的自然科学也没能成为一种**自然哲学**；除此之外，他也没有让普遍性和特殊性达到真正的和谐。到了1801年，尽管他的自由的思维能力已经接近枯竭，但他仍然计划撰写一部名为《从形而上学到物理学的过渡》(*Uebergang von Metaphysik zur Physik*)的著作。假若岁月容许他完成这部著作，它无疑将会激发起人们的最大兴趣。他关于有机自然界的观点与一般的自然科学分道扬镳，这些观点记录在他的目的论判断力批判里面，而且与一般的自然科学毫无关系。

[VI, 8]

康德的精神也照亮了**历史**的广阔领域，只不过他的精神受

---

① 兰伯特的《宇宙论书信集》(*Kosmologische Briefe über die Einrichtung des Weltbaus*)发表于1761年，他在其中提出宇宙是由无数的星系构成的。——译者注
② 参阅《神话哲学导论》，第495页(XI, 495)。——原编者注

限于"人类的持续进步"这个时代观念,仅仅提出了少数具有启迪性的思想。

在康德的所有著作里面,都闪耀着一种**纯朴性**,通过这种纯朴性,康德不但表现出他的善良心灵,而且表现出他的深刻精神。可以说这是一种并不罕见的神圣**本能**,它一直指引着他走在正确的道路上面,对于这一点,人们尤其可以通过他的**审美判断力批判**而加以认识。在康德那个时代,艺术处于一种最为屈辱的局面。那个时代陶醉于一种空洞的无病呻吟,一方面希望艺术给它带来粗俗的、物质性的刺激,另一方面又要求艺术要么提供道德上的改善,要么至少能够提供人生指导或其他功用。即使**温克尔曼**①和**歌德**在艺术里面已经创造出了一些个别的辉煌东西,但这些东西很快就被完全遗忘和忽略了。而恰恰是在这样一个时代里,康德提出了艺术的一个高高在上的理念,宣称艺术不依赖于任何别的目的,毋宁说,艺术本身就包含着自己的目的;他把一种无条件的美呈现出来,并且要求"纯朴性"应当成为艺术天才的本质。康德如何能够做到这一点呢?对此唯一的解释,就是他具有一颗真正独立的、纯洁的心灵,以及一个基于伟大天赋的清晰精神。这里尤其令人惊叹的是,由于康德天生的精神旨趣以及他的生活环境的限制——他从来没有远离过超出他的故乡柯尼斯堡几里之外的地方——,他对于造型艺术的

---

① 约翰·温克尔曼(Johann Joachim Winckelmann, 1717-1768),德国考古学家和艺术理论家,代表作为《论绘画和雕塑中对于希腊艺术的模仿》(*Gedanken über die Nachahmung der Griechischen Werke in der Malerei und Bildhauerkunst*, 1755)和两卷本《古代艺术史》(*Geschichte der Kunst des Altertums*, 1764)。——译者注

那些伟大作品除了只有一些道听途说的了解之外,从未获得过任何重要的历史知识,因此不难理解,对他来说,**维兰德**①的诗——康德对于德国诗歌的了解最多就到这个程度了——和**荷马**的诗竟然是处于同一个水平的东西。比如在谈到"天才"的时候,康德这样解释道:"**无论荷马还是维兰德**都不能表明,他们的那些充满幻想、同时又意味深长的思想是如何在他们的头脑里面产生出来,并且融贯在一起的,**因为他们自己都不知道这是怎么一回事**。"②在这里,我们真不知道是应当感叹康德的幼稚呢(居然用荷马来解释当代的"天才"概念),还是应当感叹康德的勇气(居然宣称**维兰德自己也不可能知道**,他的充满幻想的思想是如何在他的头脑里产生出来的,而按照法国学界和意大利学界的行家的判断,维兰德完全清楚地知道自己的思想是怎么产生出来的)。——众所周知,自从康德发表这番勇敢的言论之后,维兰德对于康德就一直怀恨在心。

[VI, 9]

即使康德有这些缺点,但不可否认的是,只有从康德以来,并且通过康德,艺术的本质才以一种科学的方式呈现出来。康德——真正说来,在他"自己也不知道这是怎么一回事"的情况下——提出了一些概念,这些概念使得人们能够感受和评价德国艺术中的那些已经被遗忘的真、善、美。除此之外,不管是科学里面的绝大多数更具有生命力的东西,还是他的批判工作在

---

① 克利斯托夫·维兰德(Christoph Martin Wieland, 1733-1813),德国启蒙运动最重要的散文诗作家,魏玛古典主义及狂飙运动的奠基者之一。——译者注
② 康德《判断力批判》,第47节。Vgl. *Kants Werke*, Akademie Textausgabe. Berlin 1968. Band V, S. 309. ——译者注

最近几年激发起来的那种更为大胆的躁动,都可以间接地追溯到他的影响。

当然,也可以说康德对于一切后来者的间接影响都与他无关,他的现象保持为一种纯洁的东西。恰恰是康德把哲学**划分**为两个时期;前一个时期已经被他决定性地永远终结了,至于后一个时期,康德仅仅为它做出了一个否定性的准备工作,因为他明智地把自己限定在他的单纯批判的目的上面。

有些人自命为康德的解释者和追随者,但由于他们根本不懂康德,所以要么是歪曲丑化他的思想,要么是炮制出一些糟糕的复制品。还有一些尖刻的反对者,他们只懂得发出愤怒的咆哮,对康德的各种观点横加指责。但这些都不能扭曲康德的精神形象,这个形象是一个浑然天成的、独一无二的东西,而且它将永远照耀着哲学世界的整个未来。

[VI, 10] 至于康德哲学在其他民族那里的传播情况,迄今为止,可以说除了在北方民族(他们在任何时候都更为倾心于德国文化)那里之外,尚未获得任何重要的成功。按照迄今的这条道路,我们也很难说康德哲学将会获得这样一种成功。无论是康德哲学本身,还是对于康德哲学的阐释,都带着一个顽固的民族性印记,而且与那种曾经在德国占据着统治地位的学院派哲学有着千丝万缕的联系,因此它们很难得到普遍的理解和认同。那些迄今一直尝试着要让康德哲学在别的地方扎根下来的人,都没能做到把这些单纯民族性的东西,把个人和时代的附加物与那种事

关根本的东西区分开来。比如**韦勒斯**先生①就是如此;除此之外,他还把德国的康德主义者对于康德的全部误解都灌输给他的法国同胞。与此同时,另一个民族虽然拥有**培根**、**洛克**和**休谟**等伟大的哲学家,但由于这个民族在科学上的懒散,必然始终把康德哲学拒之门外。反过来,康德哲学在某些方面真的能够对法国文化产生更大的影响,而法国的那些主导舆论的新闻工作者对于这位德国哲学家的学说和人格的恼怒已经证明,他们不可能感受不到康德哲学的强大力量,虽然他们装出一副无动于衷的样子。尤其是那位**参议员康内特**,他对于康德的攻击只能说是自取其辱,这个只懂得卖弄一些无聊的小聪明的人,他所能想出来的最好办法,就是把**蒲柏**②对于牛顿的肤浅讽刺以一种更肤浅的方式用在康德身上。总的说来,真正配得上与这位参议员对话的,是修道院长**杰沃弗罗瓦**③,或许这两个人早就已经有密切的交往。

  无论怎样,不管从精神还是从心灵禀赋来看,康德都仅仅属于**德意志**民族。作为一个在理智上和道德上都同样伟大的个体,康德将永远活在这个民族的缅怀之中,而通过这些为数不多的伟人,德意志精神已经直观到了自己的生机勃勃的总体性。**愿这神圣的灵魂安息!**

---

① 参阅前一卷里谢林关于韦勒斯的著作的书评,第184页以下(V, 184 ff.)。——原编者注。译者按,查尔斯·韦勒斯(Charles de Villers, 1765—1815),法国哲学家,他在1798—1801年间用法文发表了多部著作,在法国介绍康德的哲学思想。
② 亚历山大·蒲柏(Alexander Pope, 1688—1744),英国诗人,启蒙主义者。——译者注
③ 杰沃弗罗瓦(Étienne Geoffroy Saint-Hilaire, 1772—1844),法国动物学家。——译者注

哲学与宗教

1804

F. W. J. Schelling, *Philosophie und Religion*, in ders. *Sämtliche Werke*, Band VI, S. 11-70. Stuttgart und Augsburg 1856-1861.

目 录

序　言　17

导　论　21

绝对者的理念　27

有限事物在绝对者那里的起源以及它们
与绝对者的关系　36

自由、道德和极乐：历史的终极目的和开端　67

灵魂的不朽　80

附录：论宗教借以存在的外部形式　86

序　言

　　按照我起初的构想，1802年发表的对话录《布鲁诺，或论事物的神性本原和自然本原》①应当成为一系列对话录的开端，其中已经预先指明了这些对话录随后将要讨论的对象。经过较长的一段时间之后，这个序列里的第二部对话录距离公开发表几乎只有一步之遥，但是一些外在的因素还是导致它最终未能完成。当前的这部著作就内容而言与那第二部对话录是一致的，尽管它放弃了《布鲁诺》通过对话录的写作方式而完完全全获得的象征形式。如果细心的读者在这部著作里察觉到了那种把各个部分贯穿起来的更高层次的有机联系，那么他们将不难理解我在这里所说的话。我之所以不再采用对话录的形式来表述这些思想，是因为有感于最近许多公开的言论，特别是埃申迈耶尔的那部值得注意的著作②——他在其中希望重新用信仰来补充哲学——，这些情况促使我不得不站出来澄清哲学与信仰之间

---

① F. W. J. Schelling, *Bruno oder über das göttliche und natürliche Prinzip*. Tübingen 1802.——译者注
② 即埃申迈耶尔的《哲学过渡到非哲学》(C. A. Eschenmayer, *Die Philosophie in ihrem Übergang zur Nichtphilosophie*. Erlangen 1803. Reprint VDM Verlag Dr. Müller, Saarbrücken 2007)。——译者注

的关系。倘若不是上述理由阻止我继续发表对话录,那么通过对话录本身来传达思想无疑是最好的做法。因为在我们看来,唯有对话录这种更高级的形式才能够确保那种已经成熟独立的哲学具有一种无所依赖的、自由的精神。但是,当需要达到一个具体目的的时候,我们绝不会采用对话录的形式,因为它永远都不能被当作一个工具,而是本身就包含着自己的价值。正如一件造型艺术作品,哪怕沉入大海深处无人得见,仍然不失为一件艺术作品,同样,任何哲学艺术作品哪怕没有被时代理解,也还是一件艺术作品。假若时代只是完全不理解这件艺术作品也还罢了,这其实是一件值得感谢的好事。但时代并不是这样做,相反,它企图通过许多不同的喉舌来加工改造并霸占这件艺术作品,而那些喉舌有的是以反对者、有的则是以追随者的姿态出现。这样一些时代喉舌所做的误释和诋毁很容易让人厌烦,也不值得我们去关注。反之,一个高贵的精神所做的反抗,以及他对于科学的整体所提出的要求,则需另当别论。无论这些要求是否已经得到施行和满足,都值得我们同等地去尊敬,因为它们同样都为世界的澄明做出了贡献。

[VI, 14]

　　那就其本性而言对庸众来说遥不可及的东西,在形式上也不可能被他们以外在可见的方式发现。诚然,我们已经放弃了这种优越地位,已经尝试着去宣讲古老哲学的那些音讯,在这种情况下我们毫不怀疑,时代在听到它们的时候会甚为恼火。但我们也知道,即便如此,那些事物还是不可能通俗化的,它们必须自顾自地坚守在那里,如果谁不是自食其力去掌握它们,那么根本就不应该、也不可能掌握它们。这个学说的原理和结论有时也会遭到反对者们粗暴地误解,对此我们可以泰然处之。相比之下,我们更希望拒斥那些多管闲事的模仿者和注释家,要求他们自己去独立思考,因为有些人的目的不仅在于一逮着机会就洋洋万言著书立说,而且还要用粗俗的语言和空洞无物的借题发挥把一件高贵的事情弄得低贱无比,受人鄙视。那些鼓噪不休的反对者,一旦意识到自己不过是在瞎忙活,他们的团体最终也就自行解散了。但在德国还有另外一群人,要指望他们很快就各奔东西,可没那么容易。这些人无须号召就心甘情愿地成为某个学说的追随者,然后无精打采地举着酒神杖①,让聪明人和不谙世故者都同样感到羞愧。由于这些人没有能力去理解科学真正的奥秘,所以他们要么跑到科学的边缘,把大量不相干的事物掺杂到科学里面,以此丑化科学,要么把那具有深刻意蕴的真理用一些零散的、肤浅的命题表述出来,而这些命题根本毫无意义,只能把庸众唬得一愣一愣的。另外一些人擅长滥用语言,把空虚的心灵和善良的意愿搅拌在一起,包裹在一大堆词藻里面,让他们的虚弱的想象力看起来栩栩如生。是的,德国人在任何事物那里都会陷入一种狂热状态,就跟那些无性的工蜂一样——严格说来,他们和工蜂只在这一点上是类似的,即都是孜孜不倦地忙于采集和加工那些独自开花和结果的东西。但愿他们费点力气去从事独立思考,为这些思想负责,而不是永远利用

[VI, 15]

---

① 柏拉图《斐多》:"拿着酒神杖的人很多,真正的信徒没有几个。"(*Phaid.* 69c)——译者注

别人的思想，然后把责任推卸给思想的原创者！哪怕他们只是简单审视一下自己，就会发现，他们吸纳别人的财富已经到了这样的膨胀程度，以至于他们很有可能被自己的思想——假若他们终于有了自己的思想的话——完全炸裂。我们听任他们在遥远的边缘折腾，至于内中奥秘，则必须告诫他们：

山羊，别碰！它烧着呢。①

---

① "Rühre nicht, Bock! denn es brennt."这句谚语出自古希腊悲剧作家埃斯库罗斯的萨提尔戏剧《盗火者普罗米修斯》残篇，它原本的意思是警告山羊神萨提尔不得擅自触摸圣火，后来则引申出这样的意思，即警告普通凡人不得窥探那些神圣的秘密，而"山羊"就是意指那些不知天高地厚擅自僭越的人。卢梭在《论科学与艺术》中引用了这个典故，并加以诠释。在谢林的时代，浪漫派翻译家和理论家奥·施莱格尔（August Schlegel）确定了这句谚语的"德语标准译法"（谢林就是依据这个译法），并使之成为一个广为流传的典故。早期浪漫派诗人蒂克（Ludwig Tieck）曾经多次将其征引，而后期浪漫派诗人阿尼姆（Joachim von Arnim）甚至用它作为标题专门创作了一首讽刺诗（收录于《少年魔号》第二卷）。——译者注

导　论

曾几何时，宗教远离民间信仰，像一团神圣的火苗那样，保存在神秘学里面，而哲学与它拥有**同一座**神庙。根据一些广为流传的古代传说，最早的那些哲学家就是神秘学的制定者，因此后来最杰出的一些哲学家，特别是柏拉图，喜欢从神秘学那里推导出自己的神圣学说。那时哲学仍然有勇气和权利去研究那些真正伟大的对象，只有这些对象才值得人们对其进行哲学思考，把自己提升到通常的知识之上。

在后来的岁月里，神秘学被公开了，被那些原本属于民间信仰的杂质玷污了。从此以后，哲学为了保持自己的纯净，必然摆脱宗教，成为一种与宗教相对立的隐秘学说。而宗教则背离了自己原初的本性，与现实事物混杂在一起，成为一种外在的东西。在这种情况下，宗教必然企图成为一种外在的势力，而且，由于宗教在自身内失去了一切向着真理的源泉的自由飞跃，因此它必然要去强行阻碍自身之外的那种自由飞跃。

这就导致哲学逐渐被宗教完全抢夺去了她在古代研究的那些对象，被限制在一些对于理性毫无价值的东西上面。另一方面，宗教把原本属于共同财富的崇高学说从哲学那里抢夺过来，

[VI, 17] 独自霸占之后,这些学说失去了与它们的原型之间的联系,随之也失去了自己的意义。它们被移植到一个与它们的原生地完全不同的地基之上,完全改变了自己的本性。

相互对立的哲学与宗教曾经达到一种虚假的和谐一致,但那是因为哲学自贬身价,把理性的产物——理念——当作知性概念来对待,并且借助于知性概念来解释理念。科学的这种状态被称为独断论,在这种状态下,哲学虽然在俗世之中赢得了一种开阔的和体面的存在,但也完全牺牲了自己的独特性。

独断论知识的种类和方式也曾得到更为细致的审查,并且经受了批判,但在这个关系里我们必须更清楚地看到,这种知识仅仅适用于经验对象和有限事物,而对于理性以及超感性世界的事物,它只能保持一种纯粹的观望,或更确切地说,它完全看不到这些东西。不仅如此,由于独断论知识被宣称为唯一可能的知识,而且现在还得到了完全的确证,所以,它越是深刻地认识到自己的渺小,那个与它相对立的东西——即人们所说的**信仰**——的价值相应地就越是攀升,以至于那些在哲学里面真正属于哲学的东西,到头来反而被完全托付给了信仰。

要证明这种情况并不困难。我只需提请大家注意,一般说来,**康德**足以成为这段时期的标签。

古老的、真正的哲学的最终余响是通过斯宾诺莎传承下来的。我的意思是,斯宾诺莎把哲学引回到了她唯一的那些对象上面,尽管他在反抗一个占统治性地位的独断论体系时,不可避免地沾染了另一种独断论的假象和俗气。

除了关于绝对者的学说之外,哲学的真正的神秘学还把事物的永恒诞生以及它们与上帝的关系当作最重要的、甚至可以说唯一的内容。因为只有以这些学说为基础,那种完整的伦理学,作为一种极乐生活指南,才能够建立,才能够从中推导出来,正如它同样只有在一些神圣学说的圈子里才会出现。

那种关于绝对者的学说,如果从哲学的整体那里抽离出来,也可以称作"自然哲学",这是不无道理的。 [VI, 18]

这样一种学说就其概念而言只能是思辨性的,不可能有别的情形,因此它会遭到各种自相矛盾的、颠三倒四的评判,这是意料中事。任何一个片面的观点总是与另一个片面的观点相对立,同样,一个无所不包的、将宇宙包揽在内的观点也与一切可能的片面性相对立。但是,一方面承认这个无所不包的观点是完满的哲学,另一方面又宣称它需要信仰作为补充,这却是一种完全不可能的做法。因为这种做法与哲学的概念相矛盾,随之颠覆了哲学,但哲学的本质恰恰在于:通过清晰的知识和直观认识来掌握"非哲学"自以为通过信仰而把持住的东西。

就此而言,**埃申迈耶尔**在其著作《**哲学过渡到非哲学**》中明白表现出来的意图,即以信仰来补充哲学,乃是完全不可理喻的。从这本书可以看出,它的作者头脑敏锐,只可惜他既没有在整体上、也没有具体地掌握关于那些对象的思辨知识。正因如此,他才把信仰当作自己的避难所,认为那些对象属于信仰。对于那些对象,埃申迈耶尔的认识仅仅来自于信仰和憧憬。假若一个哲学家没有通过知识并在知识之内获得比埃申迈耶尔清晰得多的认识,那么哪怕让他仅仅阐述那些对象之一,也是一件很痛苦的事情。埃申迈耶尔认为某些问题在哲学那里不可能得到令人满意的答复,并用这一点来论证他的信仰。——但这种做法根本证明不了什么,因为假若信仰是能够被证明的,那么它也就不再是信仰了。埃申迈耶尔的说法是自相矛盾的,因为如果像他说的那样①,认识在绝对者那里消解了,那么任何一个超越了这个立场的与绝对者的观念联系就只有通过重新制造出差别才是可能的。而现在,要么那个消解是完全的消解,认识随之也是一种绝对的认识,在其中,所有基于主体客体之对立的渴慕都平息了,要么正好是相反的情形。在后一种情况下,那种认识本身并不是一种理性认识,从它那里也不能得出这样的结论,即一种真正绝对的认识是不能令人满意的。而在前一种情况下,也没有什么高于信仰或憧憬的潜能阶次②可以产生出某种比绝对认识的内容更完美、更好的东西,毋宁说,凡是在这个或那个名目下与绝对认识相对立的东西,要么仅仅是一个特殊观点,从属

[VI, 19]

---

① 见该书第33节。——谢林原注。译者按,埃申迈耶尔的相关原文如下:"**认识**有多远,**思辨**也有多远,但认识在绝对者那里消解了,与对象同一。因此这也是思辨的顶点。至于还在这个点之上的,则不可能是**认识**,而只能是一种**憧憬**或**默祷**。那凌驾于一切表象、一切概念和一切理念之上,完全凌驾于思辨之上的东西,就是只有默祷尚能把握的东西,**亦即神性**。这个潜能阶次就是极乐者,比永恒者高出无穷倍。"
② "潜能阶次"(Potenz)起源于亚里士多德的"潜能"(dynamis)及其相应的拉丁翻译"potentia"。这个概念在谢林这里不仅意味着一种处于发展过程中的"潜能",更意味着这种潜能不断上升时所处的各个"阶段"或"层次"。有些学者从数学出发,把谢林所说的Potenz译为"幂次",但这样完全没有表现出"潜能"的意味。同样,单纯的"潜能"这一译法又没有表现"出不同的层次"这一意思。因此我把它翻译为"潜能阶次"。这个概念是谢林哲学的核心术语之一,但在谢林的某些追随者比如埃申迈耶尔那里,它仅仅被简单当作"层次"一词来使用。——译者注

于它与绝对者的普遍关系(这种关系在理性认识中才最为完满),要么它根本就不是什么真实的提升和更高的潜能阶次,而仅仅是从认识的最高统一性降格为一种具有新的差别的认识。

事实上,从埃申迈耶尔的绝大多数描述看来,憧憬或宗教直觉自认为比理性认识更优越的特殊之处,无非是一种残余的差别,这种残余还保存在憧憬或宗教直觉里,但在理性认识中已经完全消失了。任何人,包括通常那些还囿于有限性的人,都在天性上被驱使着去寻找绝对者。但只要他希望通过反思来把握绝对者,那么绝对者就消失无踪。绝对者永远包围着他,但按照费希特的一个很贴切的说法,只有当人们不关注它,它才存在于那里,而一旦人们关注它,它就立即消失得无影无踪。① 在这个持续的斗争过程中,只有某些瞬间,当主观的活动与那个客观的东西出乎意料地达于和谐,绝对者才出现在灵魂面前。正因为那个和谐是出乎意料的,所以它相比那种自由的、无欲无求的理性认识有这样一个优点,即可以作为一种运气、灵悟或启示而显现出来。只可惜那个和谐还没有来得及站稳足跟,反思就出现了,而那种显现也随之消失。因此,这种飘忽不定的宗教无非是上帝在灵魂中的单纯显现,因为灵魂还处于反思或分裂的层面。反之,哲学必然是一种更高的、而且仿佛更宁静的精神圆满状 [VI, 20]
态,她永远栖息在那个绝对者之内,没有失去绝对者的危险,因为她已经安稳地置身于一个凌驾于反思之上的领域。

---

① 在1842年的《神话哲学之历史—批判导论》中,谢林另引用了新柏拉图主义者关于"纯粹物质"的说法:"如果人们不去寻找它,它就呈现出来,但如果人们追逐它,或者希望对它有所认识,那么它就逃逸无踪。"(XI, 13)——译者注

概言之,我不反对埃申迈耶尔所描述的那种信仰、对于极乐的憧憬等等固执于它们的层面,也不剥夺它们在那里自封的一切价值,但我绝不会认为那个层面处于哲学层面之上,而是必然把它置于哲学层面之下。现在我回到原本的计划,即为理性和哲学索回那些已经被宗教的独断论和信仰的非哲学所霸占的对象。

下面的章节将表明,这究竟是怎样一些对象。

绝对者的理念

在哲学之外保留一个空洞的地盘,然后让灵魂用信仰和默祷来将其填满——与这个意图完全吻合的一个做法,就是在绝对者和永恒者之上又设定一个上帝,把他当作一个比绝对者高出无穷倍的潜能阶次。① 但事情本身就很清楚,绝对者之上不可能有什么更高的东西,"绝对者"这一理念不是以偶然的方式,而是按其本性就排除了一切局限性。话说回来,上帝也是绝对的和永恒的,而绝对者不可能有别于绝对者,永恒者也不可能有别于永恒者,因为这些概念并非种属概念。由此必然得出,如果有人在理性的绝对者之上又把另一个东西设定为上帝,那么绝对者就并没有作为真正意义上的绝对者显现出来,而且,如果这人仍然容许它具有"绝对者"这一名称,那么这不过是一个纯粹的错觉,因为那个名称就其本性而言只能意指一个独一无二的

---

① 见该书第40节。——谢林原注。译者按,埃申迈耶尔的相关原文如下:"上帝的内部融汇了一切潜能阶次,既有那些属于思辨的绝对者层面的潜能阶次,也有那些凌驾于绝对者的层面之上、包含在信仰之内的潜能阶次。思辨做不到的事情,信仰尚且能做到,唯有信仰能够划出那条凌驾于认识活动之上的界限,无限地接近极乐者的渐近线亦即上帝,哪怕永远都不能接触到他。因此,正如信仰为我们的理性体系划定界限,上帝同样也为信仰划定界限——但上帝本身却是不可划界、不可认识的,无限地超脱于我们的整个理性体系之上。"

东西。

既然如此,当那种观点虽然认为绝对者是绝对的,但同时并不承认它是上帝时,究竟是什么东西附着在绝对者的理念上面呢?

那些希望通过哲学家给出的相关描述而掌握绝对者的理念的人,几乎必然都会犯这个错误,因为按照描述的方式,他们得到的始终是一种有条件的关于绝对者的认识,然而一种有条件的认识是不可能掌握无条件者的。一切对于绝对者的理念的描述都只有在与非绝对者的对立中才产生出来,也就是说,首先找到一切构成非绝对者的本性的东西,然后把它们的整个反面归结到绝对者的理念里面。简言之,描述仅仅是否定式的,永远都不会把**绝对者自身**的真实存在展现在灵魂面前。

比如,我们认识到的非绝对者是这样一种东西,它的概念与它的存在并非充分契合。在这里,存在或实在性不是来自于思维,反倒是必须还有某种未经概念规定的东西附着到概念上面,才使得**存在**被设定下来。正因如此,它是一种有条件的、非绝对的东西。

除此之外,那些只能认识到非绝对者的人,他们不是用普遍性来规定特殊性,而是用某种与普遍性无关的东西来规定特殊性,在这种情况下,他们与普遍性也是处于一种非理性的关系。

按照同样的方式,从所有其他的反思概念那里也会得出同样一个对立。现在,根据哲学家的描述,一切存在于非绝对者之内的差别都必须被绝对者的理念否定。对于这一点,那些希望由外到内而掌握绝对者的理念的人是这样来理解的：也就是说，他们用一种众所周知的方式，把反思中的对立以及现象世界里面的一切可能的差别当作哲学的出发点，把绝对者看作是那些对立面结合而成的一个**产物**。对他们来说，绝对者根本不是自在的同一性，而是仅仅通过一种同一化过程或无差别化过程才被设定为如此。他们甚至把哲学家的工作想象为这样一种更加粗陋的做法，即哲学家一只手抓着观念或主观，另一只手抓着实在和客观，然后把二者黏合在一起，而这种黏合的产物就是绝对者。但我们已经千百遍地告诉他们：我们认为，既不存在单纯的主观也不存在单纯的客观，我们认为，绝对者只有作为那些对立的**否定**才是主观和客观的绝对同一性。尽管如此，那些人还是不理解这些道理，而是执着于他们唯一可以理解的东西，即那种通过**组合**而产生出来的东西。他们很少注意到，当哲学家说绝对者是所有对立面的同一性时，这种描述仅仅是否定式的。同样，他们也几乎没有想到，哲学家为了认识绝对者自身，还要求着**完全不同的另外一些东西**，并以这种方式表明那个描述本身是完全不充分的，是一种不充分的描述。按照那些人的心理学概念，理智直观也只不过是一种通过内感官而对那种自行设定的同一性做出的直观，因此是完全经验性的。但是真正说来，理智直观乃是灵魂的自在体（An-sich）亲自创造出的一种认识，这种认识之所以叫作"直观"，仅仅因为灵魂的本质与绝对者是同一个东西，就是绝对者自身，它与绝对者只能处于一种直接的关系，此外没有别的可能。

[VI, 23]

那些人同样也不知道，所有能够并且已经把绝对者陈述出来的形式，唯有归结为三种可能的形式，这些形式包含在反思里面，并且通过推论的三种形式表达出来。①他们不懂得，只有那种**直接的、直观的认识**才无限地超脱于概念的任何规定之上。

将绝对者设定下来的第一种形式是直言形式：它在反思里面只能通过"既非—亦非"的方式进行纯粹否定式的表达。显然，这里根本不存在任何肯定的认识，只有后来出现的创造性直观才充实了这个空洞，维持着那个包含在"既非—亦非"形式里的肯定事物。

绝对者显现于反思之内的第二种形式是假言形式："如果有一个主体和一个客体，那么绝对者就是二者的相同本质。"主体和客体的这个相同的**本质**或**自在体**，本身既不是主观的也不是客观的，只有就它是自在的情况而言，而不是就它作为联系者甚或被联系者而言，同一性才被陈述出来。因为，假若是后一种情况，那么同一性就成了一个纯粹的关系概念，但同一性和关系概念的差别恰恰在于，它作为一种**绝对的**同一性，作为一种已经获得"绝对"称号的同一性，是那个**本质**自在地具有的性质，和那些联系起来的对立没有任何关系。第一个形式里的同一性是纯粹否定式的，仅仅在形式方面规定着绝对者，而今在这个假言形式

[VI, 24]

---

① 参阅《布鲁诺，或论事物之神性的和自然的本原》（第一版），第166页，即《谢林全集》第4卷，第300页。——原编者注。译者按，谢林的相关原文如下："在知性的三种形式的推论里，绝对者就形式而言分裂为无限者、有限者和永恒者。同样，在那个服务于知性的理性所做出的三种推论里，绝对者就质料而言分裂为灵魂、世界和上帝。这三种推论形式全都是彼此分离的，每一个都是孤立的，它们把绝对者之内的太一的最高程度的分裂展现在知性面前。"（IV, 300）

里,它成为肯定式的,并且在质的方面规定着绝对者。如果人们指出,这个规定仍然与反思有关,因为它只是通过去肯定对立的反面才扬弃对立,正如前一个规定是通过单纯对于自身的否定而扬弃对立,那么这个看法是正确的。但我要问,有什么别的可能的规定不是属于这种情况呢?斯宾诺莎的实体概念已经遭到了足够多的批评,而且他本人还被贴上了"独断论"的标签,因为人们根本不理睬斯宾诺莎在如下这段话里如此清楚地表达出来的那种对于绝对者唯一可能的、直接的认识:Mens nostra, quatenus se sub aeternitatis specie cognoscit, eatenus Dei cognitionem necessario habet, scitque se in Deo esse et per Deum concipi. [我们的心灵,只要在永恒的立场上认识到自己,就必然认识到永恒的上帝,并且知道自己在上帝之内存在并通过上帝而被理解。]① 人们希望通过他的那些定义和描述去认识绝对者,然而在所有的对象里面,唯有绝对者才能够被直接认识。绝大多数概念在组合起来之后,甚至表明,它们本应标示的那个东西在反思看来是某种纯粹否定性的东西,既然如此,"无限""不可分""单纯"之类概念与"实体"以及所有其他可供我们使用的概念有什么区别呢?

反思所偏爱的用以表达绝对者的第三种形式是选言形式,这个形式主要是因为斯宾诺莎而变得广为周知:"只有唯一的一

---

① 参阅斯宾诺莎《伦理学》第五部分,命题30。谢林在这里的引文稍有遗漏,斯宾诺莎的准确原文应为:"我们的心灵,只要在永恒的立场上认识到自己和它的身体,就必然认识到永恒的上帝,并且知道自己在上帝之内存在并且通过上帝而被理解。"——译者注

个东西，但这个唯一的东西可以按照完全相同的方式一会儿被看作是完全观念意义上的，一会儿被看作是完全实在意义上的。"选言形式是直言形式和假言形式的综合。那唯一的一个东西，不是同时，而是按照相同的方式，可以一会儿被看作这样，一会儿被看作那样。正因如此，它就其自身而言**既非**这样**亦非**那样（按照第一个形式），但同时又是二者相同的**本质**，是二者的同一性（按照第二个形式），因为它尽管独立于二者，但按照相同的方式既可以在这个属性下，也可以在那个属性下被观察。

[VI, 25]

这个表达绝对者的形式在哲学里已经成为一种占据统治地位的形式。比如，那些发明了所谓的本体论证明的人说："上帝是唯一的一个东西，因此思维包含着存在，理念包含着实在性。"但是他们并不因此就认为观念和实在在上帝之内**联系在一起**，以至于上帝**同时**既是观念也是实在。他们真正的意思是：上帝作为一个绝对观念，就其自身而言，直接也是一个绝对实在，也就是说，他们并不认为上帝是通过观念和实在的**结合**而产生出来的，而是认为上帝就其自身而言既是观念也是实在，既是完整的观念，也是完整的实在。

观念与实在的这种未经中介的、完全直接的同一性，这种并非外在的而是纯粹内在的同一性，对于所有那些根本没有能力提升到更高的科学性的人来说，必然从一开始就是隐藏着的。为了提升到那个更高的科学性，人们第一步就应该认识到：绝对观念**无须与实在相结合**，**本身**也是一个绝对实在的东西。

但最为奇特的是，那些反对用"思维和存在的绝对同一性"

来表达绝对性的人,是一些在哲学里面寸步难行的人,他们除了使用一些反思概念之外,简直没有办法表达自己的思想,而当他们想要对绝对者进行一番描述的时候,除了重复斯宾诺莎已经使用过的如下说辞之外别无良方:比如绝对者是唯一**通过自身**而存在的东西,唯有绝对者**在自身之内**包含着自己的**存在**的全部根据,如此等等。单凭这些就可以看出,整个那场关于绝对者的定义的争吵只不过是一种空洞的佯战,它也许可以迷惑某些头脑简单的人,但对于事情本身则完全无能为力。

　　实际上,一切能够表达绝对者的形式都仅仅是绝对者显现于反思之内的方式,就此而言,它们相互之间是完全一致的。但那个作为观念直接也是实在的东西,它**本身**的本质不可能通过一些解释,而是只能通过一种直观而被认识。因为,只有复合物才可以通过描述而被认识,但单纯的东西则要求被直观。好比那与自然相联系的光,对其唯一正确的描述只能是:"光是一种观念意义上的东西,但它本身也是实在的。"尽管如此,一个天生的盲人还是不可能通过那个描述而获得对于光的认识。同样,如果人们把绝对性当作一种与有限性相对立的东西,那么只能把绝对性描述为一种有限的东西,此外别无他法。但这并不等于说,一个精神上的盲人通过这些描述就能够直观到绝对性的真实**本质**。 [VI, 26]

　　这种对于绝对性的本质的直观不像对于几何图形的直观那样,可以通过一个普遍有效的方式而**给定**。真正说来,正如每一只眼睛都以独特的方式直观到光,每一个灵魂也以独特的方式直观到那个本质。诚然,这里所说的是一种纯粹个体化的直观,但在这种个体性里同样存在着一个**普遍有效的**启示,就像光对于经验感官的意义那样。也许只有在这个意义上,埃申迈耶尔的意图与哲学的主张能够在双方进一步的发展中得到统一。

对于绝对者这样一个对象,唯一适合的工具就是一种同样绝对的认识方式,这种认识方式不是通过指导、授课之类方法灌输到灵魂里面,毋宁说它是灵魂的真正的实体,是灵魂的永恒本质。实际上,正如上帝的本质在于一种绝对的、只能直接认识的观念性,而这种观念性本身也是一种绝对的实在性,同样,灵魂的本质通过认识而与那个绝对的实在亦即上帝合而为一。因此,就人而言,哲学的目标并不是要给予他什么东西,而是要让他尽可能彻底地摆脱身体、现象世界、感官生活等等附着在他身上的偶然事物,引导他回到那种原初的东西。也正因为如此,在人们尚未获得那种认识的情况下,哲学的一切指导工作都只能是一种否定意义上的指导,也就是说,这些工作仅仅指出一切有限对立之虚妄,然后通过一种间接的方式把灵魂导向对于无限者的直观。一旦达到这种直观之后,哲学的指导就会抛弃那些辅助手段(即对于绝对性的单纯否定式的描述),与它们道别,因为它已经不再需要它们。

[VI, 27]

一切独断论的体系,无论是康德主义还是费希特知识学的唯心主义,都谈到了绝对者的一种**外在于并且独立于观念性**的实在性。就此而言,在所有这些体系里,任何对于绝对者的直接认识都是不可能的。在知识学看来,要求直接认识绝对者乃是一个无比明显的矛盾,也就是说,通过认识活动,自在体本身再度成为灵魂的一个产物，因此它是一个**纯粹的**思维对象（Noumen），不再是自在体。

如果人们从一开始就认为，对于绝对者只能有一种依赖于中介活动的认识（且不管这个中介活动是怎么发生的），那么他们必然会把哲学家所说的绝对者看作是一个为了进行哲学思考而设定的前提。但事实恰恰相反，只有伴随着绝对者的一个已然活生生的理念，一切哲学思考才会开始，并且已经开始。真实的东西只能通过真理而被认识，自明的东西也只能通过自明性而被认识。然而真理和自明性本身就是清楚明白的，所以它们必定是一种绝对的东西，必定就是上帝的本质本身。除非人们认识到这一点，否则他们绝不可能理解把握到哲学所追求的那种更高层次的自明性的理念。只有当哲学的名词和术语经过辗转传承落到那些缺乏这种内在追求的人的手里之后，他们才会企图在不具有那种认识的情况下进行哲学思考，却不知道那种认识的最初起源同时也是哲学的最初起源。

那种包含在绝对者的理念之内的自明性，也仅仅存在于绝对者的理念之内。要去描述这种自明性，任何一门人类语言都太贫乏了。有些人体会到了这一点，于是他们用尽各种办法，借助于"信仰""憧憬""感触"等等（人们还可以随便列举出更多此类词语）把那种自明性归结并且限定为个体的个人事情（das Individuelle des Individuums）。这是一种同样糟糕的做法，因为这和那种自明性是完全不契合的，不仅不能掌握它，而且会颠覆它的本质本身。

[VI, 28] 有限事物在绝对者那里的起源以及它们与绝对者的关系

　　关于这个问题，人们不妨引用柏拉图写给叙拉古国王①的如下这段话："噢，狄奥尼索斯和多利丝之子，你提出了多么重要的一个问题：**一切祸害的根源是什么？** 是的，这个问题简直就是一根与生俱来扎在灵魂之内的毒刺，因此谁没有拔掉这根毒刺，就绝不可能在真正的意义上把握真理。你，在花园里，在月桂树下，说道，你自己已经认识到了这一点，这是你的发明。而我的回答是，假若事情真的是这样，那么你简直就是我的救星啊，可以让我摆脱那些殚精竭智的研究了。但我也补充道，我还从来没有遇到这样一位救星，反倒是亲自花费了许多精力来研究这个问题。至于你，或者是听到谁的教导，或许是出于神的旨意，达到了这些认识。"②

　　在刚才提到的埃申迈耶尔的那部著作里，他引用了《思辨物理学杂志》中的多处文本，以及《布鲁诺》中的一处文本，在后面这个地方，这个问题以最确定的方式通过如下词语提了出来：

---

① 指狄奥尼索斯二世，柏拉图第二次和第三次西西里岛之行的拜访对象。——译者注
② Ep. II. ——谢林原注。译者按，即柏拉图《第二封信》(313a-b)。

"噢！亲爱的，你的观点看起来是这样，即我从永恒者自身的立场出发，无须在那最高的理念之外预先设定别的什么东西，就达到了现实意识的起源，达到了那与最高理念一起同时被设定的脱离(Absonderung)和分离(Trennung)。"①

不出意料，埃申迈耶尔在那些紧跟其后的文本里面没有找到一个令人满意的解决方案。但是，为什么他不去引用那在具体进程中真正出现的解决方案，不去引用另外一些文本呢？在那些地方，解决方案已经明摆在有识之人的面前，而且以足够确切的方式写了下来。对此我们在这里仅仅给出一个文本："在此之前，我们得牢牢抓住那常驻不变者和我们必须设定为不动者的那个东西，因为我们已经设定了处于运动中的、变化多端的东西，而灵魂总是孜孜不倦地返回去静观那最卓越者。在这之后，让我们回想一下，万物如何看似走出了那个统一体，或从中挣脱 [VI, 29]出来。在那个统一体里，尽管自为存在的**可能性**已经预先得以规定，但一个脱离出来的实存的**现实性**却仅仅包含在**这个实存自身之内**，而且本身纯粹只是观念意义上的。不仅如此，作为一种观念意义上的东西，这种情况只有在如下范围内才发生，即一个物通过它在绝对者之内的存在方式而获得一种能力，能够**本身作为统一体而存在**。"②

如今我将尝试把那笼罩着这个问题的面纱完全揭开，因为即便是《思辨物理学杂志》里面的最新表述都还没有推进到那个

---

① 见《谢林全集》第4卷，第257页(IV, 257)。——原编者注
② 《布鲁诺》第131页，即《谢林全集》第4卷，第282页(IV, 282)。——原编者注

领域(亦即实践哲学的领域),但唯有在那个领域之内,我们才能够给出一个完整的解决方案。

＊　　　　＊　　　　＊

我们还不能立刻就去正面回答那个问题。在这条道路上,还有另外一些疑问横亘在我们面前,对于它们的解答必须先于那个解决方案。

最初的时候,我们在任何地方都是以唯一的一个东西为前提,如果没有它,那么随后的一切情况必定始终都是难以理解的。这个东西就是理智直观。在理智直观之内,任何差异性和杂多状况都是不可能的。我们设定的这个前提是如此之确定,在这种情况下,如果谁想要说出他在理智直观中认识到的东西,那么他只能说出**一种纯粹的绝对性,没有任何进一步的规定**。我们请求他让这种没有任何其他规定性的纯粹绝对性始终保持着鲜活的气息,千万不要在随后又让它消失在视野之外。

唯有这个认识称得上是**第一个认识**。任何随后的认识都已经是它的后果,并因此有别于它。

[VI, 30] 我们可以确定,理智直观所认识的那个完全单纯的本质乃是绝对性,对于这个本质,除了"绝对性"(Absolutheit)这一表述之外,我们找不到任何别的表述。同样确定的是,这个本质只能具有一种通过它的概念而设定的存在,此外没有别的可能(假若不是这样,那么它必须被某个外在于它的东西所规定,而这是不

可能的)。因此它无论如何不是**实在的**,而是自在地仅仅是**观念的**。这个绝对观念是永恒的,然而**永恒形式**同样也是永恒的。并非绝对观念从属于这个形式(因为它作为一个如此确定的绝对者,**本身**摆脱了一切形式),反倒是这个形式从属于它(因为绝对观念尽管不是就时间而言,但却是就概念而言先于永恒形式)。这个形式的意思是:绝对观念,**直接作为这样一个东西,无须脱离它的观念性**,本身也是一个**实在**。

现在看来,这个**实在**是形式的一个纯粹后续,正如形式也是观念(亦即绝对单纯者)的一个寂静而平静的后续。绝对单纯者并没有与实在搅和在一起,因为后者虽然就本质而言和它是**同一个东西**,但就观念上的规定而言,永远都是**另一个东西**。也就是说,实在的单纯性和观念的单纯性不是同一个意思,因为这个实在是一个通过实在而表现出来的观念,尽管"观念"和"实在"在它之内**合为一体**,没有任何差别。

单纯者或本质也不是**施加作用者**,或者说不是形式的**实在**根据;从本质到形式没有过渡,正如从圆圈的理念到"圆周上的所有的点到同一个圆心是同样的距离"这一形式也没有过渡。在这整个范围里面不存在前后相继,毋宁说一切东西都是在唯一的一刹那间同时流溢而出,尽管这里也遵循着一个观念上的顺序。根本的真理在于:不存在任何自在的实在,而是只存在一种通过观念而被规定的实在,因此观念是绝对**第一位的东西**。第一位的东西确定下来之后,同样可以确定,"观念规定实在"这一形式是**第二位的东西**,而实在本身则是**第三位的东西**。

如果人们把纯粹的绝对性,把这个东西的绝对单纯的本质,称作上帝或绝对者,同时又把那个与此有别的形式称作**绝对性**(因为"绝对性"就其原初的意义而言是与形式相关的,就是形式),那么这没有什么好反对的。假若这就是埃申迈耶尔的那些话所采纳的意思,那么我们和他在这个问题上很容易达成一致看法。但是在这个意义上,人们就不能把上帝描述为某种仅仅通过憧憬、通过感触等等才能把握的东西。因为,如果"观念规定实在"这一形式作为一种**知识**进入到灵魂之内,那么本质就是**作为灵魂的自在体本身**而出现,与那种知识合为一体,而在这种情况下,当灵魂在"永恒性"这一形式下直观它自己,也就直观到了本质本身。

[VI, 31]

根据迄今的阐述,我们必须区分如下几个东西:1)那永恒地游移在一切实在性之上、从未脱离其永恒性的绝对观念,按照我们刚才建议的称呼,是**上帝**;2)绝对**实在**,它不可能是绝对观念的真正意义上的实在,不可能是**另一个绝对者**,而只能是另一个形态下的绝对者;3)**二者的中介**,即绝对性或**形式**。按照形式,如果观念在实在那里,就像在一个独立的映像(Gegenbild)那里一样,成为客观的,那么在这个意义上,形式可以被描述为一种**自我认识**,只不过这种**自我认识**并不是绝对观念的单纯偶性或属性,而是必须被看作是一个独立的东西,被看作是一个绝对者。绝对者不可能成为非绝对者的观念根据,正因如此,观念**借以**认识它自身的那个东西,亦即实在,必然也是一个绝对者,一个独立的东西。这个东西没有与观念搅和在一起,因为后者保持着它的纯粹性和完全的观念性，自顾自地存在着。

绝对性的这种自我认识如今被理解为绝对性的自身脱离（Herausgehen aus sich selbst）、自身分割（sich-Theilen）、差异转化（Differenziirtwerden）。但这是一个误解，必须首先加以纠正。只有在这之后，我们才能够回答第一个问题，同时指望相应的答案不要重新遭到误解。

埃申迈耶尔说道①："毫无疑问（？），一切有限者和无限者都仅仅是永恒者的一种模态，然而究竟是什么东西规定着这些模态，区分着这些差别呢？如果这个规定者位于绝对同一性之内，[VI, 32] 那么绝对同一性显然因此遭到损害，而如果规定者位于绝对同一性之外，那么这就是一个绝对的对立。——这种自我认识、自我脱离、自我分割对于绝对同一性而言恰恰是同一个东西。"

埃申迈耶尔在这里混淆了两个完全不同的问题，即"绝对性的自我认识的可能性"问题和"现实的差别在绝对性那里的起源"问题（要理解后面这个问题，需要以某些完全不同的东西为前提）。但我们暂时不去理睬这个混淆，而是专注于这样一个问题：自我认识究竟是在什么意义上指同一性脱离自身？——难道是说在这种情况下，这个自我认识的主观方面和客观方面之间的差别被设定，于是那种通过绝对者而被陈述出来的同一性遭到扬弃？然而同一性只有通过绝对观念才被陈述出来，当绝对观念在一个实在的映像那里成为客观的，它仍然保持着它的纯粹的同一性，并没有因此遭到扬弃，同理，绝对观念也不可能

---

① 上引埃申迈耶尔著作第70页。——谢林原注

与那个映像形成对立,因为按照之前的阐述,它并没有与映像搅和在一起,并非**同时**作为主体和客体而存在。再者,难道"脱离"的意思是指,那种自我认识能够被想象为一个不可避免会造成改变的行为,或从本质到形式的一个过渡?后面这种情况是不会发生的,因为形式和本质是同样永恒的,形式和本质不可分离,正如绝对性和上帝的理念不可分离。前面那种情况同样不会发生,因为形式是绝对观念的一个**全然直接的表现**,无须绝对观念的任何行动(Handlung)或行为(Thätigkeit)——当我们把行动或行为称作一种"现实的活动"(Akt)时,这不过是仿照人的方式来言说。实际上,正如太阳的光照无须太阳的运动就绽放出来,形式也是以同样的方式出自本质,而只有那找到了一个表述来指代那种沉浸在最深的静态中的行动的人,才能在一定程度上说出本质的本性。① 上述误解的根源在于,"实在的顺序"和随之同时出现的"顺序的源头的改变"这两个概念联系在一起,前者被应用到了上述关系上面,尽管这些关系就其本性而言仅仅意味着一种观念的顺序。

[VI, 33]

进而言之,人们如何能够把那种自我认识看作是绝对者的一种自身分割呢?莫非我们把绝对者想象为一株植物,可以通过截枝扦插的方式而继续繁殖?难道是绝对者把它的本质的一部分当作主体,把另一部分当作客体?如果谁是这样理解的,那么他一定没有读过或没有掌握我的学说的最早那些表述的开篇部分。也就是说,分割是在哪里发生的呢?在主体之内吗?然

---

① 《布鲁诺》第175页,即《谢林全集》第4卷,第305页(IV, 305)。——原编者注

而主体保持着它的完满无缺，始终是绝对观念。那么是在客体之内吗？但客体也是完整的绝对者。又或者是这样，借助一个对于这种关系已经被多次使用的形象比喻，当对象的形象通过一个映射产生出来，对象就**分割**自身？难道是它的一个部分在它自身之内，而它的另一个部分在映像之内？或者换个更贴切的说法，难道我们不能设想一种更完满的、介于对象及其映像之间的同一性，同时确保对象和映像永远都不会搅和在一起？①

为了证明绝对同一性通过自我认识而发生的那种差异转化，人们最终可能这样推断道："绝对同一性自身，就其被想象为一个主观东西而言，是一种不具有任何差异的纯粹单纯性，正因如此，在作为对立面的客观东西或实在者之内，它必然转变为非同一性或发生差异转化。"但即使承认了这一点，自在体在这里仍然与任何差异无关，因为只有自在体**借**以客观化的那个东西才是差异，而自在体本身却不是差异。至于这个差异本身，它的存在只能依赖于这种状况，即那个独一无二的、同样的同一性通过一些特殊的形式而转变为一个客观东西。但这些特殊的形式只能是**理念**，因为在它们之内，普遍者或绝对性是通过这样的方式与特殊者合为一体，即绝对性没有遭到特殊者的扬弃，特殊者也没有遭到绝对性的扬弃。然而理念仅仅包含着各种差异的纯粹可能性，不包含任何**现实的**差异，因为每一个理念都是一个自为的宇宙，所有的理念合在一起又成为唯一的一个理念。因此，假若绝对者通过自我认识而发生的差异转化被理解为一种现实

[VI, 34]

---

①《布鲁诺》第44页，即《谢林全集》第4卷，第238页以下（IV, 238 ff.）。——原编者注

的差异转化,那么这件事情也绝不可能在绝对者的映像之内发生,更不可能在绝对者自身之内发生。如果绝对者自身发生了差异转化,那么它不是在自身之内,而是在另一个东西亦即它的实在那里发生差异转化,而且这种情况也不是通过它自己,而是通过形式才发生的,因为形式是作为一个独立的东西,无须绝对者的介入,从绝对者的丰盈的绝对性那里流溢出来的。

  对于任何在根本上有能力理解把握那些绝对关系的人而言,上述评论无疑可以证明,当绝对观念与形式相关联时,它也始终保持着它的纯粹同一性。接下去我们要回答刚开始提出的那个问题。

  绝对观念的独立的自我认识是纯粹同一性向着实在性的一种永恒转化:唯有在这个意义而不是别的什么意义上,我们才会在随后讨论绝对者的那种自我表象或自我呈现(Selbstrepräsentation)。

  一切单纯有限的表象活动(Vorstellen)就其本性而言都**仅仅**是观念意义上的,与此相反,绝对性的各种自我呈现就其本性而言则是实在意义上的,因为正是借助于绝对性,观念才是一个绝对实在的东西。就此而言,绝对者借助于形式,不是在一个单纯观念意义上的形象那里,而是在一个映像那里,转变为客观的,后者亦即映像同时也是绝对者本身,是真正意义上的**另一个绝对者**。绝对者借助于形式,把它的全部本质性都渡让给它所借以客观化的那个东西。绝对者的独立的创造活动是一种渗透式塑造(Hineinbilden),是一种深入到实在内部的自我观审,而这样一来,实在成为独立的,并且在自身之内与那最初的绝对者保持一致。这个情况是绝对者的一个方面;在理念那里,我们已经把这样一种统一体称作无限者深入到有限者内部的一种渗透式塑造(Einbilden)。

但不管怎样,只有基于绝对者的自我客观化,映像才是绝对的和独立的,就此而言,只有当映像同时也包含**在绝对形式之内**,随之也包含在绝对者之内,它才是真正地存在于**自身之内**。这个情况是绝对者的另一个方面,亦即观念意义上的或主观的方面。

因此,只有当绝对者是一个完全观念意义上的东西,它才是一个完全实在意义上的东西,而鉴于它的绝对性,它又是唯一的同一个东西,能够按照同样的方式在两种统一体的形式之下得到观察。 [VI, 35]

假若绝对者没有让实在分享这样一个权力,即像它那样把自己的观念性转化为实在性,把自己的观念性通过各种特殊形式客观化,那么绝对者在实在那里就并没有真正转变为客观的。这第二个创造活动是**理念**的创造活动,或更确切地说,这个创造活动和最初那个借助于绝对形式的创造活动是同一个创造活动。同样,理念也只有在与它们的原初统一体相关联的时候才**基于自身**而存在,因为原初统一体的绝对性已经过渡到理念那里。但是,只有当理念同时**基于原初统一体**而存在,**亦即作为观念意义上的东西**,它们才基于自身而存在,或者说才是实在意义上的东西。就此而言,由于理念不可能显现为一种特殊的和有差异的东西(除非它们不再是绝对的),所以它们全都与原初统一体合为一体,正如原初统一体也是与绝对者合为一体。

按照同样的方式,理念必然也具有创造力;它们同样仅仅创造出绝对的东西,仅仅创造出理念,以及一些起源于理念的统一体,而这些统一体与理念的关系就好比理念与原初统一体的关系。这是真正的先验神谱学:在这个领域里,除了一种绝对的关系之外,没有别的关系;这种关系在古代世界那里必然只能按照当时的感性方式通过"生殖"(Zeugung)这一形象化的说法表达出来,其意思是,儿女一方面依赖于父母,但另一方面并不是更少具有独立性。①

按照绝对性的**形式**的**唯一的**最初法则,这个持续不断的主客分化过程是趋于无限的,而它的整个结果就是如下情形:完整的绝对世界包含着本质的全部层次,这个世界可以回溯到上帝的绝对统一体,因此在它里面没有任何真正意义上的特殊者,而且到此为止,没有什么东西不是绝对的、观念意义上的,没有什么东西不是完整的灵魂,不是纯粹的创造性自然(natura naturans)。

---

① 在《艺术哲学》(1802/03)里,谢林说道:"诸神之间的依赖关系只能被想象为一种生殖关系(神谱学)。——因为生殖是唯一的一种依赖方式,按照这种方式,那有所依赖的东西同样也是基于自身的、绝对的。……反过来看,诸神之间的生殖关系又是一个感性形象,用来表明诸理念的融合方式和分化方式。比如绝对理念或上帝在自身内包揽着一切理念,如果我们把这些理念看作是包揽在上帝之内的,同时又是自为的、绝对的,那么可以说它们是上帝生出来的;因此朱庇特是诸神和人类的父亲,即便是那些后续产生的本质也是通过朱庇特而被重新生出来,因为世界进程是伴随着朱庇特才开始的,一切事物都必须存在于他之内,然后才能存在于世界之内。"(V,405)——译者注

有限事物在绝对者那里的起源以及它们与绝对者的关系　47

　　人们已经进行过无穷多的尝试，以便在精神世界的最高本原和有限的自然界之间制造出一种延续性。在这些尝试里面，那个最古老的、最为频繁地被重复的办法是"流溢说"。在这个学说看来，神性所流溢出来的东西逐步下降并远离最初的源泉，失去了神性的完满性，并最终过渡到对立面（物质、缺失），就像光线在其边界处最终被黑暗吞没那样。然而在绝对世界里面，无论什么地方都不可能存在着一个界限，而且，正如上帝只能创造出绝对实在，只能创造出绝对者，因此任何随之流溢出来的东西必定仍然是绝对的，而且本身仍然只能创造出与它相似的东西，无论在什么地方都不可能逐渐过渡到那种正相反的东西（亦即一切观念性的绝对缺失），而且有限者也不可能通过一种衰减从无限者那里产生出来。尽管如此，如果人们仅仅借助于一种中介活动，不是以肯定的方式，而是以否定的方式，至少让感性世界通过一种逐步的远离从上帝那里产生出来，那么这个尝试无论如何要比任何别的尝试（比如假定上帝的本质或它的形式与感性世界的基体之间有一个某种意义上的直接关联）更加远远值得重视。就像柏拉图所说的那样，只有那个把毒刺从自己的灵魂那里拔出来的人，才能够打破现象世界与上帝的完满性之间的一切延续性；因为只有在这种情况下，他才会认识到现象世界是一个真正意义上的非存在。

　　上述方式里面最粗鲁的一个尝试，就是在神性之下安置一种物质，一种无规则和无秩序的质料，这个东西通过神性的作用而孕育万物的原型，把它们生产出来，并获得一种合乎规律的机

[VI, 36]

制。真正的哲学的首领和父亲被称作这种学说的制定者之一，这样他的名字就被玷污了。因为，深入的研究表明，整个那一套观点，就和柏拉图哲学的通常的观点一样，都是仅仅从《蒂迈欧》那里挖掘出来的。由于这部著作贴合近代以来的那些概念，所以人们更容易熟悉掌握其中的思想，甚于对那些更真实的柏拉图著作（比如《斐多》《理想国》等等）中的崇高的伦理精神的了解，而后面这些著作恰恰反对那些谈到感性世界的起源时的实在论观点。事实上《蒂迈欧》无非是柏拉图的理智主义与一些更粗糙的、过去曾经占据主导地位的宇宙起源论概念的联姻。然

[VI, 37] 而哲学已经一劳永逸地与这些概念决裂，而人们把这当作苏格拉底和柏拉图的永垂不朽的功绩而加以赞美。

　　从新柏拉图主义者的著作那里也可以清楚看出，神性与物质的组合是站不住脚的。新柏拉图主义者把那个据说是柏拉图主张的"物质"完全排除在他们的体系之外，单凭这一点就已经证明，他们终究比所有的后继者都更纯粹和更深入地理解把握了他们的师尊的精神。他们宣称物质是虚无，把物质称作**非存在**（Nichtseyn, οὐκ ὄν）；他们也不容许这个"非存在"和神性或神性的任何流溢物之间有任何一种直接关联或实在关系，比如上帝的本质的光线在虚无那里发生断裂或折射，于是感性世界在这个基础上产生出来等等。对于他们的沐浴在唯心主义之光下的思想而言，任何这类思维方式的粗糙实在论和任何种类的二元论一样，都是陌生而不可接受的。波斯的宗教体系为了解释无限本原和有限本原在感性事物中的混合，假定了两个原初本

质,二者相互争斗,只有当一切具体事物瓦解(亦即世界末日)的时候才重新分开,才各自恢复其固有的性质。既然如此,那与实在相对立的原初本质就不是一种单纯的缺失或一种纯粹的虚无,而是一个代表着"虚无和阴暗"的**本原**,是一个堪比另一个本原的势力,后者在自然界里施加作用于虚无,使光线通过折射而变得黯淡。然而在空洞的虚无那里,没有任何东西可以发生折射或通过虚无而变得黯淡,在全善者面前不可能存在着一个代表着"恶"或"虚无"的**本原**,或者说不可能存在着一个如全善者一般永恒的本原,因为这个东西无论如何只是来自于第二次诞生,而不是来自于第一次诞生。

我们可以一般地指出,有许多不自量力的、仅仅被空洞的狂妄自大所驱使的人,他们尚未学会那个最简单的反思(即意识到他们全都是无知的),就敢于去讨论那个崇高的问题,于是很容易认为绝对者是有限事物的积极创造者,既然如此,难道他们不会在绝对者之下安置一个否定的东西,先是宣称这个东西是一种具有无穷杂多性质的物质,然后,当他们发现杂多性已经褪色为一片空白时,再宣称它是一种单纯而空洞的、不具有任何规定性的东西,或者最终干脆把它当作虚无? 其实无论是把那个东西当作物质还是当作虚无,上帝都被看作是**恶**的制造者。物质或虚无就其自身而言根本不具有任何肯定的特性;只有当善的本原的光照与虚无产生冲突,虚无才获得一个肯定的特性,并转变为一个**恶的**本原。当然,他们会说这个冲突不是由上帝造成的,但反过来他们又承认上帝的最初作用或最初流溢遭到了另

[VI, 38]

一个不依赖于他的本原的限制,而在这种情况下,他们重新陷入一种最为彻底的二元论。

简言之,绝对者和现实事物之间不存在一个延续不断的过渡,因此我们只能这样来设想感性世界的起源,即感性世界是通过一种撕裂(Sprung)而完全丧失了绝对性。假若哲学能够以一种肯定的方式从绝对者那里推导出现实事物的产生,那么必然要把现实事物的肯定根据置于绝对者之内,而这是不可能的,因为上帝仅仅包含着理念的根据,而且理念直接创造出来的也仅仅是理念。理念或上帝不可能施加一种肯定的作用,在无限者和有限者之间建立一个通道或一座桥梁。进而言之,哲学和现象事物之间也仅仅是一种纯粹否定的关系,哲学并不证明这些事物的存在,反倒是证明它们的非存在;既然如此,哲学如何可能在现象事物和上帝之间建立任何一种肯定的关系呢?绝对者是唯一的实在,反之,有限事物并不是实在的。因此有限事物的根据不可能是这样的,仿佛绝对者从自身出发,让它们或它们的基体**分有**实在性。也就是说,事情只能是这样,即有限事物的根据在于**远离**(Entfernung)绝对者,从绝对者那里**堕落**(Abfall)。

这个清晰而单纯的、同时也无比崇高的学说是真正的柏拉图学说,它在那些以最纯粹和最鲜明的方式打上他的精神烙印的著作那里已经暗示出来。柏拉图指出,灵魂只是由于从原型那里堕落才脱离了它的原初的极乐状态,降生在一个变幻无常的宇宙里面,并因此脱离了那个真正的宇宙。正因如此,柏拉图毫不含糊地征引古希腊神秘学中的那个更为隐秘的、以感性世界的起源为对象的学说。这个学说不是像民间宗教那样,认为感性世界起源于**创世**,以一种肯定的方式脱离绝对性,而是认为感性世界起源于从绝对性那里堕落。在这个基础上,神秘学建立起了它的实践学说,其要点在于,灵魂(亦即那降生在人之内的神性)必须尽可能地摆脱它与肉体的关联和结合,净化自身,摒弃感官生活,以便重新赢得一种绝对的生活,重新分享对于原型的直观。在《斐多》的每一页里,你们都可以发现,同样的一种学说已经昭然若揭。尤其是在厄流希斯神秘学(Eleusinischen Geheimnissen)那里,通过德墨忒尔(Demeter)及其遭劫持的女儿佩耳塞福涅(Persephone)的故事,这种学说似乎已经以一种象征的方式勾勒出来。①

我们回到最初的出发点。——通过形式的同一个寂静而永恒的作用,一方面,绝对者的本质性在客体那里得到模仿,渗透到客体内部进行塑造,另一方面,客体也和绝对者一样,绝对地**基于自身而存在**。《蒂迈欧》用一种形象生动的语言说道:"宇宙的建造者是善的,而善者永远都不可能由于什么东西或在什么时候心生嫉妒。他毫无嫉妒心,希望一切都尽可能与他相似。"②——绝对性的独一无二的特点在于,它不但把它自身的本质赋予映像,而且赋予映像以独立性。这种"基于自身的存在",最初被直观者的这种独特而真实的实在性,就是**自由**。从映像的最初的独立性那里流溢出了那在现象世界里再度表现为

---

① 参阅《哲学批判期刊》第一卷,第3部分,第24、25页,即《谢林全集》第5卷,第123页(V, 123)。——原编者注
② 柏拉图《蒂迈欧》(*Tim.* 29e)。——译者注

"自由"的东西,后面这种"自由"是那在堕落世界里被直观到的神性的最终痕迹,就像一个印记。映像是一个绝对者,与最初的那个绝对者具有一切共同的属性,假若它不能紧紧抓住自己的自主性(Selbstheit),以便真正成为**另一个**绝对者,那么它就不是真正地基于自身而存在,不是一个绝对的映像。然而它不可能成为**另一个**绝对者,除非它因此与那个真实的绝对者分离,或者说从它那里堕落。因为,只有当它基于绝对者的自身客观化而存在,也就是说,只有当它同时也基于绝对者而存在,它才是**真正地**基于自身而存在,才是一个绝对的东西。映像与绝对者的关系是一种**必然性**关系。它只有以绝对必然性为基础才是绝对自由的。就此而言,当映像坚持它的**私自的**性质,作为一个自由的东西,与必然性分离,它就不再是自由的,并且与另一种必然性(这是对于那种绝对必然性的否定)纠缠在一起,因此是完全有限的。

在这个关联里,凡是适合于映像的情况,也必然适合于每一个包含在映像之内的理念。一种脱离了必然性的自由乃是**真正的**虚无,正因如此,它所能创造出的无非是它的私自的虚无性的一个形象,也就是说,它只能创造出那些感性的和现实的物。就此而言,堕落的根据同时也是这种创造活动的根据,这个根据不是位于**绝对者之内**,而是仅仅位于**实在或被直观者自身之内**,后者被完全看作是一个独立的、自由的东西。堕落的**可能性**的根据位于自由之内,而且,由于自由是通过绝对观念的渗透式塑造而被设定于实在之内,所以这个根据是位于形式之内,并因此位于绝对者之内。然而堕落的**现实性**的根据却是仅仅位于**堕落者**自身之内，正因如此，堕落者仅仅**通过自己并且为着自己**创造出感性事物的虚无。

也就是说，当实在位于绝对者之内，它本身直接也是观念意义上的东西，因此就是**理念**，而一旦它与绝对者分离，成为一个完全基于自身而存在着的**实在**，它就必然不再创造出绝对者，而是仅仅创造出那些否定着绝对者、否定着理念的东西。由于理念作为实在性本身同时也是观念性，所以那被创造出来的东西将会是一种与观念性分离、不再直接经由观念性规定的实在性，亦即这样一种现实性，它的存在的完整的可能性并不是同时也位于它自身之内，而是**位于它自身之外**，因此它是一种感性的、有条件的现实性。

创造者从始至终都是**理念**，而当理念接受这样的规定，即创 [VI, 41] 造出有限者，通过限者而直观自身，它就是**灵魂**。理念借以客观化的那个东西，不再是一个实在，而是一个纯粹的假象，一个始终而且必然被创造出来的东西，这个东西并不是自在地就是现实的，而是在与灵魂相关联时才是现实的，而且，只有当灵魂从它的原型那里堕落之后，这个东西才能够与灵魂相关联。

通过绝对者之以形式为中介的自身客观化，映像能够基于自身而存在，并且脱离原型，在这种情况下，现象世界与绝对者之间能够建立一个关系，尽管这仅仅是一个间接的关系。也就是说，任何一个有限事物的起源都不可能直接回溯到无限者，因为有限事物的起源只能通过一系列的原因和后果而被理解，但这个因果序列本身是无穷无尽的,因此它的规律不具有任何肯定的意义,而是仅仅具有一个完全否定的意义,即**没有任何有限事物能够直接产生自绝对者并且直接回溯到绝对者**。在这个意义上,这个规律已经表明,有限事物的存在的根据在于绝对地脱离无限者。

此外,这个堕落是和绝对性本身、和理念世界一般永恒的(即与时间无关)。绝对性按照一种永恒的方式降生在另一个作为实在的绝对者之内,而这另一个绝对者,作为原初理念,必然具有双重的方面,通过其中一个方面,它基于自身而存在,而通过另一个方面,它又基于自在体而存在。同样,正是在这种情况下,原初理念以及每一个包含在它里面的理念都按照一种同样永恒的方式获得一个双重的生命:一方面是一种基于自身而存在的生命,这种生命使得原初理念束缚于有限性,而且由于与那另一种生命分离,因此是一种虚假的生命;另一方面则是一种基于绝对者而存在的生命,而这才是原初理念的真实的生命。如果我们不去考虑堕落及其后果(亦即感性宇宙)的这种永恒性,相反却把它们与绝对者以及自在的理念本身关联起来,那么堕落和感性宇宙都是一个纯粹的偶然事件,因为堕落的根据既不是在绝对者之内,也不是在自在的理念之内,而是仅仅在理念里从理念的自主性这一方面加以观察。堕落是在本质之外发生的,无论对绝对者还是对原型而言都是如此;堕落在绝对者和原型那里没有造成任何改变,因为堕落者在堕落的同时就直接跌入**虚无**,相对于绝对者和原型而言,它是真正的虚无,仅仅是一种**自顾自**的存在。

堕落也不可能像人们通常所说的那样,得到**解释**,因为它是绝对的,并且起源于绝对性,尽管它的后果以及它的与生俱来的必然厄运是一种非绝对性。通过最初那个绝对者的自我直观,通过形式的自我直观,**另一个绝对者**获得了独立性,但这种独立性只能达到一种实在的"基于自身的存在"的**可能性**,此外不能更进一步;超出这个界限之后,就存在着惩罚,而惩罚所针对的是那种与有限者纠缠在一起的情况。

诚然,在全部近代哲学家里面,没有谁比费希特更清楚地指出了这种关系,因为他希望不是把有限意识的本原设定在一个**原初事物**(Tat-Sache)之内,而是设定在一个**本原行动**(Tat-Handlung)之内。但同样非常清楚的是,在同时代的人里面,没有几个人能够利用这个断言达到一种透彻的认识。

沿着有限性一路走下去,映像的自顾自的存在达到了它的最高潜能阶次,在那里表现为**自我性**(Ichheit)。但是,正如在行星的运转体系里,当某个星球距离中心最远的时候,就会直接转为重新向着中心靠近,同样,那个距离上帝最远的点,亦即自我性,也是重新成为一个向着绝对者回归的**环节**,重新被接纳到观念之内。自我性是有限性的一般原则。灵魂在一切事物那里都直观到这个原则的印记。在无机物那里,"基于自身的存在"表现为一种僵化性,表现为观念性在差别内部进行的渗透式塑造,或者说一种类似于磁性的灵魂活力(Beseelung)。在理念的直接投影亦即天体那里,离心运动就代表着理念的自我性。当原

[VI, 43] 初统一体作为第一个映像跌落到摹本世界本身里面,它就显现为**理性**;形式,作为知识的本质,乃是原初知识,即原初理性本身(逻各斯);但实在作为被创造出来的东西是与创造者相同的,因此它是一个实在的理性,而作为一个已经堕落的理性,它就是**知性**(努斯)。原初统一体把包含在它内部的全部理念生产出来,放置于自身之外,同样,它作为知性又创造出那些与理念相对应的物,完全放置于自身之外。理性和自我性,当以它们的**真正的**绝对性为基础时,是同一个东西。如果说自我性是这样一个点,摹本在那里达到了最高程度的自顾自的存在,那么它同时也是这样一个点,在那里,原型世界在堕落世界之内重新建立起来,而那些超于尘世的力量(亦即理念)得到和解,并且通过人们的科学、艺术和伦理行为而屈尊进入时间性。宇宙及其历史的伟大目的,无非就是要达到完满的和解,并重新消融在绝对性之内。

如果一个哲学只是在无意识中把最一般意义上的"原罪"(Sündenfall)这一本原当作它自己的本原,但却像之前所说的那样,用独断论的方式把理念和有限性概念混淆在一起,那么这个哲学的意义还没有重大到足以大张旗鼓的地步。① 诚然,真正

---

① 参阅《神话哲学导论》,第465页。——原编者注。译者按,谢林在《神话哲学之哲学导论,或纯理性主义哲学的表述》(1847-1852)中写道:"费希特本人后来在他的著作中采取的改变,恰恰是借用了那个对于主观唯心主义而言必不可少的前提(他曾经认为这个前提是不必要的)。对于近代哲学史的书写者来说,有一点是值得注意的,即费希特的这个思想转变是追随我的《哲学与宗教》这部著作而发生的,而且他的某部著作的标题《极乐生活指南》也是来自于对《哲学与宗教》的回忆,即《哲学与宗教》在第3页[s.c. VI, 17]中所说的:'除了关于绝对者的学说之外,哲学的真正的神秘学还把事物的永恒诞生以及它们与上帝的关系当作最重要的、甚至可以说唯一(转下页)

说来，那个本原作为整个科学的本原，其结果只能是一种否定意义上的哲学。但我们毕竟已经获得了如下一些成果，即通过一条泾渭分明的界限把虚无王国与实在性王国分开，把所有否定的东西与那个唯一的肯定的东西分开。只有这样分开以后，那个本原才会重新绽放出光明。如果有人以为自己可以不考虑恶的本原就认识到善的本原，那么他就犯了所有错误里面最大的那个错误。因为就像但丁在诗中所说的那样，哲学里面的道路也只有经过深渊才会到达天堂。

费希特说：自我性仅仅是**它的私自的行为**，是它的私自的行动，它离开这种行动就是**虚无**，而且仅仅是**自顾自的**，不是**自在的**。诚然，再没有比这更贴切的说法了，即整个有限性的根据不是位于绝对者之内，而是仅仅位于有限性自身之内。真正的哲学的远古学说以一种如此纯粹的方式指出，自我性的虚无乃是世界的本原，这个学说与非哲学之间的对立是如此之明显，后者在这个虚无面前惊吓退缩，企图把这个虚无的实在性固定在一个由无限思维操控的基体里面，固定在一种无形无象的物质或一种质料里面！ [VI, 44]

我们希望梳理一下那个本原的一些延伸到自然界之内的分支。至于这些分支的完整性和严格秩序，则暂时不去考虑。

（接上页）的内容。因为只有以这些学说为基础，那种完整的伦理学，作为一种极乐生活的指南，才能够建立，才能够从中推导出来。'也就是说，正是《哲学与宗教》才克服了费希特的那种僵化的信念，即除了自我之外不需要任何别的前提。……最具有说服力的无疑是这样一个证明，即自我性无非是'原罪'这一本原的最高的和最一般的表现，而如果一个哲学只是以无意识的方式把这个本原当作它自己的本原，那么这个哲学的意义还没有重大到足以大张旗鼓的地步。"（XI, 465-466）

现象宇宙之所以是有所依赖的，并不是因为它具有一个时间内的开端，而是因为它在本性上或**从概念上来说**即如此。真正说来，现象宇宙既不是有开端的，也不是没有开端的，因为它是一种纯粹的非存在，而非存在既不可能是转化而来的，也不可能是非转化而来的。

尽管灵魂认识到了自己的堕落，但它仍然企图在堕落的状态下成为另一个绝对者，并且继续创造出绝对的东西。然而灵魂的厄运在于，它把它自身内的曾经是**观念意义上的理念**作为**一种实在的**东西，亦即作为对于观念的否定，创造出来。因此灵魂创造出来的是一些特殊的和有限的事物。灵魂企图在每一个投影那里都尽可能表现出一个具有双重统一体的完整理念，在它自己的那个最完满的形象里甚至表现出全部处于不同层次的理念，以便在这种情况下，让被造物从某个理念那里获得一个规定性，又从另一个理念那里获得另一个规定性，最终把整体打造为那个真实宇宙的一个完满的摹本。通过这种方式，当灵魂按着不同的层次，一会儿用实在、一会儿又用观念来表现整个理念，它最终就把自己提升为一种原初统一体，而事物的不同的潜能阶次也展现在它面前。但从灵魂的自主性这一方面来看，必然性的纠缠是不可消除的，这种纠缠对灵魂而言扩散为被动的自然（natura naturata），扩散为一个普遍的展示场所，展示着那些有限的和感性的事物的诞生。只有当灵魂放弃自主性，回归它的观念意义上的统一体，它才能够重新直观到神性并创造出绝对的东西。

理念的双重的统一体使得灵魂一方面基于自身而存在,另一方面又基于绝对者而存在。这两种统一体,作为观念意义上的东西,是唯一的一个统一体,而理念因此是一个绝对的单一体 [VI, 45] (Eins)。在堕落的状态下,理念转变为一个二元体(Zwei),转变为一种差异,而当它进行创造的时候,统一体对它而言必然转变为一个三元体(Drei)。也就是说,只有当理念把双重的统一体作为两个纯粹的属性置于实体之下,它才能够创造出自在体的一个形象。当"基于自身的存在"与另一个统一体分离,它就直接包含着一种有着现实性与可能性之别的存在(即对于真正的存在的否定),而这个差别的一般形式就是**时间**。每一个物都是时间性的,它的存在的完满可能性不是基于它自身,而是基于另一个物,因此时间乃是一切非存在的本原和必然形式。创造者企图通过另一个形式来整合自主性形式,它把时间当作是实体(亦即被造的实在)的一个属性或形式,于是实体在属性这里通过第一个维度把时间表现出来。线条就是那消解在另一个统一体——亦即**空间**——之内的时间。正如第一个统一体意味着同一性于差别内部进行渗透式塑造,同样,另一个统一体必然意味着差别反过来在同一性内部进行塑造,因此差别成为出发点。那与同一性相互对立的差别只能显现为**一种纯粹的否定**,现在它通过点表现出来,因为它是对于一切实在性的否定。在灵魂看来,同一性之化解为差别,是通过一种绝对的分离状态表现出来的,即没有什么东西能与别的东西合为一体,而为了扬弃这种化解,只能把差别设定为一种纯粹的否定,于是在这种情况下,因为否定与否定必然是相似和相同的,所以同一性能够以如下方式恢复,即在那个绝对的分离状态下,没有任何一个点和别的点在本质上是不同的,反倒是每一个点都是与别的点相似并且相同,每一个点都以所有的点为前提,所有的点也以每一个个别的点为前提,而这就是绝对空间里面的情形。

[VI, 46]

空间接纳时间,这个情况是在第一个维度里面发生的;所有其他的维度尽管都是从属于那个支配性维度(第一个维度),但都在自身内既接纳了时间,也接纳了空间。空间的支配性维度是第二个维度,表现为观念统一体;在时间里,观念统一体表现为"过去",而对于灵魂来说,"过去"和空间一样,都是一个封闭的形象,灵魂在其中直观到,各种差别已经回到或被重新接纳到同一性之内。至于实在统一体,就其自身而言,则是在"未来"中被灵魂直观到,因为通过这个实在性,事物把自己投射为灵魂的对象,并且融入到灵魂的自主性之内。"过去"和"未来"这两个映像共同具有无差别或第三个统一体,亦即时间之内的"现在",因为这个统一体从未作为灵魂的对象**存在着**,所以它和空间的静态纵深是同样一个形象,在灵魂看来都是表现着有限事物的绝对虚无。

尽管如此,就像之前所说的那样,创造者仍然尝试着尽可能让被造物与理念相同。真正的宇宙把一切时间当作可能性包含在自身之内,不容许自身之外有任何时间,同样,创造者也企图让时间从属于第三者,把时间束缚在另一个统一体里面。但因为灵魂不可能回到那个绝对的正题,回到绝对的单一体,所以它仅仅创造出一个合题或三元体，在这个合题里，那两个统一体表现为一个不可克服的二元体，而不是像在绝对者那里一样，作为完整无缺的东西，不是通过相互的叠加，而是本身就是唯一的同一个单一体。就此而言，被造物是一个中介存在，它以同样的方式分有了统一体和二元性的本性，分有了善的本原和恶的本原的本性，而在这种情况下，那两个统一体相互交叉，相互损害，创造出一个不能通过自明性而被揭穿的假象，或者说创造出真正的实在性的一个痴迷偶像（Idol）。

物质无非是一种否定，它意味着，一种包含在观念性本身之内的实在性不是自明的，不可能得到纯粹的领悟。就此而言，物质完完全全归属于非本质之类的东西。作为灵魂的一个纯粹的痴迷偶像（Idol, simulachrum），物质就其自身而言，作为一个独立于灵魂的东西，可以被看作是一个全然的虚无：当它与灵魂处于这种分割状态时，希腊人的智慧把它描绘为一种位于冥王哈得斯的阴影之内的东西，在那些阴影里，赫拉克勒斯的强大力量也仅仅是一个飘游不定的影子（εἴδωλον），而赫拉克勒斯**本人**已经与不朽的诸神团聚。①

从灵魂的自主性和有限性这些方面来看，它只有通过那个中介存在，就像通过一面混浊的镜子一样，认识到那些真正的本质，就此而言，一切有限的认识都必然是一种非理性的认识，这种认识与那些自在的对象之间只能是一种间接的、不能通过任何方程式而得到解答的关系。

---

① 《奥德赛》（XI, 602）——原编者注

关于物质的起源的学说属于哲学的最高秘密之一。迄今还没有哪一种独断论哲学能克服这样的两难,即要么认为物质独立于上帝,是与上帝相对立的另一个基本本质(Grundwesen),或这样一个基本本质的产物,要么认为物质依赖于上帝,而在这种情况下,也就是上帝自己造成了缺失、限制,以及由之得出的祸害。如果我们理解正确的话,莱布尼茨完全是从单子的表象那里推导出物质,也就是说,当表象处于清晰状态时,它们仅仅以**上帝**为对象,而当表象处于模糊状态时,它们则是以**世界和感性事物**为对象。——但即使是**莱布尼茨**,因为他没法解释这些模糊的表象以及那些必然与它们联系在一起的"祸害""道德意义上的恶"等缺失,所以他不能逃避这个任务,即对"上帝施加或容许恶"这一做法进行辩护和捍卫。

所有那些怀疑要点在几千年的时间里都让理性为之疲于奔命,然而一个古老的、神圣的学说将它们终结了:第一,灵魂是从理智世界降落到感官世界,在那里由于它们的自主性和一个(在理念上而非在时间上)先于生命而犯下的过错(即和身体捆绑在一起,就像被关在监狱中一样)而接受惩罚;第二,灵魂虽然本身具有关于**真正的**宇宙的一致性与谐音的回忆,但在这个飘忽不定的世界的感官喧嚣里,它们只能在杂音和相互矛盾的音调的干扰下去倾听那种一致性与谐音;第三,灵魂能够不是在**当前存在着或似乎存在着**的东西那里认识真理,而是仅仅在它们的**曾经的**对象那里认识真理,它们必须努力回归那个对象,回归理智生活。

通过这个学说,知性和实在论观点不可避免要陷身其中的所有那些矛盾同样也被消除了。如果有人问:"宇宙是无限延展的还是有界限的?"那么答案就是:"两种情况都不对,也就是说,非存在既不是有界限的,也不是无界限的,因为非存在不具有任何谓词。"但如果有人问:"就宇宙具有一种现象意义上的实在性而言,它是无限延展的还是有界限的?"那么这个提问的意思其实是这样的,即如果宇宙具有一种仅仅存在于概念或表象之内的实在性,那么"无限延展"和"有界限"这两个谓词中的哪一个可以归属于它?而在这个意义上,答案仍然是明摆着的。 [VI, 48]

我们再简要勾勒一下,对于自然哲学而言,上述学说还会继续推导出怎样一些结论。

灵魂陷落到有限性里面之后,就再也不能看到原型的真正样子,而是只能看到原型的一个通过物质而被污损的形态。尽管如此,灵魂通过那些原型仍然认识到,那个原初本质和它自己都是宇宙,两个宇宙虽然彼此有别,各处一方,但它们不仅是相互依赖的,而且同时也是独立的。有限的灵魂只能认识到那些通过天体(亦即它们的直接摹本)而显现出来的理念,反过来,那些掌控着天体的理念则是作为灵魂而与有机的身体联系在一起,而在这种情况下,灵魂与身体之间的和谐可以得到理解。灵魂必然会发现,原初理念的摹本就是最初那些已经堕落的本质,这些本质尚且以一种更直接的方式表现着善的本原,在堕落世界的黑暗里像理念一样自行发出光亮,把光(它是永恒的美在自然界里的流溢物)扩散开来。这些本质与原型之间的距离是最小的,它们也只具有最低程度的身体性。理念和它们是什么关系,它们和黑暗的天体就是什么关系,也就是说,它们是中心,那些天体既在中心之内,同时也在自身之内,而天体的运动就是通过这种一致状态产生出来的。对于这个问题,我们已经在别的地方进行过充分的讨论。

[VI, 49] 　　上帝在第一个映像那里,通过形式,不仅自己在一般的意义上转变为客观的,而且在映像那里重新直观到他的直观活动本身,因为唯其如此,映像和他才是完全相似和相同的。同样,灵魂也是透过自然界而重新直观到它自己,发现自己在**光**里面,而光作为一个寓居在自然界之内的精神,仅仅像一个栖居于废墟之内的精神。也就是说,尽管现象世界已经完全脱离了那个观念本原,但对于灵魂来说,它仍然是神性世界或绝对世界的一个遗迹。就现象世界具有差别和有限性而言,它是有所欠缺的,它虽然也是绝对性,但仅仅是一个处于**被直观**的形态之下的绝对性,既不是绝对观念,也不是那个自在的绝对性。由此不难理解,斯宾诺莎如何能够沿着这个思路甚至得出如下这个强硬的断言:"上帝是一个广延物(Deus est res extensa)。"然而人们却不愿意反思一下,斯宾诺莎仅仅是在这个意义上用广延来陈述上帝,即上帝是思维和广延的同一个**本质**或**自在体**,而在这种情况下,那在广延物里面延展的东西,那在被否定的东西里面被否定的东西,的确是上帝的**本质**。换言之,哪一位哲学家会反对这样的看法呢,即那在感性事物和广延物里面**被否定的东西**乃是自在体,因此就是那神性的东西?

人们指责**自然哲学**是"唯物主义",指责它把上帝等同于感官世界,然后在这个基础上指责它是"泛神论"——诸如此类名称还可以有很多说法,它们被民众不假思索地当作进攻武器。但是这类指责只有可能出自那些完全无知的或愚昧不堪的人,他们如果不是全部,那也是部分地要么归于"完全无知"的范畴,要么归于"愚昧不堪"的范畴。须知:第一,自然哲学已经以最清楚的方式指出整个现象的非实在性,并且通过一些规律——康德认为这些规律表达出了现象的可能性——把这种非实在性表现出来:"毋宁说它们真正表明了现象是绝对的虚无,是绝对的非本质,因为所有的现象都表达出了一种脱离了绝对同一性的存在,而这种存在就其自身而言是一种**虚无**。"① 第二,自然哲学 [VI, 50] 已经区分了"现象世界和绝对实在世界之间的一种绝对的持续分裂状态(彻底的分割状态),认为这在本质上是真正的哲学才会达到的认识","因为只有通过那种分裂,现象世界才被设定为**绝对的非实在性**,只有不考虑这个关系,任何一个别的与绝对者的关系才给予现象世界本身一个实在性。"② 第三,自然哲学在任何时候都把**自我性**确立为特殊形式之真正脱离统一体或从统一体发生过渡的那个点,确立为有限性的真正本原,并且表明,自我性仅仅是它的**私自的行为**,不依赖于统一体的行动,同样,那**与自我性一起**并且仅仅**作为自我性的对象**而脱离了大全的有

---

① 《新思辨物理学杂志》第一卷,第2期,第11页,即《谢林全集》第4卷,第397页(IV, 397)。——原编者注
② 《新思辨物理学杂志》第一卷,第1期,第73页,即《谢林全集》第4卷,第388页(IV, 388)。——原编者注

限者,真正说来是一种**虚无**。① 此外可以指出,所有时代的真正的哲学都已经众口一词地揭示出了这种虚无,尽管它们的说法在形式上有所不同。

---

① 除了《布鲁诺》中的多处文本以外,亦可参阅上引杂志第一卷,第 2 期,第 13 页(即《谢林全集》第 4 卷,第 398 页[IV, 398]),《批判的哲学杂志》第一卷,第 1 期,第 13 页(即《谢林全集》第 5 卷,第 26 页[V, 26])。——原编者注

自由、道德和极乐:历史的终极目的和开端

埃申迈耶尔说:"我始终觉得这是一个无法解决的问题,即如何从绝对同一性那里(更不要说从一种绝对的认识活动那里)推导出一个意志,这个意志在自身内承载着一个位于绝对者的彼岸的起源的全部痕迹。"① 此外他还说道:"诚然,认识层面上的一切对立在绝对同一性之内都被扬弃了,这是一个真理;但同样也可以说,要超越**此岸世界**(Diesseits)和**彼岸世界**(Jenseits)的根本对立,这是不可能的。"②

如果"此岸世界"在这里指的是现象世界和有限的认识活动这一层面,那么通过我们之前谈到现象世界和绝对世界的绝对差别时所主张的东西,埃申迈耶尔将会发现,他所说的那个对立得到了完全的确认。但按照他的那段文字,如果绝对者之上还 [VI, 51]

---

① 前引埃申迈耶尔著作第 51 页。——谢林原注。译者按,埃申迈耶尔的相关原文如下:"按照第一个观点,绝对同一性脱离了一切无差别和差别。按照第二个观点,由于极乐者是一个更高的潜能阶次,所以绝对同一性重新转变为认识和信仰的无差别。在我看来,只有按照第二个观点,才有可能把意志刻画为现象世界之内的一切分散序列的绝对出发点,同时把理性刻画为现象世界之外的一切收敛序列的绝对终结点。我始终觉得这是一个无法解决的问题,即如何从绝对同一性那里(更不要说从一种绝对的认识活动那里)推导出一个意志,这个意志在自身内承载着位于绝对者的彼岸的起源的全部痕迹,因为在我们看来,认识活动仅仅是意志的一个样式。"(第 58 节)
② 该书第 54 页。——谢林原注

有一个彼岸世界,而且"此岸世界"被描述为"一个牵扯着意志的重力,而意志在认识活动中被束缚在有限者上面",① 那么我就清楚地看到,埃申迈耶尔所思考的"绝对者"和我所思考的"绝对者"是完全不同的东西:我不知道他所思考的是**什么东西**,因为正如我已经说过的,无论谁在绝对者之外和之上再去寻找任何别的东西,这个做法都是一个直接的矛盾。

但愿这位机智的研究者自己搞清楚,在他的想象里,我们所说的绝对者为什么要沉沦,并且是通过什么而沉沦的。也许他同时也会注意到,当他把一个更高的东西置于他所谓的绝对者之上,并且企图通过信仰来紧紧抓住它的时候,这个东西恰恰和我们在清楚的知识以及同样清楚的对于这个知识的意识中所把握到的绝对性是同一个东西。

或许当面对**这个**绝对性的时候,他本人并没有点亮一束在他看来想要打破什么的光?因为他是这样说的:"自由的神圣火花从那个不可见的世界传播到我们的世界里面,它**打破了绝对同一性**,唯有在此之后,按照这个火花的划分标准,方才一方面产生出思维和存在,另一方面产生出意愿和行动。"②

在我们看来,就灵魂作为客体或有限者而言,知识是无限者在灵魂之内的一种渗透式塑造,而在这种情况下,有限者成为一个独立的东西,它的所作所为和神性直观的第一个映像的所作所为仍然是一样的。灵魂通过理性而融入到原初统一体里面,

---

① 同上。——谢林原注
② 该书第90页。——谢林原注

变得与原初统一体相同。这样一来,灵魂不但获得了完全基于自身而存在的**可能性**,同样也获得了完全基于绝对者而存在的可能性。

无论前一种情况或是后一种情况的**现实性**,其根据都不再位于原初统一体之内(当初原初统一体和绝对者是什么关系,如今灵魂和原初统一体就是什么关系),而是仅仅位于**灵魂自身**之内,因此灵魂重新获得一种可能性,要么把自己输送到绝对性之内,要么重新跌落到非绝对性之内,与原型分离。 [VI, 52]

可能性与现实性的这种关系就是"自由"这一现象的根据。自由确实是**不可解释的**,因为它的概念恰恰意味着:仅仅自己规定自己。尽管如此,我们仍然能够并且必须揭示出自由的最初出发点,自由从那里才流淌到现象世界之内。

当灵魂基于原初统一体并因此基于上帝而存在时,这种存在对它来说并不是一种实在的必然性,确切地说,除非灵魂真正地基于自身而存在,并且同时成为一个绝对的东西,否则它就不可能基于原初统一体而存在;同样,除非灵魂同时也基于无限者而存在,亦即成为一个必然的东西,否则它也不可能真正具有一种自由的存在。当灵魂执着于它的自主性,使自身之内的无限者屈从于有限性,它就从原型那里堕落,于是一个直接的惩罚就像厄运一样紧紧跟随着它。这个惩罚意味着,"基于自身而存在"这一肯定的东西对它而言转变为一种否定,而且它再也不能创造出任何绝对的和永恒的东西,而是只能创造出非绝对的和时间性的东西。自由是事物的最初的绝对性的见证者,但正因如此，自由也是堕落之一再重复的可能性；同样，经验中的必然性恰恰只是自由的堕落方面，是灵魂由于脱离原型而遭遇的一种强制约束。

至于灵魂如何反过来借助于它与无限者的同一性而摆脱有限的必然性，这个问题可以通过那种同一性与绝对同一性之间的关系而得到解释。

当灵魂进行有限的创造活动时，它仅仅是永恒必然性的一个工具，同样，被造物也仅仅是理念的一些工具。然而绝对者与有限灵魂之间只能是一种间接的、非理性的关系，在这种情况下，事物在灵魂之内就不是直接派生自永恒者，而是以支离破碎的方式产生出来，因此灵魂作为一个与被造物相同的东西，就和自然界一样，处于一种最高程度的遮蔽状态。反之，当灵魂保持着它与无限者的同一性，它就超越了那种与自由背道而驰的必然性，而是趋向那种本身就是绝对自由的必然性，在后面这种必然性里，那在这里亦即在自然进程中看似独立于自由的实在，也与灵魂达到了和谐一致。

[VI, 53]

宗教，作为对于绝对观念的认识，并不是这些概念的后继者，而是先于这些概念，是它们的根据。也就是说，道德的第一个根据就是要认识到那个仅仅位于上帝之内的**绝对**同一性，认识到绝对同一性不是依赖于任何行动，而是作为一切行动的本质或自在体**存在着**。必然性和自由的同一性与世界之间是一种间接的关系，同时又超于世界之上，如果有人认识到了这一点，就会把那种同一性看作是**命运**（Schicksal），就此而言，对于命运的认识乃是走向道德的第一步。随后,当灵魂自觉地与绝对同一性处于一种和解的关系当中,灵魂就认识到绝对同一性乃是天命(Vorsehung),于是它不再从现象的立场出发把绝对同一性看作是一种不可把握和不可理解的同一性,而是看作**上帝**,后者的本质对于精神的眼睛而言是一种直接的、通过自身即清楚展现出来的东西,正如感性的光对于感性的眼睛而言也是这样一种东西。

上帝的实在性不是一个经由道德才提出来的要求,毋宁说,只有当一个人认识到上帝(且不管是以何种方式),他才真正是一个有道德的人。事情并不是像那些只能思考有限者的人所想的那样(且不管他们是怎样思考这类关系的其他情形),仿佛道德诫命只有在与作为立法者的上帝相关联时才应当得到执行。毋宁说,道德诫命之所以应当得到执行,原因在于,上帝的本质和道德的本质是同一个本质,而所谓表现上帝的本质,就是通过人们的行为来表现道德的本质。只有以上帝的存在为前提,一个道德世界才是根本可能的。如果有人企图放弃上帝,**以便**确保一个道德世界,那么这只有把那些真实的和必然的关系完全颠倒过来才有可能。

现在看来,传授科学的精神和教导生活的精神是同一个精神,也就是说,它们都主张通过牺牲有限的自由来达到无限的自由,通过感官世界的寂灭而与精神性世界融为一体。如果人们没有直观到理念,那么无论道德学说还是道德都不存在,同样, [VI, 54] 如果一种哲学反过来排斥道德的本质,那么它也是一种莫名其妙的东西。

埃申迈耶尔的著作里面印着如下文字:"**谢林**在他的任何一部著作里都没有清楚而详细地谈到那个精神极点,没有谈到理性存在的共同体(这个共同体构成了我们的理性体系的一个必要组成部分),**因此他把'德行'作为众多基本理念之一排斥在理性之外**。"① 在随后的地方,他还用另外一些表述重复了同样的观点。

如果一个浅薄无知的人出于自己的渺小而用一些令人厌恶的说法来指责哲学是一种不道德的东西,对哲学施加报复,或者借用教士们的狡诈说话方式,如果有人企图通过一个如此轻易的判断来掩饰他的狭窄心胸,那么上述观点是没有问题的,是可以理解的。可惜,当**埃申迈耶尔**不幸也发出了同样的腔调时,他只不过是陷入自相矛盾而已,因为,如果不是自相矛盾的话,他怎么可能同时承认他所指责的那个体系具有如下这般功绩呢:"继费希特的体系之后,它[谢林的体系]如今让哲学达到了毫无欠缺的地步,伴随着这个体系,科学的白昼开始了……"② 或许在埃申迈耶尔看来,"德行"这一理念属于非哲学的层面?问题

---

① 前引埃申迈耶尔著作第86节。——谢林原注
② 埃申迈耶尔著作《前言》,第II页,第17页。——谢林原注。译者按,埃申迈耶尔把康德之前的哲学比喻为"从夜晚的黑暗进入到云雾缭绕的局面",把康德哲学比喻为"乌云绽开,透出一缕晨曦",把费希特哲学比喻为"从晨曦过渡到白昼",直到谢林最终达到了最高的必然性与自由的同一性,把原本属于宗教专利的"永恒性"这一理念收归思辨:"当谢林把'永恒性'这一理念树立为思辨的最高潜能阶次,他就是第一个把思辨重新置于它的完整领域之内的人。——毫无疑问,哲学虽然早在数千年前就在柏拉图那里绽放出晨光,但直到现在才进入光天化日。"(第17—23节)

在于，一个如今达到了无所欠缺地步的哲学体系有可能把"德行"理念排斥在理性之外吗？现在来看看他的理由吧：**因为我在著作里面没有详细而清楚地谈到**（也就是说，只不过**没有以这种方式谈到**）理性存在的道德共同体，**所以我就是积极主动地排斥了**"德行"理念（在这个地方不可能有别的解释），而且是从那样一个体系那里排斥出去，这体系把全部理念当作唯一的一个理念来对待，而且其独一无二的地方在于，在永恒者这个潜能阶次之内呈现出一切！① 更何况**埃申迈耶尔**本人也承认，唯有在这个体系之内，"德行才是真实的和美的，真理才是有德行的和美的，美、德行和真理亲如手足。"② 既然如此，在这种同一性里，从何谈起某一个理念遭到排斥？

[VI, 55]

现在，另外一些人会说："这一切听起来都很妙，我们差不多也是这样说的（他们确实是这样说的，因为这个模式就和其他模式一样，由于一再出现而变得习以为常了），**但我们在这里思考的是某种完全不同的东西**。"

既然如此，我们希望毫不掩饰地承认这一点，并且清楚说道：是的！我们相信，存在着某种比**你们所说的**德行和道德更高的东西（你们关于德行和道德的言论根本就是贫乏无力的）；我们相信，灵魂有一个状态，在那种状态下，它既不会考虑什么诫命，也不会去考虑对于德行的奖励，因为它仅仅按照它的本性的内在必然性而行动。诫命是通过"应当"表示出来的，并且以

---

① 同上书，第17页。——谢林原注
② 同上书，第92页。——谢林原注

"善"和"恶"这两个并列的概念为前提。你们为了把恶保留下来（因为按照迄今所说的，它是你们的感性存在的根据），宁愿把德行理解为一种屈服，而不是理解为一种绝对自由。然而，当你们把道德与幸福对立起来，始终惦记着这个对立，你们就会发现，道德在这个意义上并不是什么最高的东西。人作为理性存在，其使命不可能是去服从道德律，就像个别物体服从重力那样，否则这里就会出现一种不平等的关系。只有当灵魂具有绝对的自由，也就是说，只有当它认识到道德同时也是一种绝对的极乐，它才是真正有德行的。作一个不幸福的人或觉得自己不幸福，这本身就是一种真正的不道德，就此而言，极乐不是德行的一个属性，而是德行本身。绝对的道德不是一种有所依赖的生活，而是一种合乎法则的、同时又自由的生活。只有当理念及其肖像（亦即天体）把中心（亦即同一性）接纳到自身之内，它们才同时也存在于同一性之内，反之亦然。灵魂同样也是如此：它的那个与中心、与上帝合为一体的趋向，就是道德；但是，假若这种把有限性重新接纳到无限性之内的做法同时不是一种从无限者到有限者的过渡，也就是说，如果这种重新接纳同时不是有限者的一种完满的基于自身的存在，那么差别就将表现为一种单纯的否定。就此而言，道德和极乐仅仅表现为同一个统一体的两个不同的视角：每一方都不需要对方作为补充，本身就是绝对的，同时包揽着对方——这种一体式存在的原型同时也是真理和美的原型，它存在于**上帝**之内。

按照一种完全相同的方式，**上帝**既是绝对的极乐，也是绝对

[VI, 56]

的道德,换言之,极乐和道德是上帝的同样无限的属性。我们在上帝之内只能设想这样一种道德,它是一种从上帝的本性的永恒法则那里流溢出来的必然性,也就是说,它本身也是一种绝对的极乐。反过来,上帝之内的极乐也是基于一种绝对的必然性,因此是基于一种绝对的道德。在上帝之内,主体完全就是客体,普遍者完全就是特殊者。无论从必然性这一方面还是从自由这一方面来看,上帝都仅仅是同一个本质。

自然界是上帝的极乐的一个肖像,观念世界是上帝的神圣性的一个肖像,尽管这些肖像由于差别的干扰而未臻完满。

上帝是必然性和自由的共同的自在体;通过否定,有限的灵魂觉得必然性是一种独立于自由、与自由相对立的东西,但这种否定在上帝之内是不存在的;通过道德,个别灵魂表达出同样一种和谐,并且与上帝重新统一起来,但上帝不仅对于个别灵魂而言,而且对于全部灵魂而言都是自由和必然性的共同的本质,是个别理性存在之分离性和全部理性存在之统一体的共同的本质。就此而言,上帝是历史的**直接的**自在体,正如他只有通过灵魂的活动才间接地成为自然界的自在体。行动之内的实在方面就是必然性,由于它显现为一种独立于灵魂的东西,所以必然性与自由之间的一致或冲突不能从灵魂本身出发来理解,而是在任何时候都显现为那个不可见的世界的一个直接的展示或答复。上帝是必然性和自由的**绝对**和谐,但由于这种和谐在历史里只能以整体的方式,而不是以个别的方式表现出来,所以只有作为整体的历史才是上帝的启示,而且这个启示也只能以渐进

[VI, 57]

的方式展开。

尽管历史仅仅展示出了宇宙的诸多命运的**某一个**方面,但我们却不应当把历史理解为一种片面的东西,而是应当把它理解为那些命运的一个象征,它们在历史里面完整地重现自身,并且清楚地折射出来。

历史是一部书写在上帝的精神之内的史诗。这部史诗分为两个主要部分:一部分表述人类脱离他们的中心,直到最为遥远的地方;另一部分表述人类的回归。前者相当于历史的《伊利亚特》,后者相当于历史的《奥德赛》。前者那里是离心的方向,后者这里是向心的方向。通过这个方式,整个世界现象的伟大目的在历史里面表现出来。理念或魂灵必须从它们的中心那里堕落,在自然界(亦即堕落的普遍层面)里获得特殊性,以便在此之后,作为一些特殊的理念或魂灵,重新回归无差别,与无差别和解,能够存在于无差别之内,同时不会损害无差别。

在我们更清楚地展开历史和整个世界现象的这个终极目的之前,让我们回顾一下唯有宗教才教导的一个对象:我指的是一个对于人类而言如此有趣的问题,即对于人类教化的最初开端,对于艺术、科学和整个文明的起源的追问。虽然就人类的想象力而言,神话和宗教已经用诗填满了那个无边的黑暗空间,但哲学同样试图把真理之光投射到那个空间里面。经验已经足够充分地表明,人类正如他们现在看起来那样,需要通过一些已经具有教养的存在来进行教育和陶冶,以便觉醒过来,获得理性。可惜的是,理性教育方面的匮乏只能让人内心里的兽性禀赋和本

[VI, 58]

能发展起来，而不是让这样一个思想——当前的人类已经靠着自己摆脱了兽性和本能，把自己提升到理性和自由——成为可能。同样糟糕的是，那些依附于偶然状况的教育原则循着不同的路线已经到达如此四分五裂的地步，以至于教育的同一性变得完全不可理解。但实际上，如果人们去接近原初世界，去接近那极有可能是人类诞生地的地方，那么他们会找到那种同一性。整个历史指明，全部艺术、科学、宗教和法律制度都具有一个共同的起源；与此同时，从已知历史来看，其最为朦胧的边界已经展示出一种从早先的高度沉沦下来的文明，展示出早先科学的一些已经扭曲的残余，展示出一些看起来早已失去其意义的象征符号。

按照这些前提，我们唯一能假定的是，现今人类享受着一些较高的自然存在的教导，在这种情况下，由于人类仅仅具有理性的可能性，而不是具有理性的现实性（因为它还没有通过教育而达到这一步），所以它只能通过传承下来的东西、通过一个较早族类的教导而获得它的全部文明和科学。相比那个族类，人类是一个较低的潜能阶次或残留，而那个族类则是通过自身就可以直接分享理性，它把理念、艺术和科学的神性种子撒播到大地之上，随后就在大地上消失了。如果说按照理念世界的层次区分，人的理念面临一个更高的秩序，而且是从那个秩序里面产生出来的，那么与可见世界和不可见世界的和谐相对应，就有这样一种情况：同样的一些原初本质，它们先是在第一次诞生里成为人类的精神性创造者，然后在第二次诞生里成为人类的最初教育者和理性生活引导者,并通过这种方式使人类重新获得一种更为完满的生命。

[VI, 59]　　也许有人会怀疑,那个魂灵族类怎么可能发生沦落,具有尘世肉身?但一切事物都让我们坚信这一点,即地球的早先的自然界是与一些比当前的形式更高贵、教化程度更高的形式为伴:人们在当前的自然界里面徒劳地寻找创世时的动物的对应者,而它们的残余部分在体积和结构方面都远远超过当前存在着的动物,这就证明,它们也曾经作为另外一些生物种类,在年富力强的时候,生产出一些更高级的样本和一些教化程度更为完满的种类,这些种类由于不适应地球的变迁而走向灭亡。"地球的逐渐恶化"不仅仅是远古世界的一个普遍的传说,而且就像后来出现的"地轴倾斜说"一样,是一个确定的物理学真理。按照同样的关系,伴随着与日俱增的僵化状态,恶的本原的势力逐渐扩散,地球与太阳的早先的同一性也消失了,而正是这种同一性曾经护佑地球生产出一些更美好的东西。

人类产生自一个代表着同一性的更高族类。我们将乐于设想这样的情形,即那个族类出于天性、并且以一种无意识的辉煌方式达到了统一,而第二个族类由于分散为一些个别的光芒和颜色,所以只有借助于意识才联系在一起。所有民族的传说都已经通过一个关于黄金时代的神话保存着那个无意识的幸运状态,以及地球的最初的温和状态;第二个族类亦即人类借助于英雄和诸神的形象来纪念它的那些童年守护神和恩人,使之永垂不朽,这是一件何其自然的事情!因为是他们让人类循着本能站直身子，赋予人类最初的求生技艺，从一开始就守护着人类，使其免遭自然界的未来艰辛的侵袭，让人类获得科学、宗教和法律制度的最初萌芽。无论在什么地方，按照那些最初的和最古老的民族的记载，人类的历史都是伴随着那些守护神一起开始的。

灵魂的不朽

[VI, 60]

宇宙的历史就是魂灵王国的历史，并且前者的终极目的只有通过后者的终极目的才能得到认识。

就灵魂直接与身体相关联或作为身体的创造者而言，它必然与身体一起屈从于同样一种虚无性；就灵魂作为理智的本原而言，同样也是如此，因为后面这种意义上的灵魂也是通过前面那种意义上的灵魂而间接地与有限者相关联。就灵魂作为一种纯粹的现象而言，它的真正的自在体或本质是**理念**，亦即灵魂的永恒概念，后者位于上帝之内，与灵魂联合起来，成为永恒认识的本原。我们甚至可以说，"这个本原是**永恒的**"仅仅是一个同一性命题。时间性的实存不会在原型之内造成任何改变；正如一个与原型相符的有限存在者不会让原型具有更多的实在性，同样，即使消灭了那个有限存在者，原型也不会因此具有更少的实在性或不再是一个实在的东西。

但灵魂的这个永恒成分之所以是永恒的，并不是因为它无始无终地绵延着，而是因为它和时间没有任何关系。因此当我们称它为"不朽的"，就不能按这个概念通常包含的那个意思来理解，亦即将其理解为一种个体式的持久绵延。这种持久绵延必然会让人联想到有限者和身体,因此这个意义上的"不朽"真正说来仅仅是一种持续的有朽,它并不意味着灵魂的解脱,而是意味着灵魂的一种持续不断的禁锢状态。就此而言,对于这种意义上的"不朽"的追求乃是直接起源于有限性,而绝不可能是来自于那些现在就努力要让灵魂尽可能摆脱身体的人,即苏格拉底所说的"**真正的哲学家**"。①

因此,如果有人把"不朽"置于灵魂的永恒性之上,并且认为灵魂存在于理念之内,这就没有认识到哲学的真正精神。② 此外,在我们看来,让灵魂在死亡的时候洗刷掉感性,同时却作为一个个体持久绵延下去,这也是一个显而易见的误解。③

所谓的"个体性"其实是指灵魂与身体的纠缠状态,如果这个纠缠状态是灵魂自身内的一个否定所造成的后果,是一个惩罚,那么当灵魂摆脱那个否定之后,它在这种情况下就将必然是永恒的,也就是说,必然是真正不朽的。反之,如果有些人的灵

[VI, 61]

---

① 《斐多》,第153页。——谢林原注。译者按,柏拉图在《斐多》里多达十多处地方(*Phaid.* 63e, 64a, 64b, 64e, 66b, 67d, 67e, 68b, 69d, 80e, 82c, 83b usw.)提到"真正的哲学家"(ὡς ἀληθῶς φιλόσοφος, οἱ ὡς ἀληθῶς φιλόσοφοι)或"真正钻研哲学的人"(οἱ φιλοσοφοῦντες ὀρθῶς),并且强调指出,摒弃身体、专注灵魂乃是他们的"共识"。
② 前引埃申迈耶尔著作,第67节,第59页。——谢林原注。译者按,埃申迈耶尔的相关原文如下:"人类生活之所以不同于世界史之内的那些飘忽不定的现象,原因是它在自身内包含着一种相对价值和一种绝对价值。它的相对价值在于,向着'真理''美''德行'等理念的整体前进,做出贡献并传诸后世;它的绝对价值返回到自身之内,为着一个比理念的尊贵性更高的尊贵性——亦即不朽——做准备。"(第67节)
③ 同上书,第68节,第60页。——谢林原注。译者按,埃申迈耶尔的相关原文如下:"[对于绝对价值的追求]无非就是逐渐洗刷掉感性,收敛禀好和激情,放弃享受,持久专注于行动,对一切所谓的思辨事物毫不关心,反过来则是通过经验和多方面的反思而获得对于一切真、美和善的感触。"(第68节)

魂完全充斥着各种时间性的、转瞬即逝的事物,达到膨胀的地步,那么他们必然会过渡到一个近似于虚无的状态,在最大程度上可以说是真正有死的:因此他们必定会不由自主地畏惧毁灭。与此相反,那些已经在这里被永恒者所充实了的人,也已经在最大程度上解放了自身之内的神明,他们对于永恒性信心满满,不仅蔑视死亡,甚至喜爱死亡。

但是,如果有限性被设定为真正的肯定意义上的东西,如果有限性所带来的纠缠状态被设定为真正的实在性和实存,那么最初那些把有限性看作是一种疾病,努力在最大程度上摆脱有限性的人,必然最没有可能(在这个意义上)成为不朽的。反之,那些在这里已经把自己限定在嗅、尝、看、触摸及类似事情上面的人,将会完完全全地享受他们所向往的实在性,沉迷于物质,仿佛最有可能(在他们的意义上)持续下去。

如果灵魂的最初的有限性已经与自由相关联,是自主性导致的一个结果,那么灵魂的每一个未来状态与当前状态之间也只能是这样一种关系,并且,唯有通过一个必然的概念,当前才与未来联系在一起,而这个概念就是"罪责"或"罪责的净化"。

自在地看来,有限性本身就是一个惩罚,这个惩罚不是通过一个自由的选择,而是通过一个必然的厄运,来自于堕落(**这里就是费希特所说的那些不可理解的限制的根据**):也就是说,如果有些人的生命仅仅是一种持续不断的背离原型的过程,那么等待着他们的,必然是一个最为恶劣的状态,反之,如果有些人把生命看作是一种向着原型的回归,那么他们将会经历少得多

[VI, 62]

的中间层次而到达一个点,在那里,他们重新与他们的理念完全融合,在那里,他们不再是有死的。就像柏拉图在《斐多》里以一种更为生动的方式所表述的那样,前一种人身陷物质的泥沼,被封锁在阴间里面,而在后一种人里面,有些人是因为主要经历了虔敬的一生而摆脱了地球这个地方,就像从监狱里面释放出来一样,上升到一个更为纯粹的区域,居住在地球的上方,而另外一些人则是因为热爱智慧而早早得到净化,所以将会**完全脱离身体**,生活在完整的未来,到达一些比前面那个区域还要更为美丽的居所。

我们不妨以如下一些观察来检验这个层次序列。——有限者不是什么肯定意义上的东西,它仅仅代表着理念的自主性这一方面,而自主性则是由于脱离它的原型而转变为对于理念的否定。一切魂灵(Geister)的最高目标并不是要绝对地不再基于自身而存在,毋宁说,它们的目标是要让这种"基于自身的存在"不再是对于魂灵的否定,而是转化为相反的情形,也就是说,**让魂灵完全摆脱身体**,摆脱一切与物质的关联。就此而言,自然界,作为堕落魂灵的模糊肖像,就是理念的一种直线降生,它历经有限性的全部层次,直到理念所具有的自主性在抛开全部差别之后,**升华为**一种与无限者相同一的东西,与此同时,一切理念作为实在的理念也获得了它们的最高的观念性。如果不是这样,自然界还能是什么东西呢?由于自主性本身就是身体的创造者,因此每一个灵魂都是在一个特定的范围之内,当自主的灵魂脱离了当前状态时,重新在一个肖像那里直观到它自己,并且

[VI, 63] 亲自规定它自己的转世场所,也就是说,它要么在一些更高的层面上,在一些更好的星星上面,开启较少屈从于物质的第二次生命,要么被驱逐到一些更为低下的地方。在这种情况下,如果灵魂在之前的状态下已经完全摆脱了它所痴迷的对象,并且把一切单纯与身体相关联的东西隔离在自身之外,那么它就直接返回到理念一族,并且完全作为一个自为的东西,无需另一个方面,永远生活在理智世界之内。

如果说感官世界仅仅立足于魂灵的直观,那么,当灵魂向着它们的源头回归并与具体事物割裂,这就意味着感官世界本身的瓦解,意味着感官世界最终消失在魂灵世界之内。随着魂灵世界接近自己的中心,感官世界相应地也向着自己的目标前进,因为即使对于那些天体而言,它们的转化也是业已注定的,它们注定要从一个较低的层次出发,逐渐消解在一个较高的层次之内。

现在,既然历史的终极目的是要让堕落达到和解,那么在这个关系里,我们也可以从一个肯定的方面来看待堕落。理念的最初的自主性是一种来自于上帝的直接作用的自主性:当理念通过和解而把自己纳入到绝对性之内,这种自主性就成为一种**自行给定**的自主性,因此理念作为一些真正独立的理念,在无伤绝对性的情况下,存在于绝对性之内;这样一来,[理念的]堕落就成为上帝的**完满**启示的一个手段。当上帝靠着他的本性的永恒必然性而赋予直观对象以自主性,他就把直观对象本身置于有限性之内,仿佛把它当作一个牺牲品,以便让那些在上帝之内原本不具有自行给定的生命的理念获得生命,但恰恰通过这种方式,理念获得了一种能力,能够作为独立存在着的东西重新**基于绝对性而存在**,而后面这种情况是通过完满的道德而发生的。

只有伴随着这个观点,绝对者对于映像的那种一视同仁或坦然无忌的形象才达到完满。斯宾诺莎用一个命题表达了那种一视同仁或坦然无忌:"**上帝用一种理智的爱无限地爱着他自己。**"① 所谓上帝爱**他自己**,就是指上帝的主客分化,通过这一最美丽的形象,宇宙在上帝那里的起源、宇宙与上帝的关系随之也已经在一些宗教形式里面呈现出来,而所有这些宗教形式的精神都是立足于道德的本质。

[VI, 64]

根据我们的完整观点,永恒性在这里已经开始了,或更确切地说,永恒性现在就已经**存在着**。埃申迈耶尔说②,未来有一个状态,那些在这里仅仅通过信仰而启示出来的东西,在那里将会成为认识的对象;他认为,基于某个条件,即灵魂尽可能挣脱感性的束缚,未来那个状态应当在彼岸世界那里才开始出现。如果是这样的话,我们就不能理解,既然我们已经具备了同一个条件,为什么那个状态不能同样在这里出现。否定我们所说的情况,就是把灵魂完全捆绑在身体上面。

---

① 斯宾诺莎:《伦理学》第五部分,命题35。——谢林原注
② 上引埃申迈耶尔著作,第60页。——谢林原注

[VI, 65] # 附录：论宗教借以存在的外部形式

  按照宇宙的榜样，国家可以划分为两个层面或两个阶层的本质，其中一个层面是自由的人，代表着理念，另一个层面是不自由的人，代表着具体的和感性的事物。即便如此，二者仍然不能确保一个最高程度的和最高级别的秩序。由于物是理念的工具（Werkzeuge）或机能（Organe），因此理念本身得以与现象相关联，并且作为灵魂进入到现象里面。但上帝作为一个整全的最高秩序，始终凌驾于一切实在性之上，与自然之间永远只是一种间接的关系。现在，如果国家按照一个更高的道德秩序代表着**第二自然**，那么神性与国家之间就始终只是一种观念上的、间接的关系，永远不可能是一种实在的关系，在这种情况下，如果宗教希望在一个最完满的国家里同时毫无损伤地保持自己的纯粹的观念性，那么它就只能作为一种隐秘的东西或以**神秘学**的形式存在，除此之外绝无其他办法。

  如果你们希望宗教同时具有一个隐秘的方面和一个公开的方面，那么不妨把它放到一个民族的神话、诗和艺术里面看看：真正的宗教因为惦记着自己的观念特性，所以放弃公众，退缩到
[VI, 66] 一个神圣的秘密暗夜里面。这个宗教与公开宗教尽管相互对

立,但是既没有损害它自己,也没有损害对方,反而让双方都保持着各自的纯粹性和独立性。虽然我们对于古希腊神秘学了解不多,但我们无疑也知道,那些学说和公开宗教之间是一种极为尖锐和极为明显的对立关系。希腊人让那些就其本性而言不可能公开、不可能转变为实在的东西保持着自己的观念性和封闭性,这件事恰恰表现了他们的纯粹心思。对此人们不可提出这样的反对意见,即神秘学之所以能与公开宗教相互对立,完全是因为前者只允许少数人参与进来。实际上,神秘学之所以为秘密的,并不是通过限制人们的参与(因为参与者的范围其实已经延伸到希腊的国界之外)①,而是通过这样的措施,即把进入公众生活看作是对于神明的亵渎,看作是一种应当遭到惩罚的罪行,而这个民族最为关心的事情,就是始终让神秘学与一切公众事物保持距离。那些完全基于神话而创作诗歌的诗人,同样也提出,神秘学在一切制度里面是最具有拯救力和最具善行的制度。神秘学在任何地方都显现为公众道德的核心:希腊悲剧的崇高的道德之美可以追溯到神秘学,人们很容易在索福克勒斯的诗歌里面确切地听到一些音讯,而他是通过神秘学才参悟了那些音讯。假若人们不是始终单单把"异教"(Heidentum)这一概念从公开宗教那里抽离出来,那么他们早就会认识到,异教和基督教如何长久以来就是形影不离的,而且,只有当异教把神秘学公之于众以后,基督教才从异教那里产生出来——从历史上看,

---

① Cicero de Nat. Deor. 1, 42: Mitto Eleusinem illam et augustam, **ubi initiantur gentes orarum ultimae.** [西塞罗:《论神的本性》(1, 42):"我就不谈那个神圣而庄严的厄流希斯神秘学了,连一些最为边远的民族都被允许参与进来。"]——谢林原注

这个命题可以通过基督教的绝大部分习俗以及基督教的象征行为、层次分化和祝圣仪式等等得到支持，而这些东西显然是在模仿那些在神秘学里占据主导地位的行为。

[VI, 67] 　　如果一种精神性宗教与实在事物和感性事物纠缠在一起，那么这是与它的本性相悖的，同样，如果这种宗教企图赋予自己一种真正的公开性和一种神话的客观性，那么这种做法也是徒劳无益的。

　　真正的神话是众多理念的一个象征系统，这个象征系统只有借助于自然界的诸多形态才是可能的，而且完全把无限者有限化了。如果一个宗教与无限者直接相关联，并且把神性事物与自然事物的统一仅仅看作是对于后者的扬弃，那么它不可能具有上述象征系统，就像在"奇迹"概念里所发生的那样。奇迹是这样一个宗教的公开质料，这个宗教的各种形态仅仅具有历史意义，但并不是一种自然存在，仅仅是一些个体，但不是一些类，仅仅是一些转瞬即逝的现象，但不是永恒持续的、不灭的自然存在。既然如此，如果你们要寻找一个具有普遍意义的神话，那么你们必须掌握一种象征主义的自然观，让诸神重新掌控自然界并且充实自然界；与此相反，宗教的那个精神性世界必须保持自由，完全脱离感官现象，或者说至少是这样，即仅仅通过一些神圣的狂热赞歌，通过一种独特的、像古人的秘密的宗教诗那样的诗得到赞美。① 相对于这种诗，近代的诗仍然仅仅是一种

---

① 弗里德里希·施莱格尔：《希腊罗马诗歌史》(Fr. Schlegel, *Geschichte der Poesie der Griechen und Römer.* 1798)，第6页及以下。——谢林原注

公开的、正因如此不那么纯粹的现象。

关于神秘学的学说和制度,我们只希望谈谈那些从古人的报道里提炼出来的合乎理性的东西。

隐秘宗教必然是一种单一神论,正如公开宗教必然具有多神论的形式。只有伴随着"绝对的一"和"绝对观念"的理念,所有其他的理念才被设定。从这个理念出发,尽管是以一种直接的方式,才会得出一种关于灵魂在理念内的绝对状态、灵魂与上帝的最初的统一体的学说,在那种状态下,灵魂分享对于自在的真、自在的美和善的直观。这种学说也可以按照一种形象生动 [VI, 68] 的方式表现为灵魂在时间意义上的预先存在。与这个认识直接联系在一起的是另外一个认识,即关于那个状态的失落(理念的堕落),以及随之而来的灵魂之被驱逐到身体和感官世界之内。按照理性本身对这些情况的不同观点,这种学说也可能具有不同的看法,而在绝大多数希腊神秘学里,看起来重点都是在于解释感官生活如何来自于一个之前招致的罪过。但同样一种学说在不同的神秘学里面也通过不同的形象(比如一个变得有死的、遭受折磨的神)表现出来。宗教学说的另一个目的,就是让那种脱离绝对者的堕落得到和解,并且把有限者与绝对者之间的否定关系转变为一种肯定关系。这个宗教学说的实践教导必然以最初的那个学说为前提,因为它的目标是让灵魂摆脱那个代表着否定的身体,正如古代神秘学把入门之径描述为奉献和牺牲生命,描述为身体的死亡和灵魂的复活,并且用同一个词即"Einweihung"来指代"死亡"和"参悟"。使灵魂得到净化并抽离身体的最初意图,就是通过重新获得的对于唯一真实和永恒的东西(亦即理念)的理智直观,让谬误(这是灵魂的最初和最深的病)得到痊愈。这个意图的道德目的在于,让灵魂消除那些当它和身体纠缠在一起时曾经长期统治着它的情感,消除对于感官生活的眷恋,而这种眷恋是一切不道德的行为的根源和动力。

到最后,那些关于灵魂的永恒性以及当前状态与未来状态的道德关系的学说必然与上述学说联系在一起。

不管怎样,任何精神性的、隐秘的宗教都必须回溯到这个学说,因为这个学说是德行以及更高真理的永恒基柱。

[VI, 69] 至于神秘学的外在形式和机制,我们可以把它们看作是一种公开的、起源于民族本身的心灵和精神的机构;国家把这个机构建立起来,作为一种神圣的东西加以维护,不允许它按照那些不具有长远目的的秘密组织的方式,让一部分人参与,同时排除另一部分人,而是确保国家的全部公民达成一种内在的和道德上的统一,正如国家本身是确保一种外在的和法律上的统一。尽管如此,神秘学里面必然有着层次分化,因为并不是所有的人都能够以同样的方式直观到那个自在的真相。对于那些不能做到这一点的人,必须有一个"前院",有一个准备过程,而按照欧里庇得斯的比喻,这个准备过程和完全参悟的关系就好比睡眠与死亡的关系。睡眠仅仅具有否定的意义,而死亡则具有肯定的意义,它是最终的、绝对的解脱者。在最初的准备过程与最高的认识之间,只能是一种否定的关系:它的办法是削弱乃至尽可能消灭感性情感以及一切侵扰着灵魂的安宁和道德的机体的东

西。如果绝大多数人能够达到这个程度的解脱,这就足够了。一般说来,不自由的人在参与神秘学的时候可以限定在这个层次上面。即使是那些令人恐惧的形象(它们把一切时间性东西的虚无性摆在灵魂眼前,让灵魂在震撼中预感到那个唯一真实的存在),也是属于这个领域。当灵魂与身体的关联在某种程度上被消灭之后,灵魂至少是开始**做梦**了,也就是说,灵魂开始领受一个非现实的、理想的世界的形象。相应地,第二个层次可以说是这样一个层次,在这里,宇宙的历史和命运以一种形象的方式,并且主要通过行动展现出来。史诗里面折射出来的仅仅是有限者,而无限者在它的所有现象里对于史诗来说都是陌生的;与此相反,公开悲剧却是公众道德的真正的摹本,因此戏剧形式最适合用来展示宗教学说的隐秘方面。那些依靠自己而打破这个外壳并领会到各个象征的意义的人,那些通过节制、智慧、自我克服和热爱非感性事物而经受了考验的人,必定会在一个新的生命里面达到完全的觉醒,并且作为目击者(Autopten)看到 [VI, 70]
纯粹的真理本身,而不是看到各种影像。那些先于别人而达到这个层次的人必须成为国家领导人,反之,任何未能最终参悟的人都不能进入到国家领导人的阶层里面。在那个最终的揭示状态下,国家领导人也会清楚认识到整个种族的使命。同样,在同一个团体里,法规和崇高的精神境界都共同分享并照料着君王技艺的最高原理,这个技艺对统治者来说必然是最合适的。

通过这样的安排,倘若宗教能够完全发挥纯粹的道德感化力,稳妥地不再与实在的东西和感性的东西纠缠在一起,不再追求外在的统治权和那种与它的本性相悖的暴力,那么哲学——它的喜爱者是一些天然参悟的人——反过来就会通过这个安排而与宗教结成永恒的同盟。

谢林著作集

哲学导论

(来自一份手写遗稿)

1804

F. W. J. Schelling, *Propädeutik der Philosophie*, in ders. *Sämtliche Werke*, Band VI, S. 71-130. Stuttgart und Augsburg 1856-1861.

在讲授哲学的整体之前,我先拿出一个哲学导论。我的意思既不是指哲学的根据没有完整地包含在哲学自身之内,也不是指哲学必须立足于某种外在于它的东西;总的说来,我的这个做法不是出于一种客观的必然性,而是出于一种主观的必然性。因为对于一个初学者来说,刚开始的时候,他对哲学研究的那些问题是一无所知的;他不理解,哲学为什么要追问某些真理的根据,而这些真理在他看来已经是不言而喻的、本身就清楚明白的;比如,他不理解,我们究竟是通过什么方式才承认外在事物具有一种实在性,因为在他看来,诸如"我存在""存在着一些外在于我的物"等等简直就是绝对真理。有鉴于此,为了让初学者接触到一种真正的哲学,唯一需要做的准备工作,就是让他具体地了解哲学的各个发展阶段,也就是说,向他展示,哲学如何从最初的尚且纠缠于感官世界的阶段出发,向前发展,最终摆脱了感官世界,而这就是人类精神在整体上已经走过的一条道路。

因此我的这个哲学导论本身分为两个部分:1)第一部分阐述哲学研究的主要问题,表明这些问题必然起源于人类的本性;2)第二部分勾勒出不同的哲学立场,并且表明,哲学必须经历这些立场,逐步上升,然后才能够达到一个绝对的立场。① 对于哲学,除了这个单纯否定性的准备工作之外,没有别的准备工作。在哲学里面,一切**肯定的**开端都必须从那种根本科学出发,而不能从各种次要科学出发,因为这些次要科学本身是一些次要的东西,相应地也只能提供一些次要的立场,而在这种情况下,它

---

① 需要指出的是,接下来的内容仅仅阐释了哲学导论的第二部分。——原编者注

们只会把精神束缚在各种次要的立场上面，而不是让精神获得绝对的自由，但唯有这种自由才能够真正把握无限者。

哲学只能置身于两个层面之上：一个是非绝对者、有限者或总的说来有条件者的层面，另一个是绝对者的层面。当有限者的层面与我们的知识相关联的时候，我们把它称作经验的层面。我所理解的"经验的层面"不仅包括人们通常在这里所理解的东西，即直接的感官知识以及那些从感性事物出发而推导出的东西，而且包括一切与有限者相关联的知识，哪怕这些知识主张自己相对于感性事物而言具有一种优先性。比如，康德曾经区分了后天知识和先天知识，指出后者包含着经验的可能性。**作为可能性**，先天知识确实先行于现实性，具有一种优先性，并因此获得了"a priori"[在先的，先天的]这个名称；然而它们仅仅表达出了经验的可能性，亦即仅仅表达出了有限者的可能性，而在这个意义上，它们同样隶属于**有限者**的层面。任何一种哲学，只要它停留在有限者的层面上面，我就在一种普遍的和更为宽泛的意义上把它称之为**经验论**。

这类知识的最低级的阶段，就是那种仅仅把**现实的**经验当作对象的知识，它在任何时候都不能把自己提升到对于经验的整体可能性的反思。对于这种知识的非完满性，我仅仅指出如下几点！1）什么是这个意义上的经验呢？它是这样一种知识，这种知识对于每一位个体来说都是从因果系列的**中间**出发，因此它注定不能达到开端和终点。人是无意识地进入到感官世界里面的，他首先**发现**自己被束缚在一个特定的时间点上面，被包裹在一个整体之内,无论他如何环视四方,都不能看到这个整体的边界。诚然,靠着别人的帮助,靠着过往时代传承下来的东西(对于这些东西的保持是人类很早以来就发明的一个本领),他在某种程度上扩展了自己的经验;但是如果一个人始终局限于这种知识,那么他和世界的基本关系绝不会有任何改善。无疑,[VI, 75] 我们的精神具有一个必然的法则,按照这个法则,我们被驱动着在一个无限的过去里面寻找当前的根据;同样可以确定的是,最初的那个人——我们假定有这样一个人——已经感受到了这种驱动,也就是说,那个人与世界的关系和当前的人与世界的关系是同一个关系,而这是一个完全没有头绪的、不可穷究的关系。因此我们也应当认识到,接下来的世界进程,哪怕无限延展下去,也绝不可能以经验的方式告诉我们,人与宇宙的那个最终关系或基本关系,还有宇宙本身与一个最终根据的关系,究竟是怎么一回事。一切经验都仅仅局限在宇宙之内,不能超出宇宙。

然而精神真的应当去探究这个关系吗?我的答复是:虽然精神不是"应当"去探究这个关系,但至少是"必须"去探究这个关系。精神从一开始就在追求这个东西,而且将来也会追求这个东西。

现在,我们不妨把那个问题完全抛在一边,来看看我们通过经验究竟能够在宇宙之内认识到什么。很显然,a)我们看不到**任何普遍的**东西。

经验中的命题是通过**归纳**来证明的,也就是说,这个方式表明,在同样的情况下(只要人们还能观察得到这些情况),总是会出现同样的东西。但这绝不是一种真正的或严格的普遍性,而仅仅是一种假定的、相对有效的普遍性。因为,从"某个东西迄今一直都是我们观察到的那个样子"并不能得出,它将来也毫无例外一定是这个样子。这样的例子很多。

同样,b)我们通过经验看不到任何**必然的**东西。如果我们把"必然性"看作是这样一种东西,其反面是绝对不可能的,那么很显然,没有任何经验命题能够陈述出必然性。比如,虽然迄今为止,我们在地球上总是能够经验到白天和黑夜的更替,但我们并不能由此得知,这种情况**会不会**改变,那个更替**会不会**终止。

[VI, 76] 如果单纯的经验本身就包含着某种能够令人满足的东西,为什么经验论没有停留在这些触手可及的现象——这些直接给定的东西——上面,反而要超越它们呢?为什么经验仍然以一种无意识的方式与一个无限者相关联呢?也就是说,当经验论按照因果关系的法则来解释事物,这个做法本身就是那样一种努力,而因果关系的法则恰恰表明,经验论与其说是一种成功的理论,不如说是一种彻底失败的理论。经验论按照因果关系的法则,从原因推导出后果,并通这个方式获得许多知识;然而这些知识仅仅是一种虚假的知识,理由如下。1)经验论通过后果来认识原因或本原,这就明白地告诉我们,它并没有认识到自在的原因或本原本身;这是经验论者自己也承认的,到头来,他们始终只能追溯到某个完全不确定的东西,不能给这个东西提出一个明确的概念;比如他们说,既然存在着一个后果B,那么就存在着一个具有这种或那种属性的质料,存在着一个"力"——

这个概念是无知的真正避难所。同样,当经验论者没法用物质来解释意识活动的时候,他们就从这个经验出发推导出一个不依赖于物质而存在着的本质,把它称作"灵魂",然后对此再也提不出任何进一步的规定。问题在于,他们又是通过什么方式得知,"用物质来解释意识活动"是一个绝对不会成功的做法呢?当他们宣称人类具有灵魂的时候,为什么他们不能在同样的意义上承认动物也具有灵魂呢?不管怎样,经验论者也承认,动物能够表现出许多极为精巧的、合乎目的的行为。既然动物能够表现出这些类似于理智行为的行为(哪怕这仅仅是物质的作用和变形),我们为什么就不能假定,正是通过物质的一个更高的发展阶段,那些高级的精神行为成为可能,进而假定有一个不依赖于物质的本原?我并没有说,事情**就是**这样的,我也绝不会主张这些观点。我仅仅想说,经验论者没有权利去否定这种可能性。我还想指出,人们经常做出一些新的尝试,要把精神现象归 [VI, 77] 结到一种纯粹的物质上面,而只要这些尝试还在继续,还没有被证明是失败的,那么经验论者就必须得一直悬搁他们的判断,也就是说,经验论者永远都不可能知道,那些尝试是否有可能获得成功。经验论物理学家除了假定有物质之外,还假定有一些特殊的"力",比如"引力""阻力"等等,同样,经验论心理学家除了假定有"灵魂"这个普遍的本原之外,还假定了一系列灵魂能力,而这些灵魂能力就和物理学家假定的那些"力"一样,完全是他们自己臆想出来的东西。

既然如此,2)一切经验论都被束缚在一个必然的、明显的循环之内。经验论首先用后果来规定和构造原因,把后果的可能性置于原因之内,然后又反过来从原因出发,用它来推导和解释后果。这种做法是一种非常轻巧的把戏。即使我们不去理睬那个循环,即使我们认可经验论者的那种做法(即首先用后果来构造原因,然后又从原因出发推导出后果),但我们还是发现,经验论者根本不知道那些原因的真实状态究竟是怎么回事,因为随时都有可能出现一些现象,没法用那些原因来解释。众所周知,我们这个时代对于启蒙运动赞誉有加,说它通过在灵魂和自然界里面的经验发现大大促进了人类精神的进步。诚然,当代的人们再也不会轻易地把一个不确定的自然现象称作是奇迹,再也不会把这称作是自然进程的一个中断,但这不过是用一种迷信取代另一种迷信罢了。比如,有些人虽然不再相信是神明和魂灵在自然界里面发挥着作用,但他们如今祈祷的对象,不过是将那些神明换成了一些自然力,对于这些自然力,他们一无所知,正如一个粗俗的人也不懂得那些神明究竟是怎么一回事。换句话说,他们只不过是用物质取代了那些神明,而这些发挥着作用的物质同样是一些施展着魔法、制造着奇迹的东西。也就是说,奇迹远远谈不上已经消失了,它只不过是获得了另外一个

[VI, 78] 名字。除此之外,关于那个规定着自然界或灵魂里面的现象的最终关系,人们始终都还没有获得一个清楚明了的认识。

我希望,这些话已经足以证明,经验论根本不具有一种哲学知识的价值,甚至配不上"哲学知识"这个名字,而且经验论的这样一个做法完全是一个自相矛盾,即它把**经验本身**——经验的

本质恰恰在于它绝不可能追溯到本原——当作是哲学的本原乃至最高本原,就像培根、洛克还有后来的一些法国哲学家所做的那样。

很显然,这里出现的仅仅是一个反思,这个反思不是以经验的现实性为对象,而是以迄今起来的经验论所处的层面的可能性为对象。至于这个反思后来又与另外一种知识联系起来,这种知识不仅考察经验的现实性,而且考察经验的**可能性**,但在这样做的时候又重新陷入到经验论的一般层面之内,这些事情和我们毫无关系。

经验论作为一种完全与经验和有限性相关联的知识,它的层面又包含着两个层面:一个是狭义上的经验论的层面,另一个是广义上的经验论的层面,后面这种经验论推进到了对于经验的可能性的反思。现在我们讨论后面这种经验论。我们得承认,对于经验的可能性的反思至少制造出了一个哲学的假象,而且它必定会制造出这个假象。哲学就是科学,而科学在主观上的目标,就是要达到精神的绝对的自身和谐,在客观上的目标,则是要把一切现实事物追溯到一种共同的同一性。然而反思不可能追溯到经验的可能性,除非它在它停留过的每一个不同的层面上设定一个共同的本原,并且致力于从这个本原推导出一切现实事物。在这个过程中,有可能出现一个新的对立,与那个本原形成矛盾,然后过渡到一个更高的本原,过渡到一个更高的同一性。然而反思的每一个特定的层面都有一个特定的本原, [VI, 79] 在那个特定的层面上,这个本原对于**反思**来说确实是一个真实的同一性；当然，反思**最终**必然会达到一个点，在那里，反思上升到它最终能够达到的同一性，然后就再也无法继续前进了。至于那凌驾于这个点之上的东西，不再是反思的对象，为此我们需要一个完全不同的工具或机能，才能将其发现。这里我暂时指出，在我看来，哲学里面的早先的一切尝试——如果人们以一种纯粹的方式理解把握到了柏拉图主义，那么可以说它是一个例外，但遗憾的是，这件事情迄今都还没有发生——都还停留在反思的层面之内，也就是说，迄今为止，各种哲学体系的全部更替和延续都仅仅是反思的不断提升和深化。

就此而言，各种哲学体系之所以前仆后继，轮流坐庄，原因仅仅在于，在对经验的可能性的单纯反思的范围之内，确实有一个持续的进步，直到反思最终达到一个点，在那里停滞下来。在这件事情上，我们中的有些人做出了最大的贡献，最终把反思带到了它的最高层次，在那里触及了经验的可能性的最终本原。这些人就是康德和费希特。

康德的贡献在于，他首先提出了一个无比清楚的问题——**这也是后来的全部体系真正追问的问题**——同时发现，这个问题无非就是整个有限性经验如何可能的问题。康德甚至已经发现，经验的真正**绝对的**可能性不可能位于经验自身之内，不可能借助于一些适用于经验的概念而被找到，也就是说，康德认为，经验只有在与我们和我们的认识能力相关联的时候，才是可能的。但是，因为康德同时又认为，唯有经验的层面才包含着一种真实的和现实的知识，而且唯有那些与经验相关联的概念才能

够为我们提供一种认识,所以他宣称,任何超出了经验和现象的 [VI, 80]
界限之外的知识都是不可能的,而在这种情况下,所谓的"康德
哲学"就不是一种肯定性的东西,而仅仅是一种否定性的东西。
当康德进行理性批判的时候,他确实在一些只言片语中陈述出
了有限性以及全部经验的真正的直接本原,但他从来没有清楚
地提出一个基本表述;正因如此,他的体系的追随者只能在黑暗
中摸索,却始终不能把握这个体系的基调,而是只能制造出一些
无聊的杂音。只有费希特凭借他的独立力量抓住了有限性的这
个基调,把它从康德的紊乱中提炼出来,置于他自己的体系的顶
端。就此而言,对于那种以有限事物的可能性为反思对象的哲
学来说,费希特是它的完成者。费希特的伟大贡献在于,从他以
后,人们至少再也不必追问经验是如何可能的;除此之外,任何
与费希特一样站在反思层面上的人,只要他真正理解了费希特,
那么他必然会服膺费希特的**本原**;也就是说,任何一个站在反思
层面上的人,只要他企图提出一种与费希特的本原不同甚或相
反的东西,那么他必然会遭到费希特及其哲学的彻底反驳,根本
没有还手之力。接下来我将证明,在费希特的本原亦即"自我"
或"自我性"(Ichheit)里,有限性的真正的直接本原,还有经验的
可能性等等,都已经以一种最为完满且最为透彻的方式表达出
来,而且,假若这就是哲学的最高问题,那么在费希特哲学之外
或之上就再也不会有别的哲学了。我在这里没法展示,费希特
的体系是如何必然走到一种不能令人满意的非和谐状态之中,
但可以指出的是,在一个把费希特的本原当作最高本原的层面

上,绝不可能有一种绝对满足或绝对和谐。原因在于,哲学的方向并不是像费希特所说的那样,是向着经验降落。费希特把"普通知识"这一根基从人们的脚下抽走,然后又让人们回到经验,这就好像让人们兜了一个圈子,最终回到他们起初的出发点。但哲学所追求的,不是从高高在上的世界下降到感官世界,毋宁说,哲学的方向就和火焰的方向一样,是从大地升到高空,从感性世界上升到超感性世界。

[VI, 81]

在康德和费希特之前,整个哲学界的空气——请允许我使用"空气"这个说法——充斥着各种不同的要素,混浊不堪。虽然早期的各种哲学体系完全以有限者为追求对象,但由于人类必然具有一种去认识永恒者和绝对者的禀赋,所以无限性绽放出的光芒并没有黯淡下去,只不过这些光芒和有限者纠缠在一起,迷失了自己的整个本性,变成一种完全晦暗的东西。斯宾诺莎的体系是**唯一的**一个完全摇摆在无限者和有限者之间的体系,因此无限者和有限者在这个体系里面几乎占据着完全相同的地位。康德最先把那种与经验相关联的有限者专门区分出来,通过这个方式,他让无限者获得了自由。从现在起,无限者得到了升华,上升到了一些更高的领域,而在这个上升过程中,它必然会完全消失在那些两眼仅仅盯着下方的有限者的人面前。

费希特并没有细致地区分有限者和无限者,而是发明出一个普遍的溶解手段或离析手段,借助这个手段,有限者完全沉淀出来。康德始终认为,有限性和经验就是全部实在性,除此之外只能有一个空洞的领域,而且他明确指出,理性应当就教于那种经验实在性。在这种情况下，有限者和无限者是不可能完全区分开来的。费希特前进了一步。他不仅把有限者和无限者完全区分开来，而且借助他的本原本身表明，通过这个区分，有限者是一种彻底的、绝对的无，只有对那个本身不具有实在性的东西而言，即是说只有对自我性而言，有限者才具有一种实在性。只有在这个时候，当有限者失去**全部**实在性，**真正的**实在才能够摆脱有限者，绽放出它原本的光芒，作为无限者闪亮登场。只有在这个时候，而且只有通过费希特做出的那个贡献，以无限者为对象的科学才能够最终迎来自己的曙光，人们才能够认识到哲学的纯净的光芒。 [VI, 82]

现在我将按照各种反思立场的层次——从最低的反思立场直到最高的反思立场（我确信这个最高立场是通过费希特而达到的）——对其进行逐一点评，指出每一个立场的不能令人满意的地方。通过这个方式，我会把你们一直带到那个边界，即反思和哲学分道扬镳，哲学开始的地方。

人们对于**现实**经验的第一个超越，就是去反思经验的可能性。无论什么时候，这种反思的意图都是要找到一个本原，把它当作一个最高的可能性，并用它来包揽整个现实性。各种反思所达到的抽象层次是不同的，因此这个本原也有着不同的表现。最低层次的抽象无疑是那种止步于直接给定的东西、止步于感性事物、止步于物质本身的抽象，因此反思的第一个哲学尝试，就是在**物质**里面寻找全部现实事物的同一性或本原，而这就是唯物主义的由来。这里所说的物质，不是指那种呈现在感官面前的物质,因为人们的任务恰恰是应当找到那种物质的本原,并从这个本原出发来解释那种物质的杂多性。因此这里所说的物质是那种未曾**显现**的、未曾呈现在现实经验之中,毋宁只能**被思考**的物质。从这里出发,反思又可能有两个方向。也就是说,反思之所以超越现象和可见的物质,只不过是因为它给予现象一个基体,这个基体虽然不可能被**现实地**认识到,但无论如何是物质性的,而且它是出于一个纯粹偶然的规定(而不是按照它的本性或特质),成了一个没法以感性方式认识的东西。物质的偶然规定是"量"。因此反思认为,物质的不可认识的本原就是那个仅仅在数量上没法以感性方式认识的东西,亦即**原子**,或者说物质的无穷小的部分;并且反思认为,一切现实的物质都是由这些原子组合而成的。当反思循着这条路线前进,它就完全退回到第一种类型的经验论,即那种仅仅以**现实**经验为对象的经验论。因为,如果原子没有出现在感性直观里面,那么它们就仅仅在主观的意义上是非现实的,或者说它们仅仅通过一个主观的关联才凌驾于现实事物之上,而不是自在地就凌驾于现实事物之上。

[VI, 83]

尽管如此,即使在这个局促的尝试里,也仍然体现出了一种冲动,想要超越感性的物质。只不过这种冲动在这里产生了错觉,它抓住的不是那种真正的非现实的东西,而仅仅是一种不能以感性的方式认识到的现实事物。

为了反驳原子论,是不需要多费口舌的。原子论根本就没有解释,物质是如何显现的,与此同时,原子却已经具有了显现出来的物质的一切属性。原子仍然局限在**现实事物**的范围内，在这种情况下，人们提出一个要求，即它们应当在经验中展示出自己的实存。但这个要求是永远得不到满足的。既然如此，原子论打算用什么理由来证明自己的假设呢？原子论给出的理由是：物质是复合的，而假如这一点成立的话，那么必然存在着一些最终不可分的元素，因为，假若物质是无限可分的，那么每一个特定的物质都只有通过一个无限的复合才是可能的，而这是不可想象的。然而那个最开始的前提，即物质是由一些部分复合而成的，恰恰是不可能得到证明的，而且原子论之所以提出这个前提，只不过是因为它对**给定的**物质进行了反思：我可以分割这种给定的、现成的物质，而且只要我愿意，我可以一直分割下去。问题在于，从可分性那里根本就不能得出复合性，因为我们根本不知道，为什么恰恰是部分先行于整体，而不是反过来整体先行于部分？进而言之，即使我们承认了可分性，但我们还是可以追问，原子论者凭什么恰恰止步于这样一些部分？所谓"不可能继续分割下去"，这种情况只能是要么从量的方面，要么从质的方面去考察。但是每一个实实在在的定量（原子显然也应当是这样的东西）都必然在量的方面是可分的。假若原子不是这样的东西，那么人们就会设定一个完全否定了任何广延或量的东西，即数学上的点。 [VI, 84]

然而原子不应当是数学上的点，而应当是物理上的、实实在在的点。因此我们必须从原子的量的方面，从原子的状态出发来追问，为什么不可能将它们一直分割下去。

这里呈现出来的，仅仅是一种硬度，一种自身封闭的状态。但是，1）如果由此得出原子是不可能一直分割下去的，那么量必然是一种完全无关痛痒的东西。假若原子是一个物质性的部分，而且自然界里面没有任何力量能够阻挡它们的组合，那么我们真的不知道，是不是也有可能出现一个像地球那么大的原子呢？2）任何可能的度始终只是相对的，比如不存在什么绝对的硬度、绝对的坚固性等等，毋宁说只有不同程度上的硬度和坚固性。因此，即使就原子而言，我们也不可能设想它们会组合到那样一种程度，以至于自然界里面的任何力量都没法征服它。既然如此，原子的这种特性也是完全不能令人信服的。

[VI, 85] 简言之，原子是一些纯粹的、没有任何对应物的虚构。我们之所以谈到原子论的整个观点，原因仅仅在于，这个观点是反思为了超越现实事物，为了走向现实事物的可能性，而做出的第一个尝试，但这是一个完全失败的、完全陷入迷茫的尝试。从哲学的角度看，这个体系唯一让人感兴趣的方面是它的伦理思想，这些思想主要是通过伊壁鸠鲁发展起来的。一方面，这个体系贬低了自然界，因为它把自然界化解为一些没有生命的原子，从而在事实上消灭了自然界；但另一方面，这个体系的伦理思想把人提升到自然界的虚无之上，使人摆脱了一切渴慕，摆脱了一切激情和情感，因为它表明，情感的全部对象都仅仅是原子的一种虚妄的、转瞬即逝的游戏；伊壁鸠鲁（他的真正伟大的意图总是遭到普遍的误解）把这种超脱状态描述为"极乐"，而且他认为，达到此种状态的人完全可以比肩诸神，至于诸神，则仅仅存在于遥

不可及的远方,和我们这个世界毫无联系(这个世界对他们来说太微不足道了),也根本不关心我们这个世界。

如果反思在物质里面寻找全部现实事物的同一性,那么它会走向两个极端:按照其中一个极端的观点,自然界显现为一个绝对的死物,化解为一种绝对的差异,没有任何统一性的本原,而按照另一个极端的观点,物质本身显现为一种活生生的东西,并且在自身内部包含着生命和统一性的本原。与原子论相对立的是**物活论**(Hylozoismus),或者说一个主张物质具有独立生命的体系。这个体系立足于如下一些要点。

自在地看来,物质无非就是一切物质性事物本身的纯粹同一性;但由于物质不像那些事物一样是可以感知的,所以它是一种**智性的**物质。我们可以把物质本身区分为两个方面,从其中一个方面来看,它是纯粹存在,而从另一个方面来看,它是一种活动的、运动着的东西,是生命的原因。一切生命都是基于推动者和被推动者的这种同一性,而由于物质——按照物活论的前提——是一种活生生的东西,所以它就是这样一种同一性。**自在地看来**,或者说就物质的纯粹**本质**来看,物质是一种绝对单纯的东西;就**物质的存在**的形式来看,物质是推动者和被推动者的同一性。但正因如此,形式就等同于本质,和本质一样永恒。因此自永恒以来,本质和形式就共同寓居在物质之内。自永恒以来,形式就在本质里面活动着,并且试图通过它自己的一些个别形象把它自己表现出来——而这就是灵魂和身体的同一性。——只有一种无限的形式才是适合于本质的,而本质则是

[VI, 86] 表现为一种纯粹接受性的、被动的东西,表现为一切实在性的基体和根据。用一个比喻来说,通过绝对形式的作用,实体孕育了万物的形式,并把它们作为个别的、现实的和有朽的物生产出来。因为绝对形式和绝对实体是完全契合的,但特殊形式却必然是与绝对实体不相契合的,所以在个别事物里面,只能有一个强制性的纽带。既然**本质**或实体是不可分的,那么实体在每一个特殊的物里面都是完整的和完满的,反之形式则是不完满的。因此在现实事物里面,必然同样也会出现形式和本质的差异,正如在这些事物的原初根据里面,必然是形式和本质的绝对**同一性**。从**本质**来看,所有事物都是无限的,但从形式来看,它们却是有限的;从本质来看,它们**能够**是全部东西,但从形式来看,它们仅仅是一个特殊的东西,而且排斥所有别的东西。如果一个东西不是现实地作为它能够所是的全部东西**存在着**,那么它必然是不完满的、有限的,反之,如果一个东西现实地作为它能够所是的东西**存在着**,那么它必然是完满的、无限的,而且超脱于时间之外。也就是说,如果一个东西是**完满的**,那么它不可能转变为任何别的东西,因为它已经作为全部东西存在着;至于有限的物,正因为它从未完整地**存在着**(虽然从本质来看它能够做到这样),所以它必然从属于转变和变化,随之也从属于时间。

就此而言,事物之间的差异仅仅在于,它们各自以怎样的方式把被动本原与主动本原的统一性,把灵魂与身体的统一性表达出来。比如,在所谓的僵死的物质里面,那个纯粹的被动本原或身体性本原占据着主导地位,反之,在有机的和有生命的物质里面,主动本原和被动本原则是达到了一种完满的平衡,但在现象里面(人们把这些现象归因于灵魂自己固有的一个本原),人们仅仅看到主动本原始终压制着那个被动本原,那个本身就麻痹无力的本原。

关于物活论,以上仅仅给出了它的一些基本特征。但是人们必须公正地承认,这个体系具有如下一些优点:1)就它的本原而言,它超越了现实的经验;2)它从"物质"的理念出发,确实在物质里面找到了一种同一性,尽管这只是一种次要的同一性,但它在某种程度上扬弃了无限本原和有限本原之间的对立;3)在这个体系里面,它在某种程度上确实提出了自然界的创造和统一性的根据。如果物质自在地看来就是僵死的,并且分裂为许多无生命的部分(亦即分裂为许多绝对的差别),那么人们只能设想一个外在的理智,它强行赋予这个无形式的质料以一个外在的统一性。如果人们不接受一个外在的理智,就会像那种贯彻到底的原子论一样,认为原子的组合是出于一种盲目的偶然性,但这种偶然性是一种完全虚无的东西。然而一个外在的理智只能以外在的方式给质料烙上它的形式,形式并没有渗透到本质里面,而是始终与实体分离,就和那些机械制品的情形一样。形式和实体的那种统一性,概念在事物和质料之中的那种现实的和完满的渗透(我们主要是在有机的自然物那里觉察到这种渗透),只有通过一种内在的、与物质本身融为一体的、与物质同一的艺术才是可能的。在物活论看来,这样一种艺术包含在物质里面;在物活论看来,物质既是质料,同时也是艺术家,生

[VI, 87]

产者和被生产出来的东西没有差别,创造者和被创造出来的东西也没有差别。总的说来,我们对于物活论的反对意见,并不是说它站在**它的**立场上主张一些毫无根据的东西——毋宁说,物活论之所以是一个错误的体系,恰恰在于它的立场本身。因为,如果一门绝对科学的第一条原则就规定,只要一个东西的实在性不是无条件的和必然的,那么它就不是一个真正的实实在在的东西,在这种情况下,物质(无论人们怎么规定它)也绝不能被看作是最高的和最终的本原,因为毫无疑问,虽然在思想里面没有什么东西是不可能的,但物质无论如何不是什么实实在在的东西,而仅仅是精神的一个幻相或梦想,因此物质完全有可能仅仅是精神或灵魂的一个偶性,正如灵魂在物活论里面已经被看作是物质的一个偶性。如果事情是这样的话,那么很明显,物活论或那个在物质里面寻找一切事物的同一性的体系就只有通过反思的一个随意的限定才是可能的,也就是说,物活论和一切不能令人信服的体系一样,总的说来都只是通过一个随意的做法才是可能的。唯有那样一个体系才是毫无疑问正确的,即没有任何别的体系能够和它对立。但物活论做不到这一点,因为刚才提到的一个体系就和它针锋相对,根据后面这个体系的观点,[VI, 88] 唯有精神才是创造者,唯有精神才是感性事物的真正本质;这个体系说起道理来一点都不逊色于物活论,而且它作为一个更高程度的抽象,甚至具有一种深厚得多的正当性。

  从物活论到这个更高体系的过渡,只能通过精神和物质的一个绝对对立而发生。因此,按照各个体系的自然秩序,当发展到这个阶段,就出现了二元论体系,或者说这样一种学说,它主张身体和灵魂、物质和精神是两个绝对不同的**实体**。我希望大家仔细注意这个规定。现在的问题不是在于,物质是否确实不同于精神,而是在于,它们是不是两个完全不同和绝对不同的实体。因为,假若灵魂和身体这两个方面仅仅是同一个实体的两个偶性或属性,那么尽管这种差异性是不能取消的——灵魂始终是灵魂,身体始终是身体——但二者在相互对立的时候,就不再是两个不同的实体,而仅仅是同一个实体的两个形式。

为了过渡到一种更高的哲学,**笛卡尔体系**里面的二元论是必不可少的。正因为这个体系主张有两个完全不同类型的实体(一个是灵魂,另一个是身体),所以当涉及**物质**的时候,它完全可以和原子论达成共识。也就是说,如果那个统一性本原(亦即灵魂)和物质之间只能是一种**绝对的**、完全的对立关系,而物质又不是一个整全的东西,它必然是一种绝对的差别,必然分裂为原子,那么在这种情况下,二元论看起来只不过是原子论在某一方面的补充,因为原子论仅仅把那种抽象的物质与灵魂对立起来,而在二元论看来,灵魂并非是一个像物质那样抽象的东西,而是**实实在在地**与身体对立。但是,如果这是一种完全对立的关系,就会出现一个新的问题(而且只能是这样一个问题),即像灵魂和身体这样的两个不同类型的实体如何能够做到相互契合和协调一致?只要人们坚持认为,那个对立是一个绝对的对立,并以之作为前提,那么他们只能提出这样一个问题:灵魂和身体作为两个绝对不同的东西如何做到协调一致?人们不可能去寻 [VI, 89]

找一种**凌驾于二者之上**的同一性,除非他们把那个对立本身看作是一种非本质性的、不是针对实体的对立。因此在二元论里面,人们唯一能做的事情,就是去寻找一个中介,看看能不能通过它把两个绝对不同类型的实体统一起来。

现在我简要勾勒一下人们为了打通这种联系而曾经做出的不同尝试。这里面最粗糙的尝试无疑是那样一种观点,它认为灵魂和身体是**交互作用**的:就像一个物体作用于另一个物体一样,身体的情状导致灵魂产生出各种观念,而灵魂的自由行为则规定着身体的运动。这就是所谓的"物理作用体系"。同一个序列里面的事物交互作用,这是可以理解的。但是两个绝对不同类型的实体如何能够交互作用,比如灵魂如何通过一种影响来规定身体,或者身体的一个情状如何在灵魂里面**制造出**一个观念,我可以有把握地说,还从来没有任何一个人提出一个合乎知性的看法,更不要说提出一个合乎理性的看法。作为那种绝对对立的始作俑者,笛卡尔本人已经认识到了这一点,他根本没法设想,灵魂如何能够直接作用于身体,身体如何能够直接作用于灵魂,除非是这样的情况,即每当身体出现一个情状,那个绝对实体(上帝)就站出来,在灵魂内部制造出一个与那个情状相对应的观念,反过来,每当灵魂有一个意愿或做出一个决断,上帝同样站出来,在身体里面制造出一个对应的运动。人们把这个体系称作"机缘论体系"。至于这个体系遭到的明确反驳,则是如下的情形。也就是说,认为上帝出于机缘(比如身体里面的一个情状)而在灵魂内部制造出一个观念,这与上帝的理念是完完全全相悖的。因为,假若人们以为,上帝的这个中介活动不是借助于一个决断或借助于一个自由的行动,而是借助于一个永恒的和必然的法则——比如"身体和灵魂必然协调一致"——而发生,那么恰恰在这种情况下,上帝和灵魂的关系就成了原因和后果的关系,而这是完全不可想象的。也就是说,既然我根本不能设想,一个客体如何能够在灵魂内部制造出一个观念,那么我同样根本不能想象,上帝如何成了灵魂内部的一个观念的原因。即使我在这里求助于灵魂与上帝的同一性,求助于灵魂的本质与上帝的本质的同一性,但上帝仍然不可能是灵魂内部的一个观念的原因,除非这个观念本身是无限的,不是一个有限的观念,因为后面这种情况与上帝的理念没法融洽相处,上帝绝不可能制造出任何**有限的东西**,而是只能制造出无限的东西。基于这些考虑,唯一的答案只能是:1)要么上帝施加于灵魂的作用是无限的,但这种无限的作用通过灵魂与身体的关联成为一个有限的作用。然而这个说法已经假定了一个前提,即灵魂与身体之间有一种关联或同一性,但这个前提必须通过上帝的介入来解释,并让人理解。2)要么人们求助于这样一个观点,即灵魂具有一些天生的、原初的局限,由于这些局限,即使是上帝的作用也只能制造出一个有限的、模糊的观念,好比当光照射到一个物体上面并反射回来,它就不再是光,而是成为颜色。假若这就是那个观点的意思,那么我们还是无法理解,为什么毕竟有一种物质存在于我们之外?也就是说,如果是灵魂内部天生的、原初的局限使得上帝的光——它本身是完全纯粹和完全单纯的——在

[VI, 90]

我们这里变得模糊和分散,那么我们根本就不必去关心,是否有物质存在于我们之外;换句话说,无论物质是否真的存在,灵魂的天生的局限都会造成这种情况,而且,既然物质是一种完全与意识无关的东西,一种并非自为存在着的东西,那么我们当然不会去关心,究竟是在我们之外真的存在着一种独立的物质呢,抑或物质仅仅是我内心里的一个必然的观念。因为,即使在我之[VI, 91] 外真的存在着一种物质,我也不会因此就直接认识到它,毋宁说我只能借助于上帝的必然的作用而认识到它。如果人们反思一下灵魂与身体的关系,或者反思一下那个应当从灵魂过渡到身体的规定,上述情况就更加引人注意。笛卡尔同样否认在灵魂和身体之间有一种直接的影响,他认为,只有通过上帝的作用,才会在身体内部产生出一个与灵魂的自由行为相对应的作用或影响;但在这种情况下,上帝就被看作是一个直接作用于身体的东西,被看作是一个感性的物。如果人们不同意这一点,并且采纳这样一个遁辞,即上帝也只是通过灵魂的中介来规定身体,而且灵魂仅仅直观到身体是一个借助于灵魂的概念或决断而被规定的东西,那么人们根本就没有必要承认一个存在于灵魂之外的身体,毋宁说,身体及其全部规定都只能在灵魂内部直接产生出来,只能在灵魂内部被直观到。

从笛卡尔的机缘论出发,人们会产生出一个非常自然的思想,即进而认为,身体和灵魂之间的那种和谐——当上帝注意到身体和灵魂内部的每一个观念或情状,就介入进来,确保这种和谐——依赖于一种自永恒以来就已经被预定的和谐,而众所周知，这就是莱布尼茨的思想。

　　莱布尼茨的思想还能在一个更高的层面上得到诠释，这个诠释将会在后面出现。但就这里而言，作为笛卡尔主义的对立面，莱布尼茨与之针锋相对的似乎是这样一个**思想**：确实有两个不同的实体，灵魂和身体，并列存在着，但是二者相互之间一无所知，相互之间没有任何直接的影响，毋宁说二者仅仅借助于一种自永恒以来就预定的和谐保持协调一致。它们就像两个钟表，具有同样精美的工艺，在同一个时间上紧发条，即使二者相互之间没有任何交互作用或直接关联，但仍然协调一致地指着同一个时间。我们对于机缘论的反对意见，可以原样照搬应用到这个思想上面。也就是说，只有当人们**假定**，身体独立于灵魂，真正**存在于**灵魂**之外**，才能去建立一个预定和谐的原则。但正如我们指出的，这个假定恰恰是一个可疑的关键点。如果灵魂能够无需身体就进行创造，那么它也可以没有身体，随之一种预定的和谐也是不必要的。 [VI, 92]

＊　　　　＊　　　　＊

　　通过以上所述，我们已经可以概览各种哲学观点的层次和秩序。最初的同一性被放置在一种完全实实在在的东西（亦即物质）里面，但这种同一性还没有站稳足跟，一种观念上的东西（亦即精神）就出现在它的对立面。我的意思并不是说，物质在自身之内除了一个实实在在的本原之外，就不能同时包含着一个观念上的本原——那个认为物质具有一种独立生命的体系已经明确把这当作是一个前提。毋宁说，我的意思是，因为那个体系把观念上的本原看作是物质的偶性或一种从属于物质的东西，所以它必然认为，观念上的本原从属于有限者。在那种同一性里，实实在在的东西和观念上的东西的共同代言人就是有限者。但现在的情况是，作为有限者的对立面，观念上的东西在形态上表现为一个无限者。就此而言，最初的同一性又被扬弃了，一个新的对立产生出来。在这个问题上，那个裹足不前的观点是一个二元论体系，在这个体系里，正如我们刚才已经指出的那样，身体和灵魂、物质和精神，显现为两个绝对不同的实体，只有通过一个中介才能统一起来。然而正因为有这样一个分裂，所以人们提出了一种新的、更高的同一性的要求，于是这种同一性就在整个序列里面处于第三个层次。在这里，又重新出现了两个可能性。也就是说，这种同一性本身能够要么以实在的方式，要么以观念的方式表现出来。如果它以实在的方式表现出来，那么总的说来，一个以此为基础的体系仍然属于哲学在实在方面取得的一个进步。看起来，这个体系构成了一个介于实在方面和观念方面之间的转折点。

[VI, 93] 也就是说，如果全部哲学都承认，唯一的对立就是实实在在的东西与观念上的东西的对立，如果全部哲学的目标都是要扬弃这个对立，那么在刚才所说的那个方面就只能有如下这个可能性：1) 要么观念上的东西完全从属于实实在在的东西（在唯物主义里面就是这样的情况），2) 要么二者在一种绝对的对立中出现，3) 或者还有一个可能的话，那就是设定二者的一个绝对同一

性，把相互对立的那两个东西看作是绝对同一性的单纯偶性，同时认为这种同一性本身仍然是一种**实在的**同一性。在第一种情况下，哲学从这种同一性的实在方面出发，经历一切可能的层次，而一切包含在这个方面的观点都可以用"实在论"这个普遍的概念来标示。在实在方面内部，一个自然的进展就是从唯物主义主张的同一性出发，过渡到二元论主张的差异或反题，最后过渡到同一性和差异的合题，而这个合题只能出现在一种完满的实在论里面。而在观念方面，我们将会看到，哲学也经历了同样的层次。在第一个层次上，实实在在的东西完全从属于观念上的东西，在第二个层次上，实实在在的东西与观念上的东西相互对立，而在第三个层次上，那两个东西重新统一在一种绝对同一性下面，而且这种同一性本身又被设定为一种**观念上的**同一性。在这种情况下，我们就达到了最完满的唯心主义与最完满的实在论之间的对立。

  现在我们首先必须讨论那种最完满的实在论。——过去的唯物主义是这样一个体系，它让灵魂（亦即**观念上的东西**）完全从属于实实在在的东西。作为这个体系的对立面，观念上的东西（亦即精神）必须表明，它不依赖于实实在在的东西。在近代哲学里面，这个步骤是通过笛卡尔主义而出现的，正如在古代哲学里面，当自然学派的唯物主义观点不再占据绝对的统治地位，阿那克萨戈拉就率先引进了观念上的本原，用来抗衡物质意义上的本原。在近代，笛卡尔主义的直接后继者是斯宾诺莎主义，正如古代哲学的直接后继者是埃利亚学派的体系，而这个体系和斯宾诺莎主义完全是同一个东西。现在,只有当实在论里面的一切可能的思想都被穷尽,唯心主义才有可能在它的真正形态中出现。我之所以把**斯宾诺莎主义**规定为完满的实在论体系,并且断定它是笛卡尔主义的直接后继者,并不仅仅是从时间上来说,而是同样也考虑到了这两个体系的内在关系。笛卡尔主义的基本原理是:存在着两个绝对不同的实体,其中一个是物质,一种有广延的东西,另一个是**精神**,一种绝对单纯的、无广延的东西。而斯宾诺莎主义的第一原理却是:只有**唯一的一个实体**。对于这个命题,斯宾诺莎的证明是:因为实体是一个不变不易的东西,是一个基于自身并且通过自身而存在着的东西。一切具有相反规定的东西都不能被看作是实体。但那样一个东西只能是唯一的,因为,假若人们认为有多个实体,那么其中一个实体的实体性就取决于另一个实体性,也就是说,其中一个实体就是被另一个实体规定的,这样它就不再是一个绝对的实体了。或者也可以这样说:实体是这样一个东西,"**存在**"属于它的理念,或者说它的理念包含着的无非是纯粹存在本身。假若存在着多个实体,那么其中一个实体就是受限于另一个实体,而在这种情况下,实体就不再是一个其理念包含着纯粹存在本身的东西,不再是一个把否定排除在外的东西,反倒成了这样一个东西,虽然它部分地是存在,但部分地也是非存在(即对于存在的否定),而这与实体的理念相矛盾。

所以,只有唯一的一个实体,唯一的一个本质,"绝对的、无需任何规定的存在"属于它的理念。

[VI, 94]

正因如此，无论是这一方面的观念上的东西，还是另一方面的实实在在的东西，本身都不可能是实体；假若二者相互之间是绝对对立的关系，那么就得设定多个实体了。因此只有唯一的一个实体，唯一的一个本质，唯一的一个自在体（das An-sich），无论在这一方面还是在那一方面，无论在思维之中还是在广延之中，都是如此。

如果用一种纯粹否定的方式来陈述这个命题，那就是说，它仅仅否定了思维和存在之间的实体性差异；现在，通过"实体"这一普遍的概念，这个命题已经完全得到证明。但在这里，思维和存在之间的对立被预设为一个已经**给定的**前提。然而我们也可以用一种**肯定的方式**来陈述那个命题，就像斯宾诺莎的那个命题一样：思维和广延都是绝对实体的同样无限的属性，因此绝对实体是它们的肯定意义上的统一体；既然如此，我们不免继续追问，"实体"理念是如何过渡到"思维"和"广延"之类概念的？诚然，如果我从一开始就设定了思维和广延，那么二者的绝对的、唯一的实体必然是同一个自在体或本质；但是我究竟为什么要设定一个思维和一个广延呢？对此斯宾诺莎欠我们一个答案，而且这个答案绝不可能包含在一个实在论体系里面。如果思维和广延，换言之，如果思维和存在——在这里，"广延"概念和"存在"概念是可以无须证明而彼此互换的——是绝对实体的属性，那么这两个东西的同一性就必然是绝对实体的**形式**。我的意思并不是说，绝对实体从属于一个形式，因为绝对实体本身不可能有任何形式。毋宁说我的意思是，那个形式是从绝对实体那里

[VI, 95]

流溢出来的。然而按照实在论,人们恰恰没法理解,形式如何能够从绝对实体那里流溢出来。形式是一种必然的和永恒的行动,而实体是一个纯粹的存在;当实体被规定为实在,形式本身就再度表现为观念。就此而言,这里的任何过渡都是不可能的,尽管思维和广延的绝对对立在绝对实体里面已经遭到扬弃,但这个对立毕竟是完全从经验中得来的。

[VI, 96]   我们暂时已经断定,斯宾诺莎主义同样完全局限在那样一些哲学体系的层面上,这些哲学体系起源于对经验的可能性的反思,而且没有完全超出经验。这一点已经得到确证。而且很明显,斯宾诺莎的那个命题来源于一个单纯的反题,也就是说,他仅仅在笛卡尔二元论的基础上提出灵魂和身体的对立,仅仅从笛卡尔二元论出发接纳了所有这些对立。这个关系也解释了,为什么斯宾诺莎把自己限定在这个居于次要地位的对立方式上面。因为很显然,广延仅仅隶属于现象世界,它不可能是绝对实体的一个直接属性。同样,那个与广延相对立,并且与广延相关联的思维,也是仅仅隶属于现象世界,仅仅在现象世界里面与广延区分开来。无论如何,正因为上帝或绝对实体是思维和广延的绝对统一体,所以它**既非**思维,**亦非**广延;然而这个"既非—亦非",这个本身为纯粹否定性的东西,如何转化为一个肯定性的命题,即"上帝是思维和广延的同一个实体",这并没有得到解释。前面这个命题的意思仅仅是:如果存在着一个思维和一个广延,如果二者彼此之间并非对方的来源和原因,那么绝对实体必然是二者的同一个本质,因为只有通过绝对实体,思维和广

延才能够相互沟通。然而斯宾诺莎恰恰没有回答这样一些问题：为什么**毕竟**有一个思维，**毕竟**有一个广延？以及，二者究竟**怎样**存在着？由于实在论仅仅是从经验那里接纳了这两个属性，所以它也没法回答如下两个问题：1）为什么它认为绝对实体恰恰具有**这两个属性**？2）为什么它说不出绝对实体另外的和更多的属性？很明显，斯宾诺莎本人就是完全求助于经验，因为他说道："因为按照人类灵魂的本性，除了思维和广延之外，绝对实体没有表现出任何别的属性，而且我们也没有认识到更多的属性，所以绝对实体就是具有这两个属性。"当他这样说的时候，他似乎也承认，绝对实体也可能有另外一些属性。要么这是他真正的看法，要么不是：如果是前一种情况，那么他已经认识到，对于绝对实体的属性，我们缺乏一个充足的认识理由；而如果是后一种情况，那么他必须提出一个高于经验的认识理由，而不是以**人类灵魂的本性即如此**为托辞。

如果我们把斯宾诺莎当成一种完满的实在论，并拿它与之前的两个体系来比较，那么可以得出如下三个看法：1）斯宾诺莎主义超越了唯物主义，因为它所设定的灵魂与身体的**同一性**超越了物质，凌驾于物质之上，而物质本身仅仅是这种同一性的一个有限的属性，仅仅是那种更高的同一性的众多属性之一，亦即广延。需要指出的是，斯宾诺莎所理解的广延并不是指空间，因为他宣称空间是一个空洞的抽象物，是一种纯粹的虚无，毋宁说他所理解的广延是指实实在在的差别，指非同一性，与作为同一性的思维相对立。2）斯宾诺莎主义同样超越了第二个体系的二

[VI, 97]

元论,因为他仅仅设定唯一的一个实体,这个实体是灵魂和身体的同一个本质或自在体,相应地,灵魂和身体不是两个实实在在的不同的实体,而仅仅是一种更高的同一性的偶性。3)人们可以注意到,斯宾诺莎主义和之前的两个体系分别具有一个共同点,而恰恰是它从那里分别继承下来的东西,把那两个体系区分开来。斯宾诺莎主义和唯物主义的共同点在于,它们主张**同一性**,而唯物主义虽然达到了同一性,但仅仅把它表述为一种有限的东西。斯宾诺莎主义和二元论的共同点在于,它们承认有一个无限者,即思维,并且承认思维与有限者(存在)的对立,但正因为思维和存在仅仅通过绝对实体才统一起来,二者相互之间没有任何影响,所以当它们被回溯到它们的绝对同一性的时候,仍然保留着一种绝对的对立。简言之,斯宾诺莎主义从第一个体系那里拿来了"同一性",从第二个体系那里拿来了"对立";因此,沿着**这条**前进的线索,斯宾诺莎主义是一个真正的合题,总的说来,它确实是实在论能够达到的最高体系。

接下来我再补充一些看法,以便进而表明,斯宾诺莎主义的上述不可克服的困难,不仅基于斯宾诺莎这位哲学家采取的**特殊的**表述方式,而且基于全部实在论的本性。一般说来,实在论之所以产生,是因为它颠倒了那个真实的和原初的关系。那个关系是这样的:观念完完全全、而且在任何地方都是实在的绝对前提(只不过这里所说的观念并不是指那种本身又与实在相对立的观念,而是指**观念本身**);观念不是就时间而言,而是就本性而言,相对于实在具有一种绝对的优先性。斯宾诺莎主义颠倒

了这个关系。它主张的同一性本身仍然是一个实在的东西。诚 [VI, 98]
然,实在有可能是观念的一个流溢物,因为这是一种已经包含在绝对性的同一性之内的原初关系,而"绝对性的同一性"的意思是,就它自身而言,存在直接从思维那里派生出来,与思维没有区别(即是说这里不需要任何额外附加的东西)。反之,观念绝不可能是实在的一个流溢物,原因恰恰在于,按照那个最终的和最高的关系,实在始终只能是观念派生出来的一个东西,而反过来观念不可能是实在派生出来的一个东西。

在实在论里面,当涉及绝对实体的首要属性的时候,实在论只能从经验那里接纳这些属性。同样,当涉及这些属性的派生物的时候,实在论仍然不得不求助于经验。

举个例子。广延的直接的和普遍的形式是静止和运动;在广延属性的范围内,静止和运动是相互对立的,正如在绝对实体的范围内,广延和思维相互对立。也就是说,静止不可能产生出运动,运动也不可能产生出静止。因此静止和运动只能以广延属性为中介,并且间接地以绝对实体为中介,实现沟通,正如思维和广延通过绝对实体的中介实现沟通。然而这个命题具有一个单纯假定的实在性。它的意思无非是:**如果静止存在,如果运动也存在**,鉴于二者都不可能产生出对方,**那么**二者都是绝对实体的同样永恒和同样无限的属性。问题在于,我是从哪里知道**这一点**,即不但存在着静止,而且存在着运动呢?

现在,如果静止和运动表现为无限广延的两个同样永恒的属性,那么知性和意志也会表现为无限思维的两个同样永恒的属性。知性和意志是无限思维的形式,它们和思维本身一样都是永恒的。

[VI, 99] 到目前为止,没有什么东西不是无限的东西:绝对实体直接派生出两个无限的属性,即思维和广延,然后思维和广延又分别派生出两个同样无限的形式:思维派生出知性和意志,广延派生出静止和运动。但现在我们应当揭示出有限者及现实事物和这些无限者的关系。很明显,有限知性或有限意志只有通过一个情状,通过一个运动,也就是说,通过一个对于无限者的否定,才能够被设定下来;同样,个别的、现实的物也只有通过一个对于无限静止和无限运动的否定(间接地也是一个对于无限广延的否定)才能够被设定下来。通过这些否定,那些原本非本质的东西,那些感性的、现实的灵魂或物被设定下来。但问题在于,这些否定又是从何而来的呢?

每一个特定的灵魂都仅仅是无限思维的一个情状或模态,正如它的知性和意志仅仅是无限知性和无限意志的一个概念或否定。每一个身体都是无限广延的一个模态,同时也是一个处于无限静止和无限运动中的规定。斯宾诺莎主义,或者说一般意义上的完满的实在论,相比于所有别的居于从属地位的体系(不管它们是位于这个层面还是位于另一个层面)具有这样一个优点,即它至少推进到了绝对者或无限者,并且认识到这是真正的本质,是唯一实在的东西,尽管它随后重新把这个东西规定为存在。相对于这个唯一实在的东西,任何特殊的实在性都只有通过一个否定而被设定。

同样，斯宾诺莎主义相比于所有别的居于从属地位的体系还具有这样一个优点，即它不承认个别的、现实的物具有实在性，换言之，它把那些事物的实在性通通归结为**非实在性**，这样它就避免了一种诱惑，即像其他体系那样认为现实事物实实在在地来源于绝对者本身或绝对者的创造，并以此来解释那些事物的实在性。也就是说，正因为斯宾诺莎主义把现实事物理解为一种纯粹的非本质的东西（non-entia, Nichtwesen），所以那些事物无论在整体上还是就个别而言都不能直接追溯到绝对者或无限者。之所以说"就个别而言"行不通，原因在于，从上帝的角度绝对地看来，或者说从上帝的属性的角度绝对地看来，没有任何现实事物（即那些仅仅具有有限存在和有限作用的事物）是被创造出来的，因为上帝和上帝的属性派生出来的东西仍然只能是无限的东西。因此我们不能从上帝或他的某一个属性的角度来绝对地看问题，毋宁说，只有当绝对实体的一个属性本身以一个特定的方式出现情状，才有可能从它那里派生出现实事物，因为除了无限实在性之外，我们只能设想这个无限实在性的一些情状。但仔细看来，那些现实的、就其本质和作用而言受限的事物还是不可能通过属性的情状而派生出来（因为这个情状本身仍然是无限的和永恒的），除非这个情状本身是一个有限的、局部的和受限的情状。假若有这样的情状，它也不可能是直接来自于无限者或一个无限的属性，因此它只能以一个同样局部的或有限的情状为前提。由此可知，任何有限者就个别而言只能重新追溯到另一个有限者，同样可知，整体里面的有限者也绝不

[VI, 100]

可能直接追溯到无限者,原因恰恰在于,在一系列纯粹的有限情状和无限实在性的局部规定里面,绝不会发生从无限实在性到有限情状的过渡,无限实在性绝不可能是有限者的原因,而只能是无限者的原因。

在这种情况下,斯宾诺莎在他的《伦理学》的一个核心命题里以最有力和最清楚的方式宣称,一切感官事物都是彻底虚无的。这个命题是这样的:任何个别的物,或者说任何有限的、并且具有一个局部存在的物,都不可能依靠其自身就存在着并且发挥作用;它是通过另一个原因的规定才存在着并且发挥作用,但那个原因同样也是一个有限的原因,仅仅具有一个局部的存在,因此它同样不可能依靠自身就存在着并且发挥作用,而是又需要一个原因的规定,**如此以至无穷**。这个在任何时候都挂在那个命题后面的后缀,"如此以致无穷",完满地体现出了那个命题的单纯否定的特性,也就是说,那个命题的意思无非是,一个现实的、有限的物绝不可能直接回溯到无限者。

但是,如果现实事物是无限实在性的单纯的局部表现和否定,那么它们至少作为否定是一种实实在在的东西,至少从实在论的立场来看是这样的。至于现实事物**作为否定**究竟是一种真实的实实在在的东西呢,抑或只是某种东西的表象,以及表象所对应的某种东西究竟是不是一种实实在在的东西,关于这些问题,请你们暂时不要去考虑,因为我提到的这些问题是拿给一些进阶人士去思考的,这些问题没有包含在实在论里面,而且在这里也不可能加以解释。——总之,不可否认的是,虽然现实事物

仅仅是无限实在性的单纯否定,但它们作为否定毕竟是一种**实实在在的东西**。这种否定的实在性绝不可能在时间里面从无限者那里产生出来,但由于它毕竟存在着(也就是说,那些否定作为否定毕竟是一种现实的东西),所以那些否定无论如何不可能是**转变而来的**,毋宁说它们必然和无限者本身一样是永恒的,自永恒以来就和无限者在一起。我的意思并不是说,它们自一段无穷的时间以来就存在着,因为无限者不在任何时间之内;就此而言,无限者的那些否定(即我们所说的现实事物)也不是在时间里面产生出来的,毋宁说它们是无限者的一个永恒的、**与时间无关**的偶性——尽管在它们自己构成的**那个**层面上,现实事物在时间里面一个接一个地产生出来。但这个时间本身恰恰不是产生出来的,毋宁说时间是无限者的一个永恒的偶性。斯宾诺莎主义的一个主要结论是,有限者自永恒以来就和无限者在一起;不管怎样,这个命题已经得到了证明,就像之前的所有那些命题已经得到证明一样,虽然它们纯粹是以一种否定的和假定的方式得到证明。也就是说,**如果**存在着有限的和现实的物,**那么它们作为无限者的否定,绝不可能以任何方式从无限者那里产生出来**,所以它们必然和无限者一样是永恒的,自永恒以来就和无限者在一起。

到此为止,我们只是从"有限者**不可能是产生出来的**"这一命题出发,证明了有限者的永恒性。也就是说,这仅仅是一种否定意义上的证明。但是,有限者**如何**自永恒以来就能够和无限者在一起,对于这个问题,实在论拿不出一个肯定意义上的答

[VI, 102]

案,因为这个答案包含在一个完全不同于实在论的领域里面。

小结:实在论已经充分表明,必须把一切**给定的**有限者回溯到无限者。比如,实在论已经无可辩驳地证明,如果存在着思维和广延,那么绝对实体是二者的同一个本质,而思维和广延本身都不是一个实体;实在论也证明,如果存在着有限的物,因为这些物不可能是产生出来的,所以它们是永恒的。然而实在论完全没有能力从无限者本身**出发**来证明其属性的必然性,同样,它也没有能力从无限者出发来证明这些属性的情状(即个别事物)的必然性。如果不考虑所有这些思辨的问题,实在论体系相比之前的任何体系还是能够提供一些相对令人满意的启发,至少它已经断定,绝对实体是广延和思维的同一个本质。

灵魂是无限思维的一个样式或情状,正如身体是无限广延的一个样式或情状。但是,正如思维和广延这两个属性在与上帝相关联时是同一个东西,同样它们各自的样式也必然是同一个东西,必然相互契合。

灵魂仅仅是一个个别存在着的物(即我们所说的身体)的直接概念,而身体本身仅仅是一个存在着的、活生生的概念(即我们所说的灵魂)的客观表现。二者虽然是协调一致的,但这并不是通过二者之间的相互作用和相互规定。因为,如果我们把二者都看作是偶性,那么它们在形式上是相互对立的,相互之间没有任何作用;如果我们从实体或本质的角度来看它们,那么二者是同一个实体,而实体不可能作用于实体,因为实体和实体是不可能区分开来的。除此之外,它们也不可能像两个绝对不同的本质那样协调一致，即仅仅通过一个外在于它们的纽带，通过一种预定的和谐而相互契合，毋宁说，它们是通过一种内在的和本质性的同一性而协调一致。换言之，实体是灵魂和身体共有的 [VI, 103]
真正的**本质**和自在体，正因如此，**自在地看来，**灵魂和身体不是作为一种绝对的东西存在着，毋宁说，它们仅仅依托并且借助于那个本质（即它们的自在体）才存在着。

如果我们把反思直至完满的实在论所经历的不同层次称作**潜能阶次**（Potenzen），那么唯物主义就是第一个潜能阶次，二元论是第二个潜能阶次，最终的斯宾诺莎主义是第三个潜能阶次。

我们之所以说它们是反思的必然经历的层次，原因在于，其中的每一种观点都与自然界的一个独特的层面相对应。个别的、有形体的物的王国就是原子论的层面。通过物质与光的对立，二元论被设定。光相当于灵魂、精神，而物质相当于身体。有机论最终把这两个极端设定为同一个东西，设定为同一个实在的实体的偶性，因此可以说它是斯宾诺莎主义的真正形象。然而在有机论之上还有理性，而当我们把理性看作是一个**观念上的东西**，它就是绝对实体。从这个立场出发，演化出了一系列新的观点，在这个新的序列里面，观念被设定为第一位的东西，正如在过去那个系列里面，实在被设定为第一位的东西。沿着这个新的方向，哲学同样经历了原子论、二元论和有机论等层面。如果人们按照原本的关系让观念先行于实在，那么这个新序列里面的每一个体系都高于之前序列里面的体系。但是，如果人们从科学的完满性和形式出发，那么就得承认，理智的原子论逊色于完满的实在论,因为后者虽然处于一个较低的层面,但毕竟达到了一种绝对的统一性。斯宾诺莎主义是一种完全包含在无限者或绝对大全之内的生机盎然的学说,假若它超脱于一切与经验的联系之上,它就会发现,观念相对于实在具有一种彻底的优先性。斯宾诺莎主义直观到了无限者、绝对普遍者,只有从这样一种完满的实在论出发,才能够超越一切实在的东西,在[VI, 104] 一个绝对观念中把无限者设定为一切主观东西和客观东西的绝对无差别。

唯心主义与唯物主义相对应的第一个形式是**理智原子论**,即莱布尼茨的单子学说。我称它为"**理智的**原子论",因为,如果人们把莱布尼茨所说的单子理解为**一种物理性的**原子(这是一个非常流行的见解),那么这是一个全然的误解。莱布尼茨本人把单子界定为一种纯粹的**表象力**,并且指出,一切物质都只能存在于单子的表象之内。单子是**灵魂**;每一个单子都是一个自足的世界,都是宇宙的一面活生生的镜子。人们必须把这种原子论与斯宾诺莎主义对照考察,才能够对它获得完全清楚的认识。斯宾诺莎说:只有唯一的一个宇宙,唯一的一个实体;而莱布尼茨说:有多少单子,就有多少宇宙,就有多少实体。绝对实体并没有因为单子的多样性而被分割,因为它在每一个单子里面都是**完整的**;实体的统一性完全基于这种保持着自身同一的存在;实体不是在数目上,而是在概念或理念的意义上保持为"一",因此虽然存在着众多的单子,但实体始终是绝对的"一"。

人们很容易就发现,"单子"概念是仅有的一个能够与斯宾诺莎主义直接对立的概念，而莱布尼茨的意图显然就是要造成这个对立。根据斯宾诺莎主义，在有限的情状（即个别的、现实的物）和宇宙之间，唯一的中介就是实体的属性，而这些属性和实体一样是无限的。而在莱布尼茨看来，单子就是中介，这是一种具有中间性质的存在。**单子**同样也是实体的情状，原因恰恰在于，每一个单子都是一个自足的宇宙；但是单子是绝对的情状，而在斯宾诺莎那里，人们很难找到类似观点的痕迹。单子是一些**特殊的**形式，只有通过这些形式，它们相互之间才能够绝对地分离。特殊性对于有限事物而言意味着否定，而对于单子而言则不是如此；毋宁说，在单子这里，否定本身转变为肯定，局部的东西转变为本质，有限者转变为无限者。 [VI, 105]

在莱布尼茨哲学这里，首次绽放出一种关于**理念**的学说，或者说一种关于特殊事物在绝对者里面的存在方式的学说。很显然，单子的特殊性本身并不意味着一种限制或否定，毋宁说，正是特殊性使得单子成为**本质**，成为无限的东西。由此可以得出：1) 只有当每一个特殊的物都是一个自足的宇宙，它们相互之间才是分离的；只有宇宙才是绝对分离的，因为**在它之外**没有任何东西；但在宇宙里面，没有什么东西是绝对分离的，因为一切都处于相互联系之中。2) 但与此同时，这是有限事物既能够在宇宙里面存在，同时又不对宇宙形成限制的唯一方式，因为只有当每一个事物都是一个自足的宇宙，这些事物的特殊性才会成为一个对于**大全**、对于无限者的单纯重复的肯定——而不是成为一个**否定**。

但是这种崇高的关于理念的学说在这里仅仅处于最低的层次，因此它在这里表现为一种纯粹的原子论，把单子当作理念；它首要关注的仅仅是理念的分离性和差异性，它不是把理念看作绝对的理念，而是看作个体化了的理念。

就当前的情形而言，莱布尼茨学说的最大意义就是开辟了哲学的唯心主义转向。莱布尼茨学说的重要性不是在于它打碎了斯宾诺莎的唯一实体——我们在随后的发展中将会看到，而且我们在这里已经能够看到，它根本没有做到这一点——而是在于它把实在的实体完全规定为**观念的**实体，规定为灵魂，尽管它在这里使用了一个不太完满的术语，即"表象力"（vis repraesentativa），但毕竟是以一种决定性的方式把实在放到了观念的从属地位。虽然莱布尼茨把观念置于实在之上，但这个观念还不是绝对观念，因为他仅仅把它规定为**表象力**；就此而言，莱布尼茨的体系仅仅代表着新序列里面的**第一个潜能阶次**，它和完满的实在论之间的关系，就好比原子论和斯宾诺莎主义之间的关系。尽管如此，莱布尼茨的体系毕竟迈出了走向唯心主义的第一步，率先走向哲学的观念层面上的观点。

[VI, 106] "单子"概念意味着，每一个单子都是一个自足的宇宙，从这个概念可以直接推导出，没有一个单子是通过另一个单子而得以实现的，没有一个单子能够直接作用于另一个单子。既然如此，每一个单子都只能借助于一个内在的本原，借助于一个包含在自身内的创造性行为，表象着宇宙和其他单子。

在这种情况下，表象绝不可能是通过一种外在的影响而产生的；表象的产生机制是纯粹精神性的，就包含在灵魂自身的本质之内，而这个本质就在于作为一种**表象活动**而存在。按照一个普遍的和必然的法则，单子首先在一个**身体**之内独自表象着宇宙，而对单子来说，身体是单子的整个世界观的一个直接的范式，它作为单子的表象的基础，是宇宙的一个范型。取决于这个身体的状况，单子关于宇宙的表象有时是晦暗的、模糊的、不完整的，有时是清楚的、明确的、完整的。宇宙的最晦暗的、最不完整的表象以那种僵死的、无机的物质为代表。当单子充斥着这类表象的时候，它们仿佛完全沉醉在有限性里面，仿佛处于一种沉睡状态，它们唯一拥有的东西，就是各种晦暗的和模糊的表象，而这类表象的客观表现就是那种僵死的物质。因此物质不是什么自在存在着的东西，它仅仅是单子的不完满的表象的现象。总的说来，自然界的不同层次和不同产物无非是单子的不同完满程度的表象力的客观表现。由于每一个单子都表象着整个宇宙，随之也表象着所有别的单子里面发生的事情，所以对我们来说，僵死的物质无非是另外一些无意识的单子的模糊表象的现象。但在有机物、植物、动物的单子或灵魂里面，表象已经达到了一种更高程度的清晰性。对我们来说，那些在外部世界里通过植物和动物而显现出来的东西，仅仅是一些更高层次的单子的表象，这些单子虽然还没有达到意识，但毕竟已经开始做梦。只有伴随着意识，在理性里面，才会出现完全的清醒状态。 [VI, 107]
如果具有理性的灵魂或单子仅仅表象着感性事物，那么它们的表象仍然始终是模糊的、不充分的，但是，当它们把自己完全提升到清楚的、充分的表象,它们就有能力认识到那个与一切否定无关的**永恒**真理和**纯粹**大全,即上帝。

因此一般说来,感官世界仅仅存在于单子的模糊表象里面;反过来,当灵魂完全具有充分的和清晰的表象,它的唯一对象就是上帝。

你们自己就会发现,如果人们正确地理解了这个体系,那么可以说,**伴随着**这个体系,感官世界的整个实在性都被取消了。如果人们正确地理解了这个体系,那么可以说,它的唯一贡献仅仅在于扬弃了感官世界。按照这个体系,只有灵魂存在着,只有单子存在着,只有表象力存在着,反之,一切不是纯粹**灵魂**、不是纯粹观念的东西,都仅仅来自于单子的有限的、不完整的、模糊的表象,都是这些表象的表现。

如果我们赞同莱布尼茨学说的那个假定,即自然界的每一个特殊事物都以一个灵魂为代表,而这些事物仅仅是灵魂的外在现象,那么另外一些灵魂之所以表象着这种外在现象,并不是基于外在现象给予它们的作用和影响,而是基于一切单子之间的一种必然的和普遍的和谐——因为一个单子不可能受到任何影响。莱布尼茨说,单子不具有放任事物进来的窗户,因此一个具有理性的单子之所以表象着物质,并不是基于一个施加在它身上的影响,而是基于一种同一性,也就是说,它和**另一个**单子(这个单子的直接的、客观的表象是物质)在本质上是同一个东西。因此只有在理智世界里面,我们才直观到单子里面的**一切事物**,或按照一个更高级的表述,直观到理念里面的一切事物。

对我们来说,灵魂,或事物的理念,不是存在于客观的、实在的、[VI, 108]
现实的世界里面,而是仅仅存在于理智世界里面。唯有它们的
表象,或更确切地说,唯有那些灵魂**所表象的东西**,才构成了我
们通常所说的感官世界;与此同时,**我们之所以表象着灵魂所表
象的东西**,也不是因为我们和这些东西有一种直接的关系,而是
因为我们和一切单子处于一种直接的和谐状态中,我们的表象
和一切单子的表象必然是协调一致的。因此我们在事物那里直
观到的,并不是事物本身,毋宁说仅仅是单子(或事物的灵魂)的
表象,而单子无论如何不是存在于我们之外,正如理念也不是存
在于我们之外。也就是说,既然一个具有理性的灵魂是大全的
一面最完满的镜子,那么所有理念都包含在这个灵魂之内。换
言之,只有当所有理念都包含在**灵魂之内**,灵魂才会直观到它
们,同理,每一个单子只有在这种情况下才会直观到别的单子的
表象,即别的单子就包含在它自身之内,或者说它本身是大全的
一面镜子。灵魂之所以没有必要走出自身去直观其他事物,原
因在于,它在自身之内就能直观到所有理念,而这种"自身之内
的直观"是莱布尼茨体系的"前定和谐学说"的唯一根据。过去
我曾经在一种低级意义上提到过这种前定和谐学说——人们已
经习惯了从这种低级意义来理解这种学说,但这里也有莱布尼
茨自己的责任——即它意味着灵魂和身体这两个绝对不同的实
体之间的一种预定的和谐,而在这种意义上,它就和二元论的整
个前提(即灵魂和身体的绝对对立)一样,必然是错误的。但现
在我们已经足够清楚地看到,如果人们以一种更正确和更好的

方式理解了莱布尼茨的意思，那么他所说的这种和谐并不是指两个绝对不同的实体（物质和精神或灵魂和身体）之间的和谐，而仅仅是指一种出现在**单子和单子之间**，出现在灵魂和灵魂之间的和谐。如果离开了灵魂，那么物质和身体就等于无，因此在身体和灵魂之间根本不需要任何纽带，不需要任何预定的和谐。对我来说，物质仅仅是单子的模糊表象的表象，因此物质本身仅仅是一个被表象的表象。身体同样也是如此。

[VI, 109]

或许**你们**已经注意到，我对于莱布尼茨主义的阐释和所有著名的阐释之间有着巨大的差别。对此我想指出，一直到今天，莱布尼茨体系都遭受着普遍的误解，或者说这个体系只有在个别问题上得到正确理解。借用康德在另一个场合所说的话，人们对于莱布尼茨的理解必须胜过莱布尼茨对于他自己的理解，这样才能准确地理解莱布尼茨。莱布尼茨在阐释他自己的学说时，仅仅是一个理智原子论者，他从来没有在任何地方把他的全部思想以一种有机构造的方式呈现出来。总的说来，他的思想体现在许多个别的闪光点上面，而不是体现为一个贯穿始终的整体，因此在他的浩繁著述里面经常出现一些引人注目的自相矛盾和悖理之处，特别是在他的《神正论》一书里，他简直堕落到一种最粗俗的独断论里面。这种情况一方面来源于这位伟人的精神个性，另一方面也是他的体系的局限性带来的必然后果，而当他想要超越这些局限性的时候，就必然陷入到自相矛盾之中。关于莱布尼茨体系的那些必然的局限性，我还想仔细谈谈。

莱布尼茨体系的特征可以归结为两句话。首先，它上升到了唯心主义，其次，它在唯心主义的层面上本身仍然代表着有限者的潜能阶次。正如原子论——这是最低层次的实在论——把原子设定为一种绝对的东西，莱布尼茨同样把单子或个别理念设定为一种绝对的东西。原子论把原子设定为最初的实实在在的东西，没有给出任何进一步的理由，同样，莱布尼茨在设定单子的时候也没有给出任何论证。现在，关于单子相互之间的内在关系，以及单子与有限者（这是单子的表象力的产物）的关系，这个学说的一切论述都是清楚的；至于单子与无限者或绝对者的关系，莱布尼茨的理智主义就和当初的实在论一样，没有给出任何令人满意的解答。诚然，莱布尼茨把上帝规定为一切单子之单子，规定为一切统一性里面的统一性，他把上帝描述为一切灵魂所在的场所，正如无限空间是一切物体所在的普遍场所，如此等等。但除了这些说法之外，甚至在他最为忠实于自己的思辨观点的时候，他也仅仅是以一种形象的方式来表述单子在上帝之内的存在或单子的基于上帝的活动，比如他把单子称作"神性的放射"，而在更多的时候，他又落入到那种流行的关于创世的观念。 [VI, 110]

就此而言，莱布尼茨体系的贡献可以归结为这一点，即它把**有限者**放置在理智事物或观念事物的地基上面，然而它就和之前的实在论一样，并没有在这个领域里面进一步探究有限者与无限者的关系。因此在这里，在观念的层面上，无限者必然与莱布尼茨理智主义的有限性形成对立，正如在实在的层面上，无限者必然与唯物主义的有限性形成对立。必须出现一种新的、更高的二元论,在这种二元论里面,人们不再追问精神和物质的普遍对立——因为当人们把物质设定为灵魂或精神的纯粹偶性,这个对立就已经被扬弃了——而是追问有限观念与无限观念的对立。

无疑,当我在一个更高的层面上把有限者(即具体的、现实的物)与无限者联系在一起,我根本不再关心,究竟这些事物本身是一种自在地实实在在的东西呢,抑或它们仅仅存在于一个观念上的有限者亦即灵魂里面(因为**灵魂**是有限的,所以它仅仅表象着有限的东西)。无疑,在有限的**物**和无限者之间,在有限的**灵魂**和无限者之间,都是完全一样的距离。虽然莱布尼茨把有限者拿出实在层面,放在观念层面亦即灵魂之内,但在他看来,根本不存在任何有限的客体,因为他认为,只有灵魂的单子才是实实在在的东西;在他看来,存在着有限的灵魂,它们的本性就在于去表象有限的东西。现在,有限者是作为实在层面的东西抑或作为单纯观念层面的东西存在着,这是完全无所谓的,因为正如我们指出的,在无限者和有限的**物**之间,以及无限者和有限的**灵魂**之间,始终是同样的距离。从无限者到有限物的过渡和从无限者到有限灵魂的过渡都是不可能的,无论我把这些有限者设定为实实在在的东西,还是设定为观念上的东西。由于莱布尼茨唯一做的**事情**就是把过去位于实在层面的有限者转移到观念层面,由于他根本没有提出有限者和无限者的一个中介环节——无论这是一个观念层面的中介环节还是一个实在层面的中介环节——所以从他的体系那里必然会直接产生出一

[VI, 111]

种新的二元论,这种二元论根本没有办法把各据两端的无限者(上帝)和有限者(灵魂及其表象)统一起来。是的,莱布尼茨把一切有限存在都完全归结为单子的表象,然而单子在本性上不是去表象绝对大全或那个不带有任何否定的无限者,而是去表象那些混杂着否定的有限者,因此单子和那些被表象的物一样——实在论认为那些物具有一种不依赖于表象的实在性——必然都是有限的。

一言以蔽之,莱布尼茨仅仅认识到了一种处于有限形态下的观念,他和实在论一样,都不能令人满意地解答这种有限观念与无限者的关系。当他想要解答有限灵魂与无限者的关系时,他就陷入到之前的各种体系曾经遭遇的自相矛盾中。他一方面设定了上帝、无限者、绝对观念,另一方面设定了有限观念、单子的有限的表象力(至于那些有限的实在事物,只不过是这种表象力的偶性)。但在这样做的时候,他根本就没有去探究,有限单子与上帝或无限观念之间是什么关系。诚然,莱布尼茨并没有囿于纯粹有限者的层面,而是超越了它;他不仅无可辩驳地把整个有限世界归结为单子的表象力的有限性,断定这个世界仅仅存在于那些表象力里面,而且企图把这种有限性本身追溯到无限者。但即使在这里,也只有一些有限的概念可供他使用,而由于支配着有限世界的概念是因果概念,所以他让上帝成为有限单子的创造者。这样他就陷入了自相矛盾,即把那个与否定无关的无限者看作是否定的创造者。当然,这个自相矛盾在他那里并不是以这个形态直接出现的,而是在另一个形态下表现出

[VI, 112]

来。也就是说,他恰恰是从单子的那些局限性或限制推导出一切缺陷,尤其是现象世界里面的自然灾害和道德上的恶。在作为无限者的上帝里面,任何缺陷都是不可设想的;在上帝之内既没有灾害也没有恶;上帝是绝对的善。刚才所说的莱布尼茨遭遇的自相矛盾恰恰表现为这样一个问题,即绝对的善如何可能创造出恶?莱布尼茨在回答这个问题的时候,彻底暴露了他的哲学体系的不能令人满意和不能令人信服的方面。而众所周知,莱布尼茨的《神正论》就是以这个问题为对象。

由于莱布尼茨不是从无限者出发走向有限灵魂,而是反过来以有限灵魂或单子为前提,希望从它们那里上升到无限者,所以他唯一能够依据的法则或手段,只剩下一种有限的观审方式。由于这种观审方式是从有限者出发,把有限者当作它的出发点,所以这里只有一种向着无限者的上升,而且是一种无穷无尽的上升。在这种情况下,莱布尼茨体系不仅发展出一种新的二元论,亦即一个在有限者和无限者之间坚持绝对对立的体系,而且这种新的二元论——只要它离开有限者的那个领域——必然会堕落为那种旧的二元论。这个自相矛盾是如此之明显,以至于莱布尼茨的许多追随者把他的《神正论》看作是一种单纯的想象,看作是一部并非带着严肃、而是纯粹为了迷惑人们而写就的著作。

[VI, 113]

任何一种从有限者出发的哲学,都必然会陷入到自相矛盾的泥淖之中。也就是说,虽然它把有限者当作出发点,但它唯一的目的还是希望由此达到无限者。任何一种科学,假若它把无限者排除在自身之外，那么它根本就不是哲学。

　　简言之，如果一种哲学把有限者设定为第一位的东西，同时企图达到无限者，那么它必然会陷入到如下这个矛盾里面，即它只能沿着有限者的链条向前推进，只能遵循这个链条内部的法则。现在，它要么认为这条法则能够摆脱有限者的序列，上升到无限者的层面，要么认为这是不可能的。在前一种情况下，它陷入到**这样一个**矛盾中，即把有限者和有限者之间的纽带当作是一个能够沟通有限者和它的绝对对立面（无限者）的环节；而在后一种情况下，它又会陷入到**另一个**矛盾中，即通过有限者来寻求对于无限者的认识。也就是说，哲学的自然的和必然的演变过程是这样的：第一个层次是有限者；紧跟其后的第二个层次是有限者和无限者的绝对分裂和绝对对立，而只要哲学还没有把自身提升到绝对无限者的层面，这个绝对对立就会一直存在。

　　在实在论的一系列形式里，唯有斯宾诺莎把自己提升到了无限者的层面；然而他把无限者重新规定为一种存在，因此不可能完全解决那个对立。莱布尼茨虽然把整个有限性转移到观念的领域，但在这个领域里，无限者和有限者的对立仍然没有被消除。莱布尼茨的唯一影响在于他扬弃了灵魂和身体的对立，但他并没有扬弃无限者和有限者本身的对立。在这种情况下，这个对立必然会在他的体系里面直接出现，或至少是从他的体系那里直接发展出来。

　　当然，这个对立只能按着不同的层次完全发展起来。首先必须出现一个不完整的沟通对立双方的尝试，然后对立双方才会在一种绝对的二元论里面走向彻底的和绝对的分裂。

[VI, 114] 在我看来,那种不完整的沟通尝试就是独断论,整个分裂过程的开端则是批判主义,而无限者和有限者的最终完全分裂就是**观念层面**上的绝对二元论,即知识学的唯心主义。

现在我们必须具体考察这里的每一个层次,并且追溯莱布尼茨那里已经包含着的二元论萌芽的最终发展后果。

一般说来,**普通知性**就是那种完全束缚在有限者上面,只能理解把握有限关系的知性。只有当认识到无限者,灵魂才能平静下来,精神才能得到满足,在这种情况下,**灵魂**必然会追求那种知识,但与此同时,它又不愿牺牲自己的有限性。灵魂企图在自己的有限性和无限者之间制造出一个中介环节,但它在这样做的时候,只能依靠经验和有限世界里面的概念。通过这个方式,普通知性构想出了一个关于宇宙、关于宇宙和无限者的关系的体系,在这个体系里,宇宙和无限者具有完全相同的实在性。为了不让感官世界走向消亡,这个体系需要一个承载着感官世界的上帝,而这个上帝的任务就是在创造出感官世界之后,永远守护着它。到最后,上帝必然与世界形成对立,随之遭到世界的限制。很显然,普通知性之所以最为看重这个与世界保持着一种经验关系的上帝,原因在于,上帝的存在同时保障了世界的经验实在性,而由于世界是与上帝的最高实在性捆绑在一起的,所以世界本身的实在性就证明了世界的虚无。一言以蔽之,我们可以把这样一个沟通有限者和无限者的体系称作独断论。莱布尼茨一方面在他的单子论里面表达出了一种真正的哲学学说,另一方面已经注意到了上述沟通方法。后面这种情况的产物正是他的《神正论》，而这部著作乃是哲学里面的新型独断论的一张货真价实的证书。这种神正论的任务是为上帝作辩护，论证 [VI, 115] 他为什么容许乃至造成了世界里面的灾害和恶。而人们之所以提出这个任务，是因为他们预先已经假定，上帝与世界之间是一种实实在在的关系。

在探讨这个问题的时候，莱布尼茨的学说追溯到如下两个基本命题：1) 世界里面的灾害和恶的根据不是在上帝之内，而是在有限者的必然的局限性或缺陷之内。而这就产生出另一个问题：那些缺陷的根据又在什么地方呢？假若这个根据在上帝之外，在一个与上帝相对立的本原（比如古代东方的二元论所说的一个邪恶的原初本质）之内，那么上帝的行动必然会遭到这个本原的限制，而他在这个意义上就不是**无限的**；2) 世界里面的灾害和恶的根据就在上帝自身之内。但在这种情况下，上帝自身就包含着一种原初的局限性，那么他仍然不是无限的。也许有人会说："那个根据既不在上帝之内，也不在上帝之外，而是在有限者的本性之内，因为有限者在概念上就意味着一种受到限制的、通过否定而被设定的东西。"但这个答案一点都不充分，毋宁说它仅仅是回避了对于问题的解答。无论如何，**如果**上帝注定就要制造出有限的东西，那么他自身只能是一个具有局限性的东西。然而从上帝的理念只能推导出"他制造无限的东西"，而不能推导出"他制造有限的东西"。上帝只能制造无限的东西——这是一件必然的事情。既然如此，有限者和上帝之间只能是一种偶然的关系。而在意识看来,如果说有一种看起来具有偶然性或非必然性的因果关系,那么这只能是一种基于上帝的**自由意志和决断**的关系,而在这种情况下,唯一的答案就是,上帝的自由意志和决断是有限者之所以产生的根据。这就是莱布尼茨的观点,随之他也达到了独断论的顶峰。如果说这个观点包含着某种真理,那就是,现象世界是一种完全偶然的东西,亦即一种原初的非本质的东西。现象世界确实是通过一种**自由的行动**产生出来的,但如果人们把这种自由的行动置于上帝之内,这就完全颠倒了真正的关系,这就好比在另一个层面上,人们把运动置于太阳之内,反而认为地球是静止不动的。哥白尼曾经在物理学世界观里面带来了一场革命,即把人们观察到的太阳的运动归因于行星在轨道上的运动,进而断定太阳是一个静止的中心。现在,这场伟大的革命也必须在精神世界观里面发生,也就是说,不是把那种自由的行动置于上帝之内,而是置于世界自身的运转之内,与此同时人们必须认识到,感官世界的实在性相对于上帝而言是一种虚妄的错觉,正如太阳围绕着地球的运动相对于太阳而言也是一种虚妄的错觉;无论如何,感官世界只有通过一种行动才具有实在性,但这种行动的根据不是位于作为中心的上帝之内,而是位于上帝之外。

[VI, 116]

但莱布尼茨却认为,世界是通过上帝的一个自由意志而产生的。而且莱布尼茨是如此之激进,竟至于认为,上帝在创造世界的时候已经构思和通览了这样一个世界的全部可能性,然后挑选出可能世界的一个最好的蓝图,将其实现,好比一个建筑师首先勾勒出一座大厦的不同草图,然后在其中进行比较,最终挑选出一个他认为最好的草图。在莱布尼茨看来,世界的最好蓝图是这样的,其中包含着尽可能少的否定或缺陷,随之包含着尽可能多的肯定。上帝确实按照这个最好的蓝图创造出了现象世界,于是这种学说必然又和另一个观点联系在一起,即当前的世界是一个最好的可能世界,至于其中包含着的各种缺陷,完全是微不足道的——这就是著名的乐观主义学说,这种学说不仅在哲学上平庸无奇,而且和通常的伦理世界观很难契合。

为了评价这种观点,我觉得根本没有必要去额外增加什么东西,或者去进一步探究这种独断论的众多无聊的衍生物。正如大家都看到的,莱布尼茨的直接后继者已经抛弃了他的学说里面真正的思辨内容(即单子论),至于这些后继者中最著名的那位,即**沃尔夫**,甚至认为单子论仅仅是莱布尼茨体系的一个猜想。与此同时,莱布尼茨哲学的独断方面,特别是他的神正论,却得到了最多的推崇。在德国,人们其实是在"神正论"的名下 [VI, 117] 构想出那个占据支配地位的、声名卓著的莱布尼茨体系。至于这个体系的进一步的阐释,我觉得可以放到一边。现在我继续谈谈这个发展过程中的第二个方面。

在哲学史里面,独断论仅仅是一个过渡环节,它在哲学史里面没有造成任何划时代的影响,因为它根本不是一个哲学体系,而仅仅是普通知性的一个体系。独断论是一种徒劳的尝试,即企图沟通无限者和有限者,企图避免后来的完满的二元论必然会带来的分裂。自从康德以来,那种分裂已经日趋明显,就此而言,独断论体系内部已经孕育着一种极大的破坏作用。

附释：人们可以从两个方面来看待康德的批判主义,要么主要在否定的意义上,要么主要在肯定的意义上来看待它。如果批判主义的整个特性仅仅是否定意义上的,也就是说,如果批判主义本身还不是哲学,而仅仅是对于哲学的批判考察,目的是把哲学限定在一个特定的领域里面,那么在这个意义上,它仅仅是一个**以否定的方式**与独断论相对立的东西。它所针对的东西,并不是一般意义上的哲学,而仅仅是独断论,亦即一种非哲学（Nichtphilosophie）。诚然,批判主义自我标榜道,它已经考察并且完全掌握了人类知识的整个领域,但实在说来,这不过是一种自我蒙骗。批判主义唯一关注的领域,只不过是知性,以及一种半吊子的理性,这种理性本身是从有限性出发的,只能以推论的方式走向无限者。① 但在这样做的时候,它完全错失了认识能力的**那个**层面或领域,即真正的哲学恰恰置身其中的层面或领域。就此而言,康德的整个批判主义仅仅具有一种应时应景的意义。它唯一针对的,仅仅是康德直接面对的那种独断论,即沃尔夫学派在德国广为散播的那种独断论。然而有大群**应声虫**,他们居然把这种仅仅具有应时应景意义的哲学现象看作是一场关涉到全部哲学和整个理性的革命。诚然,我们不能否认,批判主义已经以胜利的姿态征服了独断论,不只是对现在而言,而是永远地消灭了独断论。但是在任何时代,这种独断论在哲学本身里面都仅仅是一个过渡性的现象。从历史事实来看,在康德

---

① 参阅《谢林全集》第五卷,第189页（V, 189）。——原编者注

之前，任何时代都未曾把这种独断论看作是哲学本身。

　　如果人们主要不是从否定的方面，而主要是从肯定的方面来理解批判主义，那么批判主义就会获得一种公正得多的评价。正如之前所说的，从否定的方面来看，批判主义仅仅具有一种应时应景的意义，但从肯定的方面来看，批判主义乃是二元论走向完满的过程的开端。自从莱布尼茨以来，这种二元论在哲学里面已经有所体现，而且我认为，我能给予康德的批判和费希特的知识学的最大意义，就是明确指出，它们在哲学发展过程的**观念序列**里所处的层次，等同于笛卡尔主义在实在序列里所处的层次。无论是观念层面上的康德和费希特，还是实在层面上的笛卡尔，其共同带来的后果，就是扬弃了独断论把无限者和有限者混淆起来的做法，确立了无限者和有限者的绝对对立。我的看法是，无论是把一个现实对立的尖锐局面呈现出来，还是把对立双方的同一性呈现出来，这对于科学来说都是同样有益的。就此而言，只有从笛卡尔的完满的二元论那里才能够直接产生出斯宾诺莎主义，而斯宾诺莎主义在那个实在序列里已经达到了哲学的最高完满。

　　对于康德的体系和费希特的体系，如果人们不是仅仅把它们理解为独断论的对立面，而是同时从它们的肯定的方面出发，把它们理解为相互对立的无限者和有限者之最高的、最完满的分裂，随之理解为一种最高程度的二元论，那么就会对这两个体系获得清楚得多的认识。

[VI, 119]

  我首先简要地指出康德的批判主义的理念。——康德首先提出了一个问题,即人们有什么理由把那些单纯有限的、感性的**概念应用到**一些非有限的、非感性的对象上面?通过一种细致入微的考察,康德发现,那些概念(比如因果概念)仅仅是一些与经验的可能性相关联的概念,或者说仅仅包含着经验的可能性。因此康德否认我们能够借助于这些概念而获得一种关于超感性事物或无限者的肯定认识。假若康德把自己限定在这个结论上面,那么他至少已经以一种否定的方式完满地揭示出了哲学的真正本质,即真正的哲学必须超越这些概念。然而康德并没有停步。他宣称,这些概念是我们仅有的全部认识工具,而当他这样断言的时候,他自己也成了一个独断论者。因此在康德看来,假若有一种真正的哲学,或者说,假若能够有一种真正的哲学,那么这种哲学只能通过这些概念来规定或者认识超感性的东西。康德始终坚持着这个关于哲学的错误看法,认为这就是唯一可能的哲学,但与此同时,他毕竟也承认,如果一种哲学企图通过这些概念来超越感官世界,那么它必然是一种彻底空洞的、虚妄的哲学。

  如上所述,康德否认我们对于超感性东西能够获得任何真正的理论认识,也就是说,他否认了一切真正的理论哲学。他以一种完全自觉的心态首先摒弃了灵魂的**有限的**表象认识能力和无限者之间的绝对对立。在他看来,一边是有限知性的各种概念,另一边是这些概念绝对无法企及并且加以规定的理性的真正对象,即理念,以及一切理念之理念——上帝或无限者。于是康德把一切认识都完全限定在经验和有限者的层面上。唯有在灵魂的**某一个**现象里面,他注意到了一个更高的、超感性的本原,注意到了观念相对于实在的绝对统治权或优先性。这就是道德现象。他指出,道德律决定性地战胜了我们内心里的一切感性因素,把这些因素设定为**无**;他同时发现,道德律仅仅发布无条件的律令,因此它是灵魂里面的一个真正绝对的现象。但康德又说,我们不应当从这个独一无二的绝对现象那里**推论**出超感性东西的实在性(因为这仍然是独断论的做法),而是应当以那个独一无二的绝对现象为基础,去**信仰**超感性东西的实在性。他说,道德律以无条件的方式对我们发号施令,它根本不管我们的意志是否愿意听从它,而是只管提出**这样一个**绝对的和直言的要求,即我们应当遵循它。他说,我们在行动的时候不能违抗这个内心的声音,不能违抗这个居于我们自身之内的上帝,否则我们就会陷入绝对的自相矛盾。但问题在于,即使我们愿意这样做,我们也不能掩饰康德对于超感性东西的无条件的拒斥,以及他对于相反情况提出的绝对要求。无论如何,这个声音不是来自我们自己,不是来自我们的感性本性,因为它其实就是**针对着**我们自身内的感性本性,要将其彻底消灭。因此它必然来自于一个高于我们的东西;它只能是我们内心里的一个更高的、超感性的世界的回声。如果我**信仰**那个声音及其发布的绝对律令,那么毋庸置疑,我必然也会信仰全部超感性的东西。因为,假若根本不存在什么超感性的东西,那么道德律必然也是一个幻觉。然而我们不可能把它看作是一个幻觉,因为它的无条

[VI, 120]

件的要求让我们认识到,唯有它是绝对的——无条件的实在。因此,如果道德律不是一个幻觉,那么超感性的东西无论如何也不可能是一个幻觉。关键在于,不认为道德律是一个幻觉,反而认为它是唯一的实在性——这个态度本身就已经是道德,而这个确定性并不是来自于理论认识。相应地,那种与道德联系在一起,并且通过道德而得到验证的确定性,也不是来自于理论认识。这种确定性仅仅是**实践**意义上的,因此是一种信仰。这种确定性不是基于一些**理由**,正如我对于道德律的尊重也不是基于一些理由,因为,当我想要追问服从的理由时,这些理由就已经遭到贬低。一切无需任何理由而要求无条件的服从的东西,都是一种信仰,同样我对于超感性东西的确定性也是一种信仰。因此总的说来,我们与超感性东西的唯一关系就是一种信仰关系。

[VI, 121] 人们乐于承认,一旦全部真正的对于无限者的直观和认识遭到否认,那么前面说到的信仰就是那些知识的一个再好不过的替代品。普通人根本就没法进行真正的哲学思考,所以康德的学说甚得他们的欢心。普通知性根本就不懂得任何处于经验范围之外的东西,假若它自己构想出一个体系,那么它差不多就是康德的那种学说的样子。当然,从根本上说,普通知性的体系或多或少也是独立于康德而形成的。至于**我们**看待这个体系的方式,则是把它放在哲学的科学发展过程里面,把它标记为其中的一个层次。现在,由于**信仰**始终是一种游离于我之外的断言,而且按照这个观点,无限者始终处于一种差异关系之中,所以毫

无疑问,那在莱布尼茨那里隐晦存在着的二元论在康德这里已经清楚地展现出来,虽然独断论曾经徒劳地想要通过一个错误的中介环节来将其掩饰。这种二元论不仅出现在康德关于无限者的学说里面,而且出现在他关于认识能力、认识能力与客体的关系等等的全部观点里面。

在康德看来,1)一切认识都是起源于感官刺激,在这个过程中,认识的质料是由自在之物提供的。然而自在之物如何能够作用于我们,这是不可思考的。因此这里包含着一个天大的秘密,一个完全不可解决的对立。2)认识的可能性取决于认识能力原本固有的一些形式和概念,借助于它们,客体被制造出来。一边是认识的质料,另一边是认识的形式,双方之间是一种绝对的对立。

在这里,质料代表着无限者、实体,认识能力的形式代表着有限者。因此康德和莱布尼茨一样,认为有限者完全是一种**观念上的**东西;有限者的根据全都在灵魂之内;另一方面,无限者具有一种**实在的**形态,与有限者相对立。至于无限者的真正的理念,在这里已经完全消失了。

后来的康德主义者走得更远,把批判主义与经验论以及所谓的"自然作用体系"糅合在一起。在这种情况下,康德的学说本身再度演变为一种独断论,或更确切地说,演变为一种独断的经验论。普通知性在任何时候都主张,我们对于感性事物和超感性东西的关系,对于实在的东西与观念上的东西的关系,都不可能具有一种真正的知识,因此不难理解,它只能反过来在自身

[VI, 122]

之内寻找各种依据以支持自己的观点。迄今为止，整个康德主义都可以说是这样一种经验主义的独断论，是这样一种根本徒劳无功的尝试，即把认识的主观方面与认识的客观方面统一起来，并且解释为什么认识主体和对象会走到一起。之所以如此，原因在于，康德主义唯一能够使用的概念仅仅是经验论本身的一个概念，即因果概念。

费希特注意到了康德主义纠缠其中的那些矛盾。但是，当他想要在主体和客体之间找到一个中介环节时，他再度退回到了康德主义，确切地说，退回到了那种经由批判主义而产生出来的独断论，正如康德主义本身同样也退回到了独断论。也就是说，费希特**完满地**建立起了一种绝对的二元论。

费希特从一开始就指出，**全部**哲学的任务就是去解释，那些伴随着一种必然性感觉的表象是如何在我们内心里产生的。一切必然性都是对于自由的、无限的行为的一个限制。因此费希特真正追问的是有限表象的来源。在这样做的时候，他完全排除了哲学与无限者的任何关系，而他唯一的目标，就是找到有限表象的最终根据。莱布尼茨曾经非常明确地提出一个命题，即**一切有限者都只能存在于灵魂的表象里面**，而且在表象着的主体之外不存在任何有限的东西。只不过康德把这个命题掩盖起来，而费希特又重新回到这个命题。费希特首先通过一种绝对自由把握到了一个最初的、最高的本原行动，而一切有限者都是通过这个本原行动而被设定下来的。在费希特之前，人们认为有限者是意识的一个事实，然而这个事实本身又是一个有限的

[VI, 123]

事实,因此仍然是一个需要加以解释的事实。只有通过这样一个根据——这个根据本身不可能再通过别的根据而加以进一步的解释,因此它是一个绝对的、不可解释的根据——有限者才能够得到理解把握。因为任何一个可能的根据,如果它本身又指向一个更高的根据,那么它只能是一个有限的根据,随之不是一个绝对的解释根据。费希特之前的独断论已经认识到,整个有限性是通过一个无条件者而被设定的,只不过独断论是在上帝的一个绝对行动或一个自由决断中寻找那个无条件者。正因如此,独断论把上帝看作是世界上的各种缺陷、限制、灾害等等的创造者。现在,如果人们断定,只能在一个无条件的、本身不可能进一步解释的行动里面去寻找有限者的根据,那么这个行动就不应当出现在上帝那里,而是只能出现在一个表象着的主体自身里面。——也就是说,**自由**必须成为哲学的开端和本原,这种哲学的全部任务仅仅限定在一个方面,即去解释有限者或那些伴随着一种必然性感觉的表象。

在这里,我当然不是按照费希特体系的自我理解来阐发它的观点,而是从一个更高的立场出发来阐发它的观点。

费希特以如下方式进行推论:不管我知道什么东西,我总是而且只有**通过我自己**才知道它,也就是说,我是那个认识到它的人。我所表象的任何东西,我都总是直接在我内心里表象着它们。至于我的表象是否与某种存在于我之外的东西相对应,对此我是完全不确定的。就一切知识的最终根据而言,我能掌握的,或者说我能感觉到的,始终只是我的**自我性**,因此**对我来说**,

自我性是一切有限性的根据。——现在,我是在什么意义上把我自己设定为**我**呢?——我把自己**设定为**我自己,意思是,我把我自己从所有别的东西那里绝对地孤立出来:我是我,而恰恰在这种情况下,我把我自己与所有别的东西区分开来。——当我把自己设定为**我自己**,我就把自己与所有别的东西,随之与整个宇宙对立起来。因此"**自我性**"是这样一个普遍的表述,它意味着脱离大全,孤立化。然而没有什么东西能够脱离无限的大全,[VI, 124] 所以唯一剩下的办法,就是设定一个有限的、亦即包含着否定的东西,即自我性。因此"自我性"是一切**有限性**的普遍表述和最高本原,它代表着一切不是**绝对大全**,不是绝对实在性的东西。——问题在于,无限者本身不包含任何否定,它如何能够成为缺陷、限制的原因,这是绝对不可理解的。也就是说,这个根据不可能位于无限者之内,而只能位于表象着的主体或自我性本身之内。然而自我性——表象着的主体——是基于什么规定而脱离**大全**或无限者,并设定大全或无限者的否定,设定个别的现实事物的呢?——这里的原因仍然不可能位于无限者之内,理由如下:a)自在地看来,这个设想是不可能的,因为无限者绝不可能是否定的原因,而自我性本身是一个最为远离大全的东西;b)假若分离的原因就在无限者之内,那么自我性之脱离大全就是基于一个必然的根据,而这同样是不可能的。因此唯一剩下的途径,就是在一种绝对**自由**里面去寻找根据,以解释自我性的"自顾自的存在"(für-sich-selbst-Seyn)和"自顾自的设定"(sich-für-sich-Setzen)。无限者并不是这种"自顾自的设定"的根据,毋宁说自我性本身才是。**自我性**完完全全是**它自己的行为,它自己的行动**,也就是说,如果对这个行动忽略不计,如果只关注无限者,那么自我性就是**无**。同理,一切仅仅为着自我性并且通过自我性而存在着的东西,亦即整个有限的或实在的世界——在当前的立场上,我们已经假定,这个世界仅仅存在于表象之内,或者说仅仅在观念上存在着——自在地看来也是无。有限世界仅仅是通过自我性的一个自由行动而被设定的,而自我性通过这个行动同时设定了它自己,使自己脱离大全;正因如此,自我性只能制造出对于大全或无限者的否定,此外无他。

我在这里赋予费希特的唯心主义的意义,在我看来是这种学说所具有的最高意义。**费希特**曾经说过,他有权利从一些更高的本原出发来解读康德的学说,既然如此,我同样有权利从一些还要更高的本原出发来解读费希特的学说。

如果我们按照上述方式来理解把握费希特的唯心主义,那么很显然,这种学说已经断定,现象世界与无限者的本质之间是一种完全偶然的、就此而言无关本质的关系。独断论曾经想要设定同样的一种关系,因此它宣称现象世界是无限者或**上帝**的一个自由行动的结果。费希特的唯心主义不是把那个行动设定在上帝之内,而是仅仅将其设定在自我性之内,不是把那个行动置于核心位置,而是仅仅将其置于边缘位置。我们必须这样解读费希特的唯心主义,即它只具有一个边缘,却不具有一个核心。——接下来我要提出一些更为清楚的解释。 [VI, 125]

我们看到,自从莱布尼茨以来,一般而言,实在的东西或有限者——这里暂不考虑那些居中现象,它们被认为是无——已经被放置到观念的领域里。整个实在世界并不具有一种自在的存在,毋宁说它仅仅存在于灵魂的表象里面。我所直观到的这个特定的客体,无非是我的受限的、特定的表象本身;除非在表象里面,否则**根本**不存在任何有限的客体。费希特重新捡起了这种唯心主义,否认实在的东西具有一种自在的存在,但在这件事情上他并没有比莱布尼茨更进一步。费希特和莱布尼茨的唯一区别在于,莱布尼茨没能解释,为什么灵魂或单子具有感觉,并注定要表象着有限的东西,或者说当莱布尼茨尝试着想要给出一个答案时,他把根据置于**上帝**或无限者之内,而这必然导致他陷入到矛盾的泥淖之中;反之费希特正确地认识到,灵魂的有限性的根据位于灵魂自身的一个绝对行动之内,换言之,费希特正确地认识到,灵魂**自顾自地**设定自身,通过**它自己的行为**把自己设定为一个有限的东西,使自己脱离**绝对**大全,同时让自己屈从于一种必然性,即它必然不能直观到这个绝对大全,而必然只能直观到绝对大全的否定、限制、局限性等等。

[VI, 126] 　　费希特的这种学说,就其自身而言,作为一种单纯的对于有限性的解释,是唯一令人满意的一种解释。然而它不可能取代**全部**哲学,因为哲学的对象除了单纯的有限者之外,还有别的东西。不可否认,这种学说表述了有限者的现实性的最高根据,表述了全部经验的最终本原,但是它并没有把自己提升到**全部**经验之上。这种学说完全重新捡起了莱布尼茨的理智原子论(正如笛卡尔主义重新捡起了物质原子论),也就是说,正如莱布尼

茨把绝对实体分解为许多单子，费希特也把**每一个人的自我**看作是绝对实体本身。——自我本来只能解释有限者的来源，但费希特却把它当作全部哲学的本原，随之当作那种以无限者自身为对象的科学的本原，这就反而把无限者改造成了自我的一个偶性。通过仔细考察可以看出，他的贡献仅仅在于，把莱布尼茨设定在单子形式中的有限者以一种最普遍、最高的方式表达出来，并把它完全彻底地与它的对立面分裂开来。也就是说，按照费希特体系的观点，存在着两个现实的世界，一个是无限者的世界，另一个是有限者的世界，二者是绝对分裂的；那介于这两个世界之间的，是自我性；**两个世界**都仅仅是自我性的偶性，而不是一种**自在的**东西。假若费希特真的认为，有限性的本原（即自由）相对于无限者而言是一个**无**，那么他的二元论就会被扬弃了。在那一方的无限者和这一方的无之间，不会有真正的对立，原因恰恰在于，后者不过是**无**。然而费希特把自由规定为最高的实在性本身，并且认为，一切东西——包括无限者在内——都只有通过自由才具有实在性。自由就好像一个核心枢纽，有限者和无限者从两个方面环绕着它，都是一些同样必然的现象。费希特不但认为感官世界只有在与自由相关联时才具有一种纯粹主观的实在性，而且认为超感性世界同样也是如此。但是，因为无限者毕竟不可能**依赖于什么东西**而存在着，所以费希特必然要把**真正的**无限者**完全设定在自我之外**，设定为**自我不能企及的一个东西**。——费希特的知识学陷入一个必然的怪圈之内不能脱身，而且它相信，整个人类精神也是处于这样一个怪

[VI, 127] 圈之内:"无限者,自在体,始终只是我的**对象**;因为我是那个思考着它或直观着它的人;因此它始终只是在我的知识之内,而不是独立于我的知识。然而从定义来说,**自在体**恰恰是某种不依赖于我的思维和知识而存在着的东西;既然如此,我就不能承认这种绝对的东西,或者**即使**我承认它,但因为它是绝对不依赖于我的,所以它不是我的知识的对象,或者说**不在我的知识之内**。"由此可见,费希特已经明确表达了有限者和无限者的绝对对立。无限者作为一个真正自在的东西,必须是彻底不依赖于我,完全在我这个有限者之外存在着。在我的知识里,绝对者的存在并没有被看作是一种整全的存在,毋宁说我把自己当作主体,把绝对者当作客体;但在这种情况下,绝对者就是我的对象,以我的知识为条件,随之不再是一个无条件的、绝对的东西,就和那些现实事物没有区别,因为它们不是绝对的,仅仅存在于我的知识之内,而不是存在于我的知识之外。

因此,按照费希特的观点,灵魂里面没有任何能够与绝对者或无限者合为一体的东西。灵魂或自我性是一种完全不同于无限者的东西,亦即一种纯粹的有限性,而这种有限性本身与无限者是一种绝对对立的关系。

除此之外,费希特的反思还在另一个形态下以如下方式表达出来:"作为有限的存在者,我们被迫从一个自在体,从一个不依赖于我们的东西出发,来解释一切意识,进而解释那种伴随着意识而被设定的有限性。然而这些解释只能借助于我们的有限本性的法则,而只要我们反思到这一点,那个不依赖于我们的东西，那个外在于我的东西，就重新转变为我的主观性的一个产物。"是的，这个反思是完全正确的；沿着这样一条道路，确实不会有一个绝对的东西；但关键在于，这个反思恰恰缺乏一步**最后**应该迈出的步伐，也就是说，正因为我们是按照我们的有限本性的法则而把自在体或无限者当作解释的依据，所以这个解释本身就已经是一个虚妄的解释，而且有限本性本身并不具有实在性，毋宁说它是真正的实在性的一个否定。费希特的反思没有推进到一个更为深入的反思，即整个说来，所谓的"在我之内"和"在我之外"的区分——这是费希特陷身其中的怪圈——仅仅是一个主观的区分，仅仅是一个与我的有限性相对应的现象，同理，之所以会有这个怪圈，也只是因为我固执地坚持我的有限性及其法则。费希特以为，只要把无限者当作解释有限者的依据，只要无限者仍然保持为一个自在体，这样就已经很不错了。然而他犯了一个更高层面上的错误，亦即一方面把无限者当作是解释的依据，另一方面又认为，这个做法完全出自我们的有限本性（这个有限本性本身并不是一个实实在在的东西）。费希特说，绝对者要么在我之内，要么在我之外：如果在我之内，那么它是我的主观性的一个产物，而如果在我之外，那么它是一个不可认识的东西。因此费希特给出的答案是：绝对者既非在我之内，亦非在我之外。也就是说，绝对者根本不能具有任何规定，因为任何规定都是来自于我，来自于有限本性的自我性。

[VI, 128]

  因此，只有当费希特坚持有限者是一种真实的实在性，并把它与无限者对立起来，才会制造出这整个怪圈，也就是说，这个怪圈本身就表达出了一种绝对的二元论。因此费希特的做法根本就不是真正把自己提升到有限者之上，而是从一开始就把有限者完全丢在一边，仅仅坚持有限者与无限者之间的一个纯粹对立。是的，他的知识学也把自己称作唯心主义，并且自诩它已经消灭了感官世界。但是，1)知识学仅仅是一种与现实事物相对立的唯心主义，因为它和莱布尼茨主义一样，主张自我性和表象相对于现实事物而言具有一种优先性。然而知识学并不是一种肯定意义上的唯心主义，也就是说，它并没有把自己真正提升到无限者和肯定观念的层面。2)知识学自诩消灭了感官世界和有限性，但它只不过是把有限者从实在层面转移到观念层面而已。然而从**思辨**的角度看，感性事物是否如普通知性想象的那样现实地**在我之外**存在着，抑或它们仅仅借助于自我性或我的表象力的原初限制**在我之内**存在着，同时仍然是一种实实在在的东西等等，这些问题完全是无关紧要的。因为在两种情况下，我都承认有限者具有一种实在性。

总的说来，人们可以指出，费希特哲学面临着如下这个两难困境：要么它的目的仅仅在于解释有限性的来源，要么它希望成为一种以无限者为对象的科学。如果是前一种情况，那么费希特哲学确实已经揭示出了有限性的最高可能性，**尽管这个最高可能性本身仍然处于有限性的层面**；也就是说，费希特哲学找到了有限性的普遍表达方式，即自我性，但是它根本没有解释有限性的**特殊方面**，而是将其藏匿在一些绝对地设定下来的、不可解释的限制后面。当费希特哲学把这些限制绝对地设定下来，它就把有限性提升为一种绝对的实在性，并且无论如何没法让这种自顾自存在着的有限者和无限者达成和谐。而如果是后一种情况下，也就是说，如果费希特哲学希望成为一种以无限者为对象的科学，那么它必须亲自承认，**它还不是这样一种科学**。因为知识学同样也承认，主体与无限者的终极关系是一种**信仰**关系，亦即一种完全的差异关系。知识学同样断然否认我们对于超感性世界能够具有任何理论认识。它认为，只有通过道德，我们的目光才能够进入到超感性世界里面。也就是说，道德诫命颁布了一些完全不依赖于任何有限性、反而在我内心里压制着有限性的东西，在这里，有些东西是直接启示在灵魂面前的，我可不能把这些东西重新设定为思维活动的产物，而是必须承认它们具有一种独立于我的实在性。正因如此，只有当我具有道德品格，我才认识到，绝对者的真正特性仅仅位于道德里面，这个特性的表现是，要求有一个独立于主观、在我之外的东西。在这些地方，费希特哲学和康德哲学是完全一致的，而且我相信，迄今所说的一切已经证明了这一点。总的说来：1)在迄今的发展过程中，没有哪个体系彻底地探究了有限性与无限者的关系，当然，费希特体系至少已经找到了有限性的最高表达方式；2)费希特体系无非是唯心主义观点的完满成形的二元论，正如笛卡尔主义是实在论观点的完满成形的二元论。费希特把有限性完完全全设定在自我性之内，同时认为有限性本身仅仅是**它自己的行为**，因此不是一种**自在**存在着的东西——看起来，费希特在这样做的时候，已经把自我性乃至有限性本身看作是一个单纯的

[VI, 130] 否定，看作是一个无。是的，从一个更高的立场来看，有限性的那种自顾自的存在确实等同于无。遗憾的是，费希特仍然把它看作是一种真实的实在性，进而把有限者设定为一种绝对的东西，把它和无限者绝对地对立起来。就此而言，费希特体系始终而且必然包含着两个因素：一边是自我性或有限性，另一边是绝对性。这个体系绝不可能达到真正的、绝对的同一性。

因此在迄今的发展过程中，哲学经历了如下一些层次：1)首先在实在层面上，有三个层次：a)坚持有限者；b)坚持有限者和无限者的绝对对立；c)坚持有限者和无限者的绝对同一性，但这种绝对同一性本身仍然表现为一个实在的东西。

2)其次在观念层面上，目前只经历了两个层次：a)从莱布尼茨开始的对于有限者的坚持；b)康德和费希特呈现出来的无限者和有限者的绝对对立。因此这里还剩下一个层次，即达到一种**绝对**同一性，达到一个**绝对**的无限者，这个无限者不是与有限者相互对立，而是凌驾于有限者之上，换言之，相对于**这个**无限者，那个与有限者相互对立的无限者仅仅是它的一个偶性。

这个最终的体系也可以被看作是莱布尼茨体系和康德—费希特体系的一个综合。

首先，这个完满的唯心主义体系必须把二元论包揽在自身内，也就是说，必须彻底区分有限者和无限者；其次，这个体系必须把绝对同一性包揽在自身内，也就是说，它指出那种脱离了无限者的有限者是一种彻底非实在的东西，进而把无限者——因为没有什么东西在它之外——设定为绝对同一性，设定为绝对的太一，唯有它**存在着**，它既是绝对观念，也是绝对实在，又因为任何在它之外的东西都是一些非实在的东西，所以它同时还是一个最高的无差别之点。在费希特的唯心主义二元论之后，最高的层次就是这样一种唯心主义，它把**无限者**看作是真正的绝对同一性，**完全**置身其中。

谢林著作集

自然哲学导论箴言录

1806

F. W. J. Schelling, *Aphorismen zur Einleitung in die Naturphilosophie*, in ders. *Sämtliche Werke*, Band VII, S. 140-197. Stuttgart und Augsburg 1856-1861.

自然哲学导论箴言录

1. 无论在科学、宗教抑或艺术里面,最高启示都是大全(das [VII, 140] All)的神性的启示:科学、宗教和艺术都是发端于这个启示,并且只有通过这个启示才具有意义。

2. 无论在什么地方,只要出现了那个启示,哪怕只是转眼一瞬,都会结出丰硕的果实:比如激奋的状态、对于有限形式的离弃、一切争执的停止、统一、令人惊叹的协调一致,以及经过漫长时代的分裂,艺术与科学在各自保持最大的精神独特性的同时,结成一个普遍联盟。

3. 如果在某个地方,那个启示之光消失了,人们不是从大全出发,而是从各自出发,不是在统一体中,而是在分裂中,去认识事物,并且企图在个别状态和脱离大全的状态下理解把握自己,那么你们就会看到,科学陷入一片荒芜的境地,即使付出极大努力,也只能在知识的增长方面取得微弱进展,就好像数着一粒一粒的沙子,用它们来建造宇宙;你们同时也会看到,生命的美消失了,而关于那些最基本和最重要的事物,人们的各种观点从事着一场残酷的战争,一切都变得支离破碎。

4. 在科学里面,一切争执就其本性而言只有唯一的一个源泉,即对于大全的忽略,而大全作为极乐者在自身内不可能有任何争执。那些固执地与统一体理念相对抗的人,他们唯一能做 [VII, 141] 的事情,就是为争吵而争吵,或者说他们活着就是为了争吵。如果说一切虚假的体系、艺术里面的堕落、宗教里面的混乱等等都只是那种偏执或抽象的结果,那么,为了让一切科学和一切教化领域获得重生,就只能从重新认识大全及其永恒统一体开始。

5. 这种认识不是一道单纯从外面照进来的光,而是一道在自身内激发起来,并推动着人类的整个教化领域的光。无论是多么宏大还是多么渺小的事物,这种认识都会在里面发挥作用,它既在整个知识之树里面进行着追求和创造,也在每一根单独的枝条里面进行着追求和创造。

6. 各门科学的分裂是一种偏执或抽象,不仅如此,科学本身和宗教、艺术的分裂也是一种偏执或抽象。

7. 自然界里面的事物的一切要素,作为大全的单纯的抽象,最终都会融入到自然界的整全生命里面,而自然界的肖像就是大地和群星,其中每一个都在自身内以神圣的方式承载着存在的一切形式和种。同样,精神的一切要素和创造物最终也会融入到一个共有的生命之内,这个生命凌驾于任何特殊事物的生命之上。

8. 这种包揽了科学、宗教和艺术的整全生命,在整个人类里面,就是一个按照神圣的模型而构造起来的国家。但是,理性和宇宙是怎样的关系,哲学和完满的国家也就是怎样的关系,也就是说，只有在这样一个国家里面，哲学才能够认识到它自己的形象如何以一种活生生的方式呈现出来。

9. 科学是对于全体规律的认识，因此就是对于普遍者的认识。但宗教的任务却是去观察，特殊事物如何与大全结合起来。当自然研究者抱着一种虔敬的心态去研究个别事物，宗教就祝佑其成为自然界的祭司。针对那种追求普遍者的冲动，宗教指出上帝给它设置的诸多限制，就此而言，宗教作为一个神圣的纽带沟通了科学和艺术，而艺术则是把普遍者和特殊事物融为一体。

10. 在国家里面，立法行为离不开一种保守传统的英雄主义，离不开宗教对于个别事物的观察，只有当普遍的国家和普遍的宗教与一切特殊事物结合起来，同时借助于一个不是以机械的方式，而是以艺术的方式赋予整体以生命，并且统治着整体的精神，公众生活的完满的美才产生出来。同样，只有当哲学真正贯通了科学、宗教和艺术，它才能够达到那与它的理念相契合的神性。 [VII, 142]

11. 眼睛和耳朵是不知餍足的，它们从来不会对看和听产生厌倦；同样，理性也不会对观察产生厌倦。没有任何人能够想够和说够关于大全的思想，单凭这一点就反驳了那种处于偏执立场的科学。即使立法行为追求完满性，它还是必然具有一个敞开的和无界的方面,而宗教就是对于这个方面的承认。

12. 反过来,当宗教投身到特殊事物里面,不去考虑那个绝对普遍者,即大全,它就必然迷失在迷信之中。我想问任何一个不带成见的人,如果有人带着虔诚的热情去观察自然界里面的个别事物和现象,虽然发表了很多意见,但却没有认识到大全的规律,这样的人不是一个迷信的人还能是什么呢?

13. 处于偏执立场的科学的精神,就是仅仅关注那些消解在无限者之内的有限者,而艺术的精神,却是通过无限者之内的完全可以理解把握的有限者来直观无限者。

14. 真正的哲学的精神,就是一方面带着科学的严肃性把大全的规律(按照一个古人的说法,不朽的上帝就活在这些规律之内)呈现出来,另一方面同样带着爱意把特殊的、甚至最细微的东西包揽在自身内,呈现出每一个事物里面的大全,并且通过这个无限的方式把普遍者和特殊事物融为一体。

15. 至于人们以何种形式展示出这种激奋状态,这是无关紧要的。这些形式既可以是抒情诗,去刻画一个在自身内与宇宙产生共鸣的和谐个体,也可以是史诗,去洋洋洒洒地描述宇宙的谱系;它们既可以是一种严格的造型艺术(哪怕它尚且具有一种生硬的风格,即最早的科学和艺术的体系所具有的那种风格),也可以是一种优雅平和的、越来越自由的艺术,而在最终的完满状态下，还可以是一种戏剧式的生命，这种生命对事情具有一种崇高的自信把握，在它那里，最深刻的严肃和最自由的游戏相互净化、相互提升。总而言之，对于无限的质料（只有这种质料才是大全创造的）和哲学本身而言，以上形式都是无关紧要的，它们仅仅标示着教化的各个层次，以及艺术不同的成熟程度。

16. 温克尔曼说，最古老的造型艺术的那种生硬而严肃的风格必然先行于近代艺术的那种通过优雅而得以美化的风格，也只有那些从严肃的立法开始的国家才具有壮大的基础。按照同样的类比，人们的无知心灵首先也必须经历科学教育的严肃和严格，然后才能够享受哲学的甜美果实。柏拉图的那句名言——"不懂几何学者不得入内"——在一种更加宽泛的意义上也是有效的。

17. 真正的无限者不是指一个无形式的东西，而是指那种在自身内部划界，自己终结自己，并达到完满的东西。无限者的这种内在完满性在最伟大和最渺小的事物里面都打上了自己印记，这种完满性在个别事物那里提供了一种观察方式，在整体上提供了一个知识体系。

18. 不仅整体本身是神性的，部分和个别事物就其自身而言也是神性的。如果说科学的形式不过是一个把所有东西捆绑起来的纽带，那么即使我递给你单独的一枝麦穗，你也得感谢我给了你一株具有神性的植物。确切地说,由于科学的形式是一种内在的、有机的联系,所以整个自然界的每一个部分都是既生活在自身之内,也生活在整体之内。

19. 我可以自诩什么呢?——至少有一点:我揭示出了个别事物的神性,我告诉人们,无论对象如何千差万别,一切认识都有可能是同一个认识;就此而言,我揭示出了哲学的无限性。

[VII, 144]

20. 在1801年,我用一种新的方式,用(对当时的我而言)尽可能简洁的句子和尽可能简单的特征,阐述了一种关于自然界和大全的学说。① 现在我有理由在局部的某些地方(主要是涉及对于某些特殊事物的观察)改善或改变我的观点,对其进行拓展。但值得惊叹的是,在我随后进行的各种研究中,甚至在我的某些更多地来自于灵感而不是来自于自觉思考的认识中,当初那篇阐述提出的普遍原理② 都保留了下来。狂躁的庸众们曾经怒不可遏地认为,这种关于大全的学说是一个丢在他们面前的金苹果③,但我无比清楚地看到,在那些原理中,没有任何一条真正遭到质疑,更不用说遭到扬弃。现在我唯一的目标,就是继续坚持那已经阐述出来的整体和普遍原理,并且尽可能地分别

---

① 发表于《思辨物理学杂志》(耶拿和莱比锡)第二卷,第2册。——谢林原注。译者按,这里指谢林的《对我的哲学体系的阐述》这部著作。
② 指上述著作第1—50节的内容。——谢林原注
③ 在希腊神话里,由于赫拉、雅典娜和阿佛洛狄忒争夺一个金苹果,最终引发了特洛伊战争。因此"金苹果"象征着那种带来争吵和斗争的祸物。——译者注

予以澄清。

21. 就此而言，我要感谢迄今我知道的所有那些给我带来激励的人（哪怕他们带着一些不良企图），他们促使我在内容和形式上对那个阐述做出一些改善。

22. 首先，关于宗教是否高于哲学，以及哲学的内容是否能够通过宗教而得到提升，人们可以通过前后文自己做出判断。宗教当然不是哲学，但如果哲学不能让宗教和科学达成神圣的一致，那么它也不是真正的哲学。哲学家的宗教带有自然界的色彩，这种宗教是一种强有力的宗教，它属于一个义无反顾地潜入到自然界深处的哲学家，而不是属于一个在隐居状态中悠闲地进行着自身直观的哲学家。无论如何，人们不应当把这种悠闲的自身直观和那种完全建立在自然界的大全性之上的哲学混为一谈。

23. 诗也是哲学，只不过这里所说的"诗"不是指那种发出声 [VII, 145]
的、仅仅出于一个主体的诗，而是指一种内在的、根植在对象内部的诗，就像天体的音乐那样。在人们说出话语之前，事情本身就是诗意的。

24. 我最受不了那样一些人，他们企图用一种修辞学佐料来"改善"我的这种单纯的学说。在那些人的某些著作里，我发现，好好的原料被他们拿来酿成了一种酸苦的酒,而他们就像一些恶劣的商人一样,企图通过添加蜂蜜和白糖来加以掩饰。

25. 我确实认识到了某种高于科学的东西,而当你们谈到那种东西的时候,那并不是你们自己独立获得的认识。但是,如果一个人在科学里面笨手笨脚的,这就意味着他达到了那种更高的东西吗?换句话说,如果一个人散文写得稀烂,这就意味着他是一名优秀的诗人吗?

26. 有些人深深地意识到,自己注定是一些学生辈的人物,所以他们用最高的嗓门抗议着学校的强制约束措施,而各种类型的逐利者都蜂拥到自然哲学里面,就和那些放纵无度的败家子冲到奥德修斯家里一样:因此不难理解,到最后,这些无耻的乞丐(他们在精神上的贫乏程度堪比伊罗斯①)竟然一边咀嚼着从奥德修斯的餐桌上掉落的残食,一边挥舞着拳头要和奥德修斯决斗。

27. 即便是其中一些较为优秀的人,他们对于自然哲学的理解也何其狭隘。他们没有发现,自然哲学绝不是仅仅属于这个时代,而我唯一做过的事情,就是提供了一种最终可能的教化的

---

① 按《奥德赛》(18,1-107),伊罗斯(Irus)是一个著名乞丐,趁奥德修斯离家远征之机,把他的王宫据为专属行乞地盘。奥德修斯返乡之后,首先乔装为一个乞丐回到自己的王宫。伊罗斯不认识奥德修斯,以为后者是来抢他的地盘,于是挥舞拳头向其挑战,结果被奥德修斯揍得头破血流。——译者注

要素。这整个时代都必须发生转变,然后哲学再也不会排斥自己与自然界的永恒联系,再也不会企图通过理知世界的片面抽象来把握整体。

28. 我想要建立一个学派吗?——是的。但我真正想要的,是过去的那种诗人学派。唯其如此,那些志同道合的迷醉之人才能够在同样的思虑中,继续谱写这首永恒的诗。如果你们给我几个我所说的那种类型的人,如果你们确保未来也不会缺少迷醉之人,那么我向你们保证,将来也会出现科学里的荷马,亦即一个统摄一切的本原。这里既不需要学生,也不需要首领或导师。在这里,没有谁需要向别人学习或听从别人,毋宁说每一个人都仅仅听从那个在一切事物里面言说着的上帝。 [VII, 146]

29. 一直以来,我早就把长弓和铁箭摆在反对者和其他人面前,敬请他们表演一番,而事实将会表明,他们究竟有没有能力拉开这把长弓。

30. 出于当前这份期刊①的特殊目的,我在预先讨论自然哲学的特殊的基本原理时,并没有采取宣教的方式,也没有像我平时所做的那样,对其做出严格的证明,而是主要采取了历史叙述的方式,把事情明白呈现出来;也就是说,这里看起来最合乎目的的做法,就是按照接下来的顺序逐一讨论这些对象。

---

① 指谢林在维尔茨堡期间主编的《作为科学的医学年鉴》(*Jahrbücher der Medizin als Wissenschaft*),这部《自然哲学导论箴言录》和随后的《自然哲学箴言录》最初都是在这里发表的。——译者注

a) 论大全一体(Ein- und Allheit)

31. 没有谁能够向别人描述理性是什么：理性必须在每一个人那里，并且通过每一个人，自己描述自己。

32. 感官之所以具有神性，原因在于，它所把握的虽然是特殊事物，但每一个特殊事物都是一种自足的东西，就好像一个自足的世界，没有什么东西在它之外。感官以一种无意识的方式直观到一种当前存在着的无限性，也就是说，它在每一个特殊事物那里都直观到大全，同时并没有消融在这个统一体里面。——因此一切感性事物都是不可穷究的，那是一种混沌，一种模糊的充盈状态。感官等同于宗教。

33. 与感官相反，知性所认识的是一个空洞的、缺乏内容或大全的统一体。知性的本质是一种缺乏深度的明澈性。知性构成普遍概念，将其与事物进行比较，而在这样做的时候，它就扬弃了一切事物和每一个特殊事物的神性，因为它不是通过自身，而是借助于其他事物的映像来理解对象。与此同时，正是知性设定了事物的全部差异性和多样性，把科学分割为各门孤立的学科，在这种情况下，它是以牺牲特殊事物中的无限性为代价而认识到普遍者。

34. 想象力把明澈性与深度统一起来，把感官的充实内容与知性的理解力统一起来：想象力本身仅仅是一种意识到了自己

的无限性的感官,或者说是一种同时进行着直观的知性。　　[VII, 147]

35. 然而感官、知性和想象力都是一些有限的东西,理性在自身内承载着它们,同时本身并不是其中的任何一个。理性既不是像感官那样去认识一个模糊的无限者(缺乏统一体),也不是像知性那样去认识一个空洞的统一体(缺乏无限性),毋宁说,它自身内就包含着统一体和无限性,包含着明澈性和深度,这些东西不是如想象力所认识的那样,各自以特殊的方式存在着,毋宁说它们在理性之内融为一体,以一种绝对的和无限的方式存在着。

36. 理性不可能接受任何仅仅相对地或比较而言具有实在性的东西(否则它就等同于知性,只能设定有限的东西):也就是说,首先,理性不可能接受任何差别(无论这是什么类型的差别),其次,理性不可能认识或设定任何仅仅通过另一个东西而存在着的东西。理性只能认识那种绝对的、从任何角度看来都是依据于自身的东西,亦即**一种无限的自身肯定**。这个东西就是绝对性的理念。

37. 因此理性的内容不可能是特殊事物,而只能是那种绝对的、完全普遍的东西,亦即那种在所有事物和任何事物里面都保持自身一致,自己肯定着自己的东西。这个东西**作为自身一致的东西**,**作为统一体**,本身也是无限性或大全。这个东西只能是上帝,因为上帝是一种自身肯定,亦即谓述者和被谓述者的不可动摇的同一性。只有知性才区分谓述者和被谓述者,而这个区分是一切事物的本质。反之,上帝是对于一切事物的肯定,是一个在所有事物里面保持自身一致的东西。

38. 对于无限的大全一体的肯定不是理性的偶然属性,而是它的整个本质本身。这个本质也体现在同一性法则(A=A)里面,而人们普遍承认,唯有这个法则在自身内包含着一种无条件的自身肯定。

[VII, 148]

39. 你们把这个法则看作是一个纯形式的、主观的法则,你们在这里只能认识到你们自己的思维的一种空洞回响。但这个法则和你们的思维没有任何关系,毋宁说它是一个普遍的、无限的法则,是对于宇宙的一个谓述。在宇宙里面,既没有单纯的谓述者,也没有单纯的被谓述者,毋宁说在一切事物里面,自永恒以来只有唯一的一个东西,它肯定自己,也被自己肯定,它启示自己,也被自己启示。一言以蔽之,在宇宙里面,没有什么东西不是真实存在着的,没有什么东西不是绝对的(参阅箴言36),没有什么东西不具有神性。

40. 如果你们去观察那个自在的法则自身,就会认识到它所具有的内容,而且你们将会看到上帝。

41. **上帝**是一种无穷充实的无限明澈性,是一种无限明澈的无穷充实性——上帝以一种绝对单纯的、绝对不可分的方式无限地肯定自己,同时也无限地被自己肯定。

b) 论理性作为对于绝对者的认识

42. 并非我们(无论是你们还是我)认识到上帝。因为,当理性肯定上帝时,它不可能肯定**任何别的东西**,也就是说,在这个时候,理性已经把自己作为一个特殊事物,作为某种位于**上帝之外**的东西,予以消灭。

43. 真正而言,或自在地看来,任何地方都没有主体和自我,所以也没有客体和非我,而是只有唯一的一个东西,即上帝或大全,此外无他。就此而言,任何时候,只要人们谈到一种知识和一个被认识的东西,二者里面其实只有唯一的太一,即上帝。

44. 笛卡尔确立的"**我思故我在**"是一切认识里面的一个基本谬误;其实思维并不是我的思维,存在也不是我的存在,因为一切都仅仅是上帝或大全的思维和存在。

45. 理性是一种独一无二的认识模式,在其中进行认识的,不是主体,而是那个绝对的普遍者,亦即太一(参阅箴言43),而在太一里面,那被认识的东西同样只是那个绝对的普遍者(参阅箴言39）。

[VII, 149]　46. 理性不是一种能力，不是一个可供使用的工具：根本说来，不是我们拥有一个理性，而是一个理性拥有我们。只有当精神在外面陷入混乱，在内部陷入晦暗，它才**在自身内**寻找、罗列、权衡各种通达上帝的认识能力。

　　47. 理性并不是在太一之外对太一做出肯定，毋宁说理性是一种关于上帝的知识，而这种知识本身就包含在上帝之内。既然没有什么东西在上帝之外，那么对于上帝的认识同样只是上帝在一种永恒的自身肯定中，关于他自己而获得的一种无限知识（参阅箴言36），也就是说，这种知识本身就是上帝的存在，就包含在这种存在之内。

　　48. 理性并非**具有**上帝的理念，毋宁说它就**是**这个理念，此外无他。同理，光并非具有物体的理念，毋宁说它就是这个理念。关于光，人们不能追问，它的明澈性是从何而来的，因为光恰恰就是明澈性本身；同理，关于理性，人们也不能追问，它是从哪里**得到**上帝的理念，因为它本身恰恰就是这个理念。除此之外，正如人们不能对光做出进一步的描述，不能和别人分享光的理念，同样人们也不能进一步描述对于上帝的认识，与别人分享，因为这种认识虽然是通过一个主体而被陈述出来的，但它绝不是一种主观的东西，而是以一切主观性的消灭为前提。再者，正如每一个人都只能把光看作是一种真正的客观性，看作是一个照亮了自然界的东西，同样每一个人都必须承认，上帝的理念自在地照亮了理性，照亮了那些不是基于自私性的权力，而是基于上帝的权力而说话的人。因为，如果缺乏一种神圣的迷醉，没有谁能够认识到上帝或谈论上帝。

49. 这个理念不是各种争吵和争执的对象；争吵仅仅起源于特殊性，而一切特殊性都在这个理念里面走向消灭。谁否认这个理念，就是一个愚蠢的人，他嘴上说着这个理念，却不知道这是怎么一回事；唯有在这个理念里面，人们才有办法把任意两个概念以合乎理性的方式结合在一起。

50. 上帝不是一个最高的东西，毋宁说他是绝对的太一；人们不应把他看作是顶峰或终点，而是应当把他看作核心，这不是一个与边缘相对立的核心，毋宁说它是一切中的一切。最高的东西必须与某种低于它的东西相关联，然而上帝却是一个绝对的无关联的东西，是唯一的一个出于自身并且通过自身而肯定自身的东西。 [VII, 150]

51. 就此而言，对于上帝的认识不是一个持续上升的过程，而只能是一个直接的认识。但这不是普通人所说的那种直接认识，而仅仅是神性东西对于神性东西的直接认识。

52. 无论在什么类型的认识里,上帝都不可能表现为**一个被认识的东西**(一个客体):作为一个被认识的东西,他就不再是**上帝**(我们从来都不是位于上帝之外,所以我们不可能把他设定为我们的客体)。实际上,正如对于重量的<u>感觉</u>本身就是一种包含在重力之内的**存在**,同样,对于上帝的认识本身也是一种包含在上帝之内的存在。这里既没有主观也没有客观,因为认识者和被认识者不是不同的东西,而仅仅是同一个东西(参阅箴言51),即上帝。

53. 同理,自在地看来,任何坚持**主体**为主体的认识方式都是应当遭到谴责的。你谈到了一种对于神性东西的憧憬,你谈到了一种高于认识的信仰。然而神性东西并未憧憬着神性东西,因为它自己就是神性东西;同样,任何对于上帝的信仰也不过是主体的一个状态。因此,你其实只是想要挽救主体,但你绝不是想要澄清神性东西。

54. 意志有一种约束性,它不是以人的方式(无论生理的还是心理的方式),而是以一种神圣的方式强迫人们做出正确的行动,而在这种行动中,个体仿佛遗忘了自己。同理,认识有一种神圣的、不是来自于人自身的约束性,在这种认识里,认识者就和那个行动者一样遗忘了自己,而在这种情况下,那被认识的东西,作为被认识的东西,必然也消失了。①

c) 理性认识是不可分割的,换言之,从绝对者的理念出发不可能抽象出或推导出任何东西 [VII, 151]

55. 我们刚从理性的充实内容得出上帝的理念,知性就登门拜访,企图分享这个财富。原本在上帝的理念里面,一切东西都是永恒而绝对地融为一体,任何东西都只有在这个统一体之内才具有实在性,然而知性希望把它们看作是分割开的,并且认为,一个东西即使脱离了统一体,仍然具有实在性。任何这样一种抽象都必然会伴随着一种自相矛盾,而它们的虚妄性也直接表现出来。

56. 一旦理念的不可分割的统一体遭到破坏,理念就会瓦解在各种矛盾里面。你们以为可以利用这些矛盾来反对理性,反对理念自身,但真正说来,你们只不过是暴露了你们的内在本质。实际上,正是基于这些矛盾,所以无论过去还是现在都很明显,既然知性不可能去肯定对立双方中的任何一方(否则它就会

---

① 这几个命题展示出了那个迄今以来最有名的、但无疑也是最终的尝试——即把对于绝对者的认识转化为一种主观性——的价值。当然,这个尝试早就在我的预料之中,而且我在《学术研究方法论》(*Vorlesungen über die Methode des akademischen Studiums*)第 149 页(《谢林全集》第五卷,第 278 页[V, 278])已经以一种无比明确的方式预先谈到了这个尝试,以至于我在这里没法说出什么更为明确的东西。我们这个时代所要求的知识是主体的一种知识,所要求的道德是个体自行给定的一种道德。在这个意义上,我确实以一种完全主动的方式把这类知识和道德排除在理性体系之外,而且我很高兴地发现,人们已经开始注意到这一点。——谢林原注

陷入矛盾),既然对立双方各自都拥有同样的权利,那么只有不可分割的理念的不可分割的统一体才具有真理。

57. 按照理性的理念,上帝是一种无限的自身肯定。而知性从一开始就想要把肯定者和被肯定者割裂开来,并且把上帝理解为单纯的肯定者或单纯的被肯定者。但是,如果把这个理念分割为两个部分,那么恰恰从这个理念本身来看,分割开的两部分就表现为相互矛盾的东西。

[VII, 152]

58. "上帝是一种无限的自身肯定"这一理念似乎可以分解为两个命题:1)上帝无限地肯定自身,以及,2)上帝无限地被自身肯定。如果你们只盯着前一个命题看,那么"上帝肯定自身"就是不可能的,因为肯定者(概念)在任何时候都大于被肯定者(事物)。然而对自身做出肯定的上帝,和被自身肯定的上帝,绝对是、而且只能是同一个东西。上帝并不包揽自己,因为他不可能比他自己更大。既然这样,从理念本身来看,"上帝肯定自身"这一命题单独而言乃是一个不可能的命题。同样的情况也适用于那个相反的命题,也就是说,上帝不可能被自己包揽,因为他不可能比他自己更小,因为这里没有不同的东西,而只有同一个东西。

59. 同理,对于理性做出的任何可能的肯定(无论用什么方式来表述),如果让其中的个别环节脱离那在其中表达出来的同一性,那么也会陷入矛盾之中,也就是说,那个被抽离出来的东西既不能被设定,也不能不被设定。比如,按照绝对者的一个理念——绝对者的本质也是存在——就不能说上帝具有**存在**,因为存在本身仅仅基于它和本质的对立,但在上帝之内,存在和本质完完全全是同一个东西。但出于同样的理由,我们也不能否认上帝具有存在,原因恰恰在于,在上帝之内,存在和本质是同一个东西。

60. 人们也不能从"上帝是大全一体"这个命题里把统一体单独拿出来。上帝并非绝对的"一",因为"一"仅仅基于它和"多"的对立,但对于绝对的"一"而言,却没有什么"多"。因此这个理念扬弃了自身,上帝也不是"一"。但与此同时,上帝也不是"非一",不是"多"。

61. 一切认识活动无非是一种肯定。一直以来,科学都在寻找一个点,在那里,存在可以包容认识,认识可以包容存在。但是,如果不是在"普遍实体"或"上帝"理念之中,认识和存在还能在哪里以一种更完满的方式合为一体呢?上帝的存在是一种无限的自身肯定,因此这种存在在自身内以一种无限的方式包含着认识,反过来,上帝的认识也在自身内包含着存在。但正因如此,我们不能说,上帝只是一种存在,或上帝只是一种认识。上帝的自身肯定是一种无限的自身肯定,因此在他之内,认识者和

[VII, 153]

被认识者是**同一个东西**①,而在这个意义上,上帝内部**没有**什么认识活动。与此同时,上帝也不是对于一切认识活动的**否定**,不是一个完全盲目的绝对者或一种单纯的存在。因为存在就其自身而言仅仅基于它和认识的对立,但上帝的存在却是一种无限的自身肯定,因此不可能是对于认识活动的否定。

62. 在一种更为宽泛的意义上,同样的情况也适用于存在和行动之间的对立。在上帝之内,既没有行动,也没有对于行动的否定。之所以说没有行动,因为上帝的无限的自身肯定与上帝的**存在**融为一体,其本身就是这个存在(参阅箴言61)。而之所以说上帝之内的行动并没有**被否定**,原因在于,上帝的存在是一种无限的自身肯定。就此而言,这个循环可以被看作是一个存在,但存在在自身内包含着行动,也就是说,包含着大全一体的绝对的自我认识。

63. 以上简要的考察(箴言55至62)已经足以证明,绝对者的理念不容许任何抽象,这个理念是绝对不可分割的,也就是说,人们不可能通过分析或抽象从这个理念中推导出任何东西。

---

① 这句话在样书上被修改为:"在上帝的自身肯定之内,认识者和被认识者是同一个东西。"——原编者注

64. 就此而言,"绝对者没有任何谓词"这一命题①是完全正确的,因为谓词本身只有在和主体(主词)的对立中才是可能的(而这个对立在上帝之内是不可想象的),而且每一个可能的谓词都会与另一个谓词形成对立。然而在理性看来(参阅箴言36),任何能够处于关系中的东西(亦即任何可能形成对立的东西),都不是上帝所肯定的。

[VII, 154]

65. 因此绝对者永远都只能被表述为"主观和客观的绝对的、根本不可分割的同一性",这个表述和"上帝的无限的自身肯定"是同一回事(参阅箴言36),而且标示着一个东西。

66. 在这个理念里,理性既没有否定对立双方,也没有设定

---

① 众所周知,《论绝对者箴言录》(*Aphorismen über das Absolute*)一书对于所谓的"最新哲学"做出了一个滑稽模仿,这些言论被那些反对"最新哲学"的人忠实地抄写下来。虽然该书作者也接受了这个命题,但在这个问题上,我建议他去仔细阅读一篇优秀的论文《论怀疑主义与哲学的关系以及怀疑主义的不同形态》。这篇论文刊载于《批判的哲学期刊》(*Kritisches Journal der Philosophie*)第一卷,第二部分。——谢林原注。译者按,《论绝对者箴言录》发表于1803年,作者为哥廷根大学哲学教授舒尔策(Gottlob Ernst Schulze, 1761-1833),其早年的怀疑主义著作《艾尼希德姆斯》(*Aenesidemus*, 1792)曾经在当时造成巨大影响,而其1801年发表的两卷本共1450页的"巨著"《理论哲学批判》(*Kritik der theoretischen Philosophie*)更是奠定了他在当时的"头号怀疑主义者"的地位。谢林在这里推荐舒尔策阅读的那篇论文的作者是黑格尔,该文发表于1802年,是对于舒尔策的《理论哲学批判》一书的系统批评,其完整标题为《论怀疑主义与哲学的关系:试述怀疑主义的不同形态,以及最新的怀疑主义与古代怀疑主义的比较》(*Verhältnis des Skeptizismus zur Philosophie. Darstellung seiner verschiedenen Modifikationen und Vergleichung des neuesten mit dem alten*)。而谢林本人在本书后面部分也挖苦舒尔策,认为他的这部"巨著"和其他著作表明,"一个笔耕不辍的德国书匠是如何地缺乏哲学判断力"(VII, 193)。

现实的对立双方。之所以没有否定它们,因为否则的话,统一体本身就成了一个单纯做出否定的东西,随之成了一个有条件的东西。但实际上,在那个理念里,对立双方并不是以一种否定的方式,而是以一种肯定的方式被取消;并非对立双方的差异性遭到否定,毋宁说是它们的绝对同一性被设定下来。与此同时,我们也不能说,对立双方在那个理念里被设定为一种现实的东西。它们**不存在**,因为它们的肯定的同一性被设定下来,它们也不是不存在,因为它们并没有被否定。

67. 主观和客观的绝对同一性不可能是一种单纯的平衡[①]或综合,毋宁说它是一个完整的单一存在。

68. 虽然这个差别本身是非常清楚的,但绝大多数人还是搞不清楚。既然如此,我们尝试通过一些例子来澄清这个差别。一个杠杆的静止点表现出了两个相反的力的平衡;这个点是对于两个力的否定,但它绝不是它们的绝对同一性。作为静止点,它仅仅在与那两个相互对立的力相关联时存在着,而不是自在地存在着;在这个点里面,两个力相互抵消,成为零,但这个点本身并不是那两个力的**肯定意义上的**零。

[①] 当人们想要把对立双方关联在一起,他们能够想到的最佳状态就是二者的平衡:这就是某些人对于"绝对同一性"的误解,因为他们除了关联之外不理解任何别的东西。绝大多数情况下,人们坚决反对的其实是这个通过他们的误解而制造出来的东西。然而有些人不是去反对这个东西,反而想要来和我争吵——我该如何说这些人才好呢?——谢林原注

69. 整个自然界，还有全部科学，都必然提供了大量例子，表明对立双方是一个绝对的单一存在。人们不妨以最简单的方式仅仅从收缩和扩张的角度来试着理解物质，就好像把收缩和扩张看作是一个杠杆两端相互对立的力那样，但是，如果他们没有认识到，物质以一种不可分的方式完完全全、而且**在每一个点那里都既是扩张性的，也是收缩性的**，那么他们不会获得对于物质的真正理解。

70. 或者人们想象一个感官机能，比如一个视觉器官：这样一个器官在它的本质的每一个点那里都既是一个存在，也是一个观看，同时仅仅是一个单一的东西。存在和观看不是两个可以相互归零的成分，无论如何，这个器官既不是一个单纯的、脱离了观看的存在（否则它仅仅是物质），也不是一个单纯的、脱离了存在的观看（否则它就不是一个器官）。毋宁说，它完全是一个存在，同时完全是一个观看。它在存在**之内**也是一个观看，同时在观看**之内**也是一个存在。

71. "圆圈"理念是一个绝对单纯的、不可分的理念。——对于一个具体的圆圈而言，虽然圆心和圆周在空间上处于不同的地方，但它们在"圆圈"这个理念里仍然是一个单一的东西。我们不能脱离"圆圈"来思考它们，因为一个没有圆周的圆心就不是一个圆心，同理，一个没有圆心（随之没有整个圆圈）的圆周也不是一个圆周。真正说来，在"圆圈"理念里既没有孤立的圆心，也没有孤立的圆周,毋宁说,无论在圆心还是在圆周那里,都必然已经有一个圆圈,亦即一个绝对的统一体。圆心被看作是一个做出肯定的圆圈,或一个观念上的圆圈,因为,如果点不是一个具有无穷小直径的圆圈,或一个其圆心和圆周融为一体的圆圈,还能是别的什么东西呢?反之,圆周仅仅被看作是一个被肯定的圆圈,或一个作为总体的圆圈。在这里,统一体本身等同于大全,圆心本身等同于圆周(也就是说,如果圆周的大小成了一个无关紧要的东西,那么它就等同于一个点)。因此圆心和圆周不是整体的**两个组成部分**,不是圆圈的两个成分,毋宁说它们是一个单一的东西。而圆圈也不是二者综合之后得出的产物,毋宁说它是它们的**绝对同一性**。

72. 整个自然界都在反对任何抽象的观点,比如其中一种观点就是把物质抽象为一个纯粹的存在,一个否定了一切主观性,否定了一切内在生命,否定了一切知觉的存在。虽然在自然界的那些较低层面上,知觉更为晦暗,更不清晰,但它们在动物那里已经是一个不可忽视的现象,哪怕我们同样把动物看作是一种单纯质料性的存在。如果物质本身**作为**存在不是一种具有知觉的东西,那么这里的知觉又是从何而来的呢?动物的行动是一种完全盲目的行动。在我们看来,动物本身并没有采取行动,毋宁说是另一个东西,一个客观的根据,在动物之内采取行动。但我们同时也确凿无疑地认识到,我们的某些行为,尤其是那些源于艺术冲动的行为,虽然带有深思熟虑的印记,但同样也是有一个客观的根据在我们之内采取行动。也就是说，这个根据虽然对动物而言仅仅是一个客观的本原，但**自在地**看来，也是一个主观的本原，一个在无意识状态下仿佛有意识的本原。尽管如此，我们的这些思考并没有设定一种二元论。除此之外，长久以来，在人——通常人们认为，灵魂是没有组成部分的——那里也有一些不同寻常的现象，比如一个梦游的人在完全无意识的状态下，做出各种灵巧的和稳妥的行为，而且这些行为和动物——这些持久的梦游者——的行为一样，时不时地透露出一种合目的性。这些现象足以克服那种最为顽固的习惯，即在自然界里总是只看到一种单纯的客观性。

73. 因此我们的意思是，主观和客观的绝对同一性绝非仅仅是上帝的一个特殊本质（因为上帝的本质不是一种特殊的东西），毋宁说，绝对同一性是一切事物的本质，是一个绝对普遍的东西。任何被肯定的东西，它在被肯定的同时，也必然做出肯定。这和任何二元论都没有关系。如果同一个本质有着两个不同的名称，比如 A 和 B，那么这并不意味着这里有一个实实在在的对立。同样在这种情况下，本质 A 和本质 B 也不是两个不同的本质，毋宁说它们仅仅是同一个本质。也就是说，任何通过理性而被肯定的东西都是同一个本质，作为一个单一的东西，每一个东西都完全彻底地做出肯定，也完全彻底地被肯定，既是**完全**观念的，也是**完全**实在的。

[VII, 157]

74. 主观和客观的绝对同一性在一切事物里面都是同一个东西。这个情况的根据仅仅位于上帝之内,而上帝是一种**无限的自身肯定**。上帝是一个普遍的实体,通过他,全部实体在自身内都是肯定者和被肯定者的统一体。

75. 对于上帝的理念,抽象是无能为力的(参阅箴言55—74),它不能歪曲这个理念,从中取出某种特殊的东西,并将其设定为一种自为存在;同样,抽象也不可能借助"产生"或"发生"等遁辞从上帝的理念那里推导出任何东西。

76. 一切事物都是无起源的,自永恒以来就在上帝之内。任何能够借助于上帝的理念而存在的东西,都必然**存在着,自永恒以来**就存在着;而任何不能通过这个方式而存在的东西,都绝不可能存在。因此真正说来,没有任何东西能够在上帝之内产生出来或从上帝那里产生出来。

77. 上帝并不偏爱任何东西,无论这东西是在他之内或是在他之外,因为他是造福一切的。他不创生任何东西,因为他作为一切东西**存在着**。无限的自身肯定不是一个行为,上帝也不是这个行为的主体,毋宁说,这个自身肯定本身就是上帝的**存在**。当上帝肯定自己或认识自己时,他并未发生**转变**,毋宁说他始终作为一种无限的自我认识**存在着**。这种自我认识包含在他的无限存在**之内**,而不是位于他的存在之外的一个特殊行为里面。

78. 自在地看来,"一个无限地基于自身的存在的、无限的自身肯定"这一理念是非常简单的,但对于知性来说却是非常难以理解的,因为知性的本质仅仅立足于对立。知性对于这个理念只有两种理解:1)要么它意味着上帝的一种自身分割,比如上帝把自身的一部分设定为客观的(设定为世界),同时把另一部分保留给自己,也就是说,上帝否定自己,把自己设定为主体和客体,而这种情况就与上帝的原初理念——他是一种无限的自身肯定——相矛盾;2)要么这个理念意味着上帝的一种自身差异化,而这就在上帝之内设定了一个行动,而且上帝的自身差异化必然与上帝的自身同化形成对立。然而事情并不是这样的,因为上帝并不是一种自身同化,而是一种绝对同一性。 [VII, 158]

79. 基于同样的理由,所谓"绝对者走出自身"这一设想也是完全自相矛盾的。假若上帝能够走出自身,他恰恰就因此不再是上帝,不再是绝对的。真正说来,绝对性或无限的自身肯定是一种永恒的回归,但这种回归不是一个行为,而是上帝在自身内的永恒的**存在**和持存。

80. 这个考察(参阅箴言75—79)加上早先的考察(参阅箴言55—74)已经表明,知性不可能理解绝对者的理念。假若科学只有这样两条认识之路可走,亦即要么走分析或抽象的道路,要么走综合推导的道路(按照当前占据支配地位的观点,事情确实就是这样的),那么我们不得不**否认一切**关于绝对者的科学。上帝不可能从自身剥离出任何东西,他之所以是绝对的,就是因为没有任何东西能够从他那里抽象出来。上帝也不可能从自身推导出任何东西,任其形成或产生,他之所以是上帝,就是因为他是一切东西。——所谓**思辨**,就是在上帝之内观看或观察一切东西。只有当科学成为一种思辨的科学,也就是说,只有当科学沉思上帝的存在,它才具有价值。①

[VII, 159]　　迄今的解释包含着哲学的**纯粹开端**,关于这些开端,我们根本没有必要和任何人进行争吵。有些人口舌如簧,但说来说去,他们关于绝对者的唯一看法就是,绝对者是一个**物**,而主观和客观的同一性是这个物本身具有的一个属性。对于这些人,进一步的解释同样也是完全多余的。——除此之外,说到对于一个最单纯的理念的诸多解释,莱布尼茨在某个地方说过的如下这番话是很贴切的: On a dit, que si l'esprit avoit une vue claire et directe de l'Infini, le P. Malebranche n'auroit pas eu besoin de tant de raisonnements pour y faire penser. Mais par le méme argument on rejetteroit la connoissance trés-simple et trés-naturelle, que nous avons de la Divinité. Ces sortes d'objections ne valent rien, car on a besoin de travail et d'application pour donner aux hommes l'attention nécessaire aux notions les plus

---

① 关于这一点,请参阅《思辨物理学新刊》(*Neue Zeitschrift für spekulative Physik*)第二卷里的一篇论文的第四部分:《论万物在绝对者之内的呈现方式》(IV, 391)。——谢林原注。译者按,谢林这里所说的"论文"是指他的《基于哲学体系的进一步的阐述》(*Fernere Darstellungen aus dem System der Philosophie*, 1802)这一著作,该著作第四部分的完整标题为《论哲学建构,或论万物在绝对者之内的呈现方式》(*Von der philosophischen Konstruktion oder von der Art, alle Dinge im Absoluten darzustellen*)。

simples, et on n'en vient guéres á bout qu'en les rappelant de leur dissipation á eux-mémes. C'est aussi pour cela, que les théologiens, qui ont parlé de l'éternité, ont eu besion de beaucoup de discours, de comparaisons et d'exemples pour la bien faire connoître, quoiqu'il n'y ait rien de plus simple que la notion de l'éternité etc. ["人们说,假若心灵对于无限者具有一个清楚明白的直观,那么马勒布朗士神父就用不着借助如此多的推理来使我们思考它。基于同样的理由,人们也不会承认,我们对于上帝具有一种非常简单和非常自然的认识。我们需要付出许多努力,让人们务必注意到这些最简单的观念,而且人们几乎只有把这些分散的观念召回其自身,才能够做到这一点。也正因如此,所有谈论永恒性的神学家们都需要很多的言说、比较和例子来让人们认识到它们,尽管没有什么观念比'永恒性'观念等等更加简单的了。"]①

d) 论统一体作为大全而存在的方式,大全作为统一体而存在的方式,以及有限者的永恒的非存在

81. 所有真正的观察,包括对于个别事物的观察,都是对于现实的无限性的一种直觉。

82. 前面我们已经考察了上帝的单纯理念,即一般说来,它

---

① 这段法文由我的同事刘哲先生译出,在此致以谢意。——译者注

是主观和客观的绝对同一性。现在我们得考察,这个理念如何以一种无限的方式存在着,或者说上帝如何不是仅仅在一般的意义上,而是以一种无限的方式作为一种自身肯定存在着。

83. "上帝是一种无限的自身肯定",意思是:上帝无限地肯定着他的无穷多的自身肯定。当上帝肯定自己时,这种绝对单纯的、绝对不可分的肯定里面包含着一种现实无限的、更纯粹的自身肯定。

[VII, 160]

84. 人们只能通过一种理智直观来观察这种现实的无限性,而不是通过思维来达到或发展出这种无限性。如果你能够觉察到感性事物里面的现实的无限性,比如光在光自身*之内*是无限的,以及在一种单纯的明澈性里,光芒绽放出无穷多的光芒,那么你已经模糊地认识到,上帝的肯定里面如何包含着无穷多的肯定,其中每一个肯定同样又包含着无穷多的肯定。

85. 那些特殊的、包含在无限肯定中的肯定,并不是无限肯定的前提,无限肯定也不是由它们组合而成的。毋宁说,无限肯定是它们的绝对统一体或核心,按照同样的方式,它是一切肯定和每一个肯定的肯定。这就好比光不是由诸多光芒组合而成的,而是诸多光芒的一个无限的和不可分的肯定。

86. 反过来,既然上帝自己掌握着自己,那么无限肯定的统一体所包含和所肯定的任何东西,都等同于它,而且所有这些东西都是上帝的自我肯定。

87. 任何仅仅包含在上帝之内的肯定,它们之所以有别于上帝,因为上帝必然是一个没有任何关联的东西,一个无与伦比的东西,没有什么东西在他之外;反之那些肯定有可能处于一种关系之中,因为在它们之外有别的东西。

88. 然而在上帝之内,每一个肯定本身都是一个无限的肯定,也就是说,它们之所以存在着,并不是借助于一个普遍概念或共通性,毋宁说它们直接派生自上帝,每一个都是一个自足的大全,并在自身内又包含着无穷多的肯定(参阅箴言84),仿佛在它之外没有任何东西似的。因此每一个肯定都具有一种神圣的自主性,这种自主性必然会无限延续下去。

89. 一个肯定与另外一些肯定是有关系的(参阅箴言87),这种关系在上帝之前和之内被设定为一种永恒虚无的东西,它不是由上帝创造出来的:正如重力虽然产生出一个实在的物体,但并没有产生出物体投射于其他物体身上的阴影或从其他物体那里投射过来的阴影(重力不可能产生出阴影,因为阴影是无),换言之,重力无论如何不会产生物体仅仅在关联中具有的一些属性,这些属性对于**重力**来说是无。

[VII, 161]

90. 那些包含在上帝之内的无穷多的肯定的不可分的统一体(参阅箴言85),还有那些肯定的无限的自为存在(我们希望把这种自为存在称作是绝对意义上的无限性,参阅箴言88),都是同样永恒的,并且在上帝之内永恒地合为一体。这两个东西,即统一体和自为存在,相互重叠在一起。无限者之所以是无限的,之所以是一个自为存在,只因为它包含在作为绝对统一体的上帝之内;假若没有这个统一体,那么无限者就会落入与其他东西的单纯关联之中。而统一体之所以是真正的统一体,之所以是真正的自身肯定,只因为它仅仅肯定那等同于它的东西,亦即那种出于自身而对自身做出肯定的东西。

91. 上帝在自身内同样永恒地承担着肯定的统一体和无穷多的肯定,这是一个真理。同样的情况也出现在大全那里。大全不可能仅仅由许多部分组合而成,毋宁说它是一个自在的不可分的肯定,它在自身内包含着各个部分,就理念而言,它是这些部分的前提。大全也不可能是一个压制着特殊生命的单纯统一体,毋宁说,唯有在大全里面,特殊生命的无限自由才能够与统一体并存。

92. 因此"上帝"和"大全"是完全相同的理念,上帝按照其理念而言直接就是一种无限的自身肯定(即被等同于他的东西所肯定),就是绝对大全。

93. 反过来，当上帝自己肯定自己的时候，大全无非就是这种统一的、现实无限的肯定。由于上帝的本质与这种自身肯定并无不同，毋宁说他在本质上就是这样一种无限的自身肯定，所以大全与上帝并无不同，毋宁说它就是上帝本身。

94. 上帝除却无限的自身肯定之外，并不具有一个特殊的、有别于这种肯定的存在，同样，在大全里面，除却那些肯定之外，也没有一个有别于它们的存在。毋宁说，在大全里面，那些肯定本身就是唯一实在的东西。

95. 因此大全是一种纯粹的实在性，是对于众多肯定的无限肯定，而那些肯定本身同样也是无限的，与任何否定都没有关系。

96. 大全等同于上帝，它并非仅仅是上帝说出来的话语，毋宁说它本身就是那正在言说的话语；它不是被创造出来的话语，毋宁说它本身就进行着创造，并以一种无限的方式启示自身。 [VII, 162]

97. 特殊东西在上帝之内只能作为一种等同于上帝的东西而存在（参阅箴言83），即是说它只能是**本质**（参阅箴言59），因为它本身也是**存在**，是一种自身肯定。

98. 事物的瓦解在上帝之内的本质，亦即特殊东西的本质，就是古人所说的**理念**,因为特殊东西本身也是存在,是一种无限的自身肯定。

99. 就此而言,理念绝不能被思考为一种普遍概念或种属本质,因为普遍概念是一种与存在相对立的概念,而理念则是一种无限地肯定着存在的概念。理念也不在特殊东西之外,毋宁说它本身就是特殊东西,因为特殊东西是作为一个永恒真理存在于上帝之内。

100. 因此理念也可以被描述为事物的完满性。所谓从理念的角度观察事物,就是把事物作为一种肯定的东西来看待,即观察它们在上帝之内**自在地**存在着,彼此毫无关联的样子。

101. 事物产生自上帝的自身肯定,因此没有任何事物能够真正**作为事物**而存在着和生活着,毋宁说从事物的本质来看,它们只有作为无限肯定的光芒,或借用莱布尼茨的一个形象说法,它们只有作为无限肯定的闪耀,才真正存在着。事物只有在无限肯定之内、并且和无限肯定一起存在着,才能够同时在自身之内存在着。

102. 正如闪电在漆黑的夜里通过自身的力量迸发出来,上帝的无限的自身肯定同样也是如此。上帝既是事物的永恒黑夜,同样也是事物的永恒白昼,他是永恒的统一体和永恒的创造，却无须做出任何行为或运动，就像持久而无声的闪电，从无限的丰盈之中迸发出来。

103. 每一个肯定的特殊性都可以从两个角度来观察。一方面，如果特殊性仅仅表达出大全里面的概括存在（Begriffenseyn），那么大全有可能显现为一种否定，因为在这种情况下，特殊性没有同时反映出概括存在的根据和本质，而这个概括存在乃是上帝自身的同一性（参阅箴言97）。另一方面，如果特殊东西作为现实的东西被纳入到无限肯定之中，那么它是作为一个永恒的、本身无限的东西被纳入其中（参阅箴言88），而在这个关系里，特殊性并不意味着否定，而是意味着理念的卓越性，而理念通过特殊性成为一种自为的无限性，成为一个自足的世界（单子）。在这个意义上，任何事物的完满性的程度等同于它的特殊性的程度。

[VII, 163]

104. 前一种情况，即否定意义上的单纯的概括存在，规定了一个特殊肯定与其他肯定的关系。而按照后一种情况，特殊肯定和上帝之间只有一个直接的关系，而这个关系就是它的永恒生命。

105. 正如在上帝自身之内，无限者持续地流溢出无限者，同样，每一个包含在上帝之内的肯定本身也是一个充满了肯定的大全（参阅箴言84）。一方面，这些肯定（就理念而言）只能在那个肯定之内、并且按照那个肯定存在着,但另一方面,它们就和那个肯定一样,本身同样也是无限的。

106. 特殊的肯定在自身内同样包含着无穷多的肯定,就此而言,它是那些肯定的**核心**或绝对统一体。

107. 当各个肯定相互联系时,它们的单纯存在既没有得到上帝的肯定,也不是一个来自于上帝的肯定结果(参阅箴言89)。正因如此,这种存在相对上帝而言是一种虚无的东西,是一种纯粹虚无的本质和存在。

108. 在与上帝的关联中,每一个肯定——无论它本身是一个充满了肯定的大全,还是说它包含在这样一个大全之内(参阅箴言106)——始终具有一种独特的无限性,其存在不是基于别的肯定,而是基于它和那个共同核心的联系。但是,在一个肯定与别的肯定的关联中(在这种情况下,它和核心的关联被扬弃了),它就离不开对方,随之具有一种有所依赖和有所需求的存在。

[VII, 164] 109. 核心或绝对统一体是每一个肯定**之内**的根本因素,是每一个被肯定的东西**之内**的肯定因素。当各个肯定相互关联时,它们不但失去了和普遍核心的关联,而且失去了和它们各自的特殊核心的关联(参阅箴言106)。在这种情况下,它们必然

在自身内发生分裂,也就是说,它们脱离自己生而具有的统一体,转而与其他肯定结成统一体,而这种结合而成的统一体只能是一个相对的统一体,而不可能是一个本质性的统一体。

110. 通过这种单纯的、本身说来虚无的关联,理念本身的无限性和统一性虽然不会遭到破坏,而且理念的本质在那些通过这种关联而持存着的东西里面有所体现,但是这种体现仅仅是那种真实的、原初的同一性的一个比拟(Gleichniß)或肖像。

111. 在这种关联中产生出来的东西,**只要它仅仅立足于关联**,就是一个单纯的影像存在(Ens imaginarium),一个缺乏统一体的空洞造物,一个痴迷假象(simulachrum),一个既存在又不存在的东西(这取决于我们从什么角度来看待它)。

112. 说它**存在着**,意思是,它和图像一样,在某些条件下通过光线的聚集和散射而产生出来。说它**不存在**,意思是,它不是一个基于自身的个体(Unum per se),而仅仅是一个偶然出现的个体(Unum per accidens)。

113. 在上帝之内,唯有统一体在每一个肯定里面自为地持存着,或者说,唯有统一体在无限性里面自为地持存着,而无限性则是消融在统一体里面。但这个统一体绝不是那种拼凑起来的统一体,后者缺乏内在的力量,仅仅是一个通过关联而强行结成的纽带，以便把各个肯定捆绑在一起。

114. 如果事物仅仅在关联之中、并且仅仅通过关联而获得一种生命，那么这种生命有一个开端（表现为产生或诞生），也有一个终结（表现为瓦解或死亡）。在**上帝**之内，每一个事物的生命都是一个永恒的真理（参阅箴言99），然而只要事物分别立足于各个肯定之间的单纯联系（而这是可能的），那么它们的生命就仅仅是一种时间中的生命，亦即一种虚无的生命（参阅箴言89）。

[VII, 165]

115. 那个既非依靠自己、亦非自在存在着的影像（参阅箴言111），作为一种孤立的非存在，既可以成为无限性的一个映像——各个肯定在它那里仅仅是捆绑在一起，而不是融为一体——也可以成为统一体的一个映像。无限性和统一体在上帝和理念之内以一种绝对的方式融为一体，但在事物里面则是以一种有限的方式结合在一起。

116. 在孤立事物的非存在里，理念是一道明亮的闪电，它使事物成为可见的，成为现象。

117. 各个肯定原本具有无限的自由，它们抗拒着那个非本质性的、仅仅通过关联而结成的纽带，因为它们在核心之内具有一个神圣的、无限的纽带。然而统一体——它是已分裂的无限性的一个映像——抗拒着各个肯定的自为存在。由此得出的产物,就是一个游离在统一体和无限性之间、混合着两个对抗因素的东西。

118. 众所周知,人类知性很早以前就为这种令人惊诧的混合给出了一个解释尝试,按照这个解释,具体事物和那个自在的自身一致者之间有一种相似性,它们努力让自己成为那个东西,但却无法完全达到这个目标。然而上帝并没有和一种顽冥不从的、外在于他的、并且反抗着统一体的物质相对抗,哪怕这种质料被规定为纯粹的无(μὴ ὄν);这种东西是永远不可思考的,绝不可能存在,因为它是无。上帝作为造福一切者,摆脱了任何对抗,尤其是摆脱了那种只会制造出有限生命的对抗。

119. 对于事物的完满观察方式只能是这样的,即要么把事物的每一个本质性都看作是一个绝对的东西,一个自为的核心,随之看到统一体在无限性之内持存着,要么直观到那种原初的同一性,直观到统一体之内的无限性。而混乱的、不完满的观察方式,就是**在相互关联之中**,亦即在一种混合或组合中,观察事物的本质性。

120. 也就是说,任何立足于关联——无论这是一个本质性与另一个本质性的关联,还是一个物与另一个物的关联——的规定,还有对于这个规定的观察,其之所以可能,都仅仅是因为脱离上帝或无视上帝。而在上帝看来,各个本质性既是融为一体的,同时每一个本质性自身也是一个自足的世界。

[VII, 166]　　121. 外在的或作为现象的自然界包含着一个比拟,昭示着事物的自在存在和单纯相对的生命的差别。在每一个物质原子里,重力作为它们天然具有的核心,都是同样直接在场的。一个原子的降落并不针对其他原子,而是针对全部原子共有的同一个统一体。只有当物质的各个本质性开始**相互**撞击,它们才凝聚为一个晦暗的物体,并作为**物**而被产生出来,能够经历任何转变。

122. 同理,没有任何光线会阻挡其他光线,或把阴影投射到其他光线身上;也没有任何光线会扭曲其他光线,毋宁说每一道光线都闪耀着独特的纯净光芒。但那些物体,那些堆砌而成的假象,却把自己的阴影投射到彼此身上,并且相互排斥。

123. 我们主张,事物在上帝之内是一种永恒的存在,而有些人却主张,实在事物不可避免具有有限性。在这个分歧上,关键在于,不是我们应当向他们证明,事物如何起源于上帝(因为事物**并没有**得到上帝的肯定,参阅箴言107),而是**他们**应当首先向我们证明,是否真的存在着他们所设想的那样一个有限世界。

124. 他们首先说道:全部事物都是变动不居的,而且从来不会停止转变,它们是可分的,并且可以一直分割下去,它们产生,然后消亡。问题在于,既然神圣的自然界始终是一个保持自身同一、永恒不变的东西,那些事物如何有资格在其中存在呢！因此关键在于,那些产生而消亡的事物,并不是真正的事物。更何况他们自己也声称,实体是永恒不变的,不可能发生转变,毋宁说只有偶性,亦即作为纯粹假象的事物的偶然的统一体,才会发生转变(参阅箴言112)。

125. 通过诞生、时间中的生命和死亡,每一个本质都按照神圣秩序偿还了它所欠的债,而这个债是来自于单纯的有限性,来自于上帝之内的单纯的概括存在。每一个本质都按照它身上的关联在一段时间内存在,这些关联在上帝之内已经永恒地被消灭(参阅箴言89),而在它身上则是通过时间而被消灭。 [VII, 167]

126. 任何肯定就其自身而言都不可能经历变动和转变,更不会因此走向消灭。任何肯定都必然是不变不灭的。因此大全里面没有死亡;事物之所以会消亡,仅仅是由于一种相对的存在,而不是由于那些肯定(因为它们必然是单纯的,而且它们和每一个人的肯定一样,都包含着整个无限性,参阅箴言106),更不是由于它们在上帝之内拥有的那个原初的统一体。也就是说,事物之所以会消亡,唯一的原因在于,它们是一些派生出来的统一体,这种统一体是一个单纯的、通过理念的映像而发生分裂、然后组合而成的无限性影像,因此它必然是变动不居的。

127. 自然界里面的每一个性质都是上帝的一个不可磨灭的、永恒的、必然的肯定。如果你们把相互关联的d和e这两种性质组合在一起,你们就得到一个复合物"de"。然而在上帝之内却没有这样的复合物,毋宁说d和e本身都是一个绝对的统一体,都是一个绝对不可分的东西;混合仅仅存在于假象之中。同理,你们也可以把这些性质割裂开来,这样那个复合物"de"就发生了转变,但实际上,d和e这两个肯定,还有它们的原初统一体,都没有发生转变。

128. 每一个物,作为一个完满的、特殊优秀的、最独特的个体,都是永恒的——这里的"永恒"不仅指它的统一体(这个东西包含在神圣的统一体之内),而且指它的无限性(从这里出发,身体在相对的生命里获得塑形)。只有混合,亦即那种游离在统一体和瓦解之间的不确定的虚假产物,才不是永恒的,因为无论什么时候,它的实存都是仅仅立足于各个本质性的相互关系,最终立足于大全里面的全部关联。

[VII, 168]

129. 人是一种多么辉煌的东西,如此之多的完满性汇聚在他那里,以他为焦点,仿佛唯有他才把全部肯定的东西(它们本来是孤立存在着的)都统一在自身内。然而人作为一个整体,当他出现在关联里,就和太阳一样,而太阳的存在方式,就是无中生有一般在明朗的天空中制造出乌云,把透明的空气凝聚为水,以便自己在其中折射回来。人的生存是被设定的,并**绵延一段**

时间，在此期间，各个肯定之间的关系固定下来，理念在其中折射出来。然而那些肯定从未停止对于原初自由的追求，因此一旦它们之间的联系消失了，人就走向死亡，但在这个过程中，大全里面没有损失任何东西，这就好比一道彩虹，当它消失的时候，其现象的全部要素仍然存在着，只不过这些要素相互之间的特定关联发生了变化。感性的、纠缠于关联的自然界已经做了它能够做的事情，即制造出那个永恒活着的东西的一个脆弱的影像；自然界制造出这个影像，又以同样的方式收回这个影像。

130. 物质的每一个部分，即使在其相对的生命中，也包含着理念。因此每一个部分都努力想要接纳那个归属于它的形态，至于那些单纯的关联，它们唯一能够呈现出来的东西，就是那种与一个理念相符，并且以永恒统一体为绝对前提的东西。

131. 时间是统一体与无限性相对立时的现象，就此而言，时间分散在单纯的关联里面。在事物的转变和消亡过程中，大全直观到自己的神性的、无限的生命。大全之所以创造事物，因为它设定了众多特殊的本质性，而这些本质性的虚构的统一体赋予事物以存在。而大全之所以消灭事物，因为它赋予每一个本质性以自由，而不是让它们相互关联。

132. 如果你们不是观察事物自在的样子，也就是说，如果你们既没有把事物的无限本质性看作是一个统一体，也没有在它们的绝对统一体中看出它们的无限性（参阅箴言119），那么你们只能认识到产物中的相对统一体。由于产物是一个单纯的现象，所以你们只能赋予它一种处于关联中的实在性。在这种情况下，事物不是真正通过瓦解而重新回归它的要素，随之重新回归到大全之内，而是通过它与其他事物的关系（这个关系本身也仅仅是一个虚无的现象）出现在同类事物中，如此以至无穷。

[VII, 169]

133. 通过这个方式，大全的真实无限性被虚构为一种经验的无限性，同样，时间和空间的真实无限性也被虚构为一种经验的无限性。

134. 无论就实体还是就本质而言，一个事物的原因都绝不可能创造出这个事物；这个原因只能规定事物的无关本质的方面，以及那种不是与原因一致，反而与原因不一致的东西。单纯的关联根本不能提供任何实在性，因此，是那个照亮一切的理念提供了现象中的实在性。那生活在关联中的唯一肯定的东西，只能是这样一种实在性：事物本身就是理念，但却是一个仅仅在关联中诞生的理念，换言之，理念也是在与其他理念的关联中获得生命，而不是仅仅基于上帝而获得生命。

135. 只有针对那些本身不具有本质性的东西，因果律才具有真理，就此而言，因果律被理性自身设定为一种虚无的东西。

136. 至此我们已经指出，整体和个别事物中的和谐是如何出现的，以及一切事物如何通过上帝的预见而被推导出来。只有当本质性的东西存在着，各种关联才有可能存在。由于关联本身是一种虚无的东西，根本没有能力创造出任何真实的东西，所以它们充其量只能创造出那种在理念里已经预先被规定的东西，就此而言，它们是永恒性的工具。

137. 那些在无限性里面通过各个肯定的相互关联而有可能存在的东西，不是通过数或时间而被创造出来的。只有那些完全纠缠于虚构幻想的人，才没法理解，竟然有一种绝对在场的无限性，它无限地超出了数和时间的一切规定，表现为一个绝对的肯定。

138. 但愿这些人首先接受一下几何学真理的训练，以便审核他们究竟有没有能力直观到哲学的理性无限性。比如斯宾诺莎曾经举了一个著名的例子，即一个被封闭在两个具有不同圆心的圆圈之间的空间。在这里，他们能不能既看到那些在数目上绝对无法穷尽的变化（这是一个在该空间内运动着的物质必须要经历的变化），同时又清楚地看到一个封闭的、当下在场的无限性呢？ [VII, 170]

139. 那些在因果过程中遵循相对生命而出现的东西，在上帝之内是永恒的、无时间的、当下在场的。至于这些东西的多寡,任何时间(无论一种无限的时间还是一种有限的时间)都不可能将其穷尽。那些产生出来的东西,对上帝而言并没有产生出来,同理,那些在现象中被消灭的东西,在上帝之内已经被消灭了,而且一切事物都达到了永恒的完满。

140. 时间本身,无论就其最大部分还是就其最小部分而言,都充满了永恒性,而永恒性就在时间自身之内持存着。这就好比那些虚像,它们虽然在可见的世界里面通过一些特殊关系产生出来,但并不能改变或者影响大自然的永恒秩序。假若无限肯定作为大全没有持续地当下在场,那么时间的任何部分的流逝都是不可想象的,也就是说,甚至时间本身都是不可想象的。

141. 在大全里面,开端同时也是终点,也就是说,大全里面根本没有开端和终点。从大全的角度看,无尽的绵延和一个瞬间没有区别;无论在一个瞬间还是在无尽的绵延里面,大全都是同样无限的,也就是说,大全根本不在时间之内。

142. 任何肯定就其本身而言都不可能具有广延或者部分。那些总的说来仅仅基于关联而获得存在的东西,同样也是如此。各种本质性在原型里面是一个单一体,但在事物之内却不是如此,毋宁说它们通过**彼此之间的关联**,亦即通过**它们共同具有的东西,联系在一起**。各种本质性在上帝之内是一个统一体,这个统一体与自由并存;然而普遍概念扬弃了这个统一体,因此，只有从这个普遍概念出发，才会出现划分和可分性。

143. 每一个显现出来的物都是无穷多肯定的一个模糊现象，在这种情况下，各种肯定仅仅处于关联之中，因此统一体虽然在这个关联中有所映现，但仅仅是以一种飘忽不定的、时间性的方式表现出来。然而统一体就其自身而言是无限性的力量来源。当无限性失去统一体（亦即当无限性在关联中发生分化），它就制造出一个虚弱无力的现象，一种纯粹的透彻性，简言之，它就制造出空间。 [VII, 171]

144. 空间是一个象征，它意味着事物总是想要走向瓦解，意味着事物的元素总是想要获得互不依赖的独立性。

145. 总的说来，一切分量规定都是仅仅基于无限性和统一体之间的对立。因为我们发现，如果"分量"概念被应用到那种只有作为统一体才是无限性和只有作为无限性才是统一体的东西上面，那么总会出现这样的情况，即"一"（ἕν）消失在"全"（πᾶν）里面，"全"（πᾶν）消失在"一"（ἕν）里面。在人们的想象中，感性宇宙是一种具有无限广延的无限性，但这个东西缺乏统一性；而当人们把统一体想象为一个具有有限广延的东西，它就失去了无限性。

146. 但在真正的无限性里面，最大的东西和最小的东西没有区别,也就是说,其中根本就没有分量,因为分量在任何时候都仅仅是一个关联中的规定,亦即一个虚无的规定。

147. 同样,只有当一个事物与自身相关联,或者当多个事物相互关联在一起,才会出现"多"这个概念。也就是说,"多"依赖于一个普遍概念,因此它必然会扬弃事物在原型之内具有的真正统一体。

148. 显现出来的现实事物也不能被描述为样式或情状。它们既非无限实体的样式或情状,也非无限实体的属性(即统一体和无限性)的样式或情状。

149. 它们不是无限实体的样式或情状。因为,作为**事物**,亦即一种有别于实体的东西,它们仅仅是一些虚幻的本质;如果拿走理念,那么它们身上唯一能够被认识到的东西,就只剩下关联。无限的存在权力不可能仅仅通过一种虚构物(Ens rationis)就遭到限制或产生情状,正如本质不可能通过假象而遭到限制,存在也不可能通过纯粹的非存在而遭到限制。

[VII, 172] 150. 在事物之内,**统一体**并没有遭到限制,因为它是无限性的映像,具有一种永恒的**存在**;统一体并非**形成的**,毋宁说只有当各种关联**形成**,统一体才会出现。即便如此,当统一体在无限性中直观自身,它也没有设定**事物**,因为它所设定的是**它自己**。

这就好比眼睛在反光中看到的是它自己，因为那个发出反光的东西已经消失了；或更确切地说，这就好比光在绽放出来的时候仅仅设定了它自己，因为它所设定的并不是一个（透明的）媒介。

151. 同样，**无限性**也没有产生情状。因为，即使各种肯定相互关联在一起，无限性作为每一个肯定的实在性的永恒根据仍然持存着。每一个肯定都在自身内永恒地设定了统一体，因此每一个肯定都是一个独立的肯定，而无限性仅仅在这种情况下维护着事物的存在。

152. 我们可以把事物的现象描述为一种立足于双重形象的东西。纯粹的复合物，或关联本身，仅仅是一个缺乏任何实在性的纯粹虚构物（Ens imaginationis），如果没有一个肯定者在它里面映现出来，那么它绝不可能出现。这个映现出来的肯定者就是理念，当复合物与之联系在一起，就制造出一个双重形象；在这里，我们既看到肯定，同时也看到那个就其自身而言虚无的东西，即单纯的复合物；因此这是一个混杂着实在性和非实在性的东西，是一个真正的虚像，它和太阳光谱（Spectrum solare）一样都不具有本质性，因为太阳光谱的存在也是基于一种完全类似的关系。

153. 在自然界的各种现象里面，折射（Refraktion）的象征意义使得它具有一个崇高的地位。然而无论人们怎么思考，**光**（及其对立面)都绝不是通过折射而获得颜色。毋宁说,只有**形象**获得了颜色,而形象之所以产生出来,是因为那个本身可见的东西(即光)和那个本身绝对不可见的东西(即非光或黑暗)结合在一起。就此而言,在事物里面,上帝的统一体或无限性也根本没有获得样式,毋宁说只有**事物本身获得样式**,换言之,事物仅仅是一种立足于情状和关系的东西,也就是说,事物不是一种自在的东西,仅仅是一个现象。

[VII, 173] 154. 以上关于事物的论述,也适用于那个进行着认识的自然界,即那个仅仅直观到模糊无限性的自然界(参阅箴言 32),而在那种模糊的直观中,知性就把无限性转化为有限性。灵魂和身体是同一个本质,也就是说,灵魂也是一个包含着无穷多肯定的肯定。因此,如果灵魂不是立足于它的核心,而是立足于被造物或被动的自然(Natura naturata),那么它虽然始终包含着无穷多的肯定,但这些肯定已经变得模糊,落入关联之中,而在这种情况下,灵魂仅仅具有一种关联中的存在,它和它所认识的事物或身体一样,仅仅是一个中介性的本质,或者说仅仅是一个现象。

155. 由于灵魂本身仅仅在关联中,而不是自在地具有实在性,所以灵魂内的知性的立足点,也是企图仅仅在关联中(亦即脱离上帝的情况下)理解所有别的东西,并在时间之内拥有它们。而这意味着,灵魂完全偏离了上帝,或完全从上帝那里堕落了(defectio)。

156. 莱布尼茨说,假若人们能够把灵魂中的全部褶皱都展开,并将其分别呈现出来,那么他们将会在每一个灵魂里面发现宇宙的完满的美;但由于灵魂的每一个清晰知觉都包含着无穷多的模糊知觉(整个宇宙就潜藏在这些模糊知觉里面),所以只有当灵魂把自己的知觉消融在清晰的理念里面,它才能认识到它所知觉的事物。

157. 每一个灵魂都认识无限者,认识全部东西——但却是以一种晦暗的方式。当你知觉到咆哮的林涛时,你已经听到了每一片叶子发出的声音,只不过所有这些叶子发出的声音混杂在一起,无法加以区分。我们的灵魂之内的喧嚣世界也是同样的情形。

158. 一切存在着的东西都是从一个永恒的话语那里获得力量,都在自身之内独自拥有一段独特的旋律;只不过灵魂听到的旋律和其他旋律混杂在一起,没法把它们统一起来。然而上帝听得见每一段独特的旋律及其独特的演奏方式,因为他是全部旋律的源泉。上帝听见了全部旋律的完满的协奏和交响,而我们人类的音乐则是通过发明谐音来勉强模仿那种协奏和交响。

159. 面临无限性的深渊,眩晕的知性抛出一个问题:"**为什** [VII, 174]

么不是无,为什么毕竟有某些东西存在?"对于这个问题,能给出终极答案的,不是"某些东西",毋宁只有大全或上帝。大全就是那个无论如何绝不可能不存在的东西,而无则是那个无论如何绝不可能存在的东西。就此而言,只有大全和无——这是永远不可能的东西,这是永恒的无——是绝对对立的。反之,无和事物不可能是一种绝对对立的关系,毋宁说事物仅仅在一种关联中、在某些方面与无相对立。事物不是那种无论如何绝不可能不存在的东西,只有当它和其他事物相关联,它才获得存在。就此而言,事物仅仅是实在性和非实在性的混合,仅仅是一种居间存在。

160. 因此,如果人们把大全看作是一切特殊的、存在着的事物的完全结合,那么这是一个错误的观点。其错误不啻于人们把那种纯粹的、无限的实在性看作是实在性和非实在性的完全结合。

161. 以上考察的成果,就是这样一个观点:有限者永远都不可能真正存在着;真正存在着的,只有无限者或那个绝对的、永恒的自身肯定,即上帝,而作为上帝,它就是大全。

e) 论宇宙中的各种不同的性质

162. 神圣的同一性与单纯有限的同一性之间的差别在于,

在前者里面,相互对立的东西之所以联系在一起,并不是因为它们需要一个联系,毋宁说,每一方本来都可以独自存在着,但如果缺少另一方,又毕竟不能存在。

163. 这就是永恒的爱的秘密,即那种本来可以绝对地独自存在着的东西,一方面并不认为独自存在是一个过错,但另一方面又仅仅在其他东西之内、并且和其他东西一起,存在着。假若每一个东西不是一个整体,而仅仅是整体的一个部分,那么就不存在爱;之所以存在着爱,就是因为每一个东西都是一个整体,但如果没有其他东西,这个东西就不存在,而且不可能存在。

164. 上帝,作为统一体、无限性,作为统一体和无限性的绝对同一,仅仅是唯一的一个不可分的本质,因为统一体和无限性都是一个完整的东西,同时没有哪一个能够脱离对方而独自存在着。 [VII, 175]

165. 如果无限性和统一体是绝对等同的,各自都是一个整体,那么二者的同一性只能是**二者之内的同一个东西**,也就是说,这个东西不可能比它们具有更多的存在,正如1作为自己的产物仍然只能是1。

166. **另一种**同一性仅仅是一个联系,为了把它和神圣的同一性区分开来(参阅箴言162),我们希望把它称作单纯的无差别。就此而言,这种无差别不可能存在于上帝之内,毋宁只能存在于派生出的事物之内。

167. 在无限性和统一体的绝对同一里,无限性和统一体各自都是一个绝对者,而且仅仅产生出绝对的东西;反过来,如果二者仅仅通过关联而形成一个单一存在,那么这个单一存在必然产生出一种有限的、立足于情状的存在。

168. 如果我们不是按照无限性自在的样子来观察它,而是在它和统一体的关联中观察它,那么它就会显现为一个通过统一体而得到肯定的东西;同理,如果我们仅仅在关联中观察统一体,那么它就会显现为一个肯定着无限性的东西。但是那种通过上帝的肯定而得到肯定的东西(参阅箴言86),其本身就等同于上帝,因此它不是一个单纯得到肯定的东西,而是一个自己肯定着自己的东西。

169. 因此,最初的时候,大全里面并没有区分出一个自在的客观东西和一个自在的主观东西,毋宁说,你认为是客观东西的那个东西,仅仅是那些包含在上帝之内的肯定的一种无限自为的存在,换言之,它是无限性之内的统一体。同理,你认为是主观东西的那个东西,并不是那个仅仅与无限性相对立的统一体,而是那个消解在统一体之内的无限性。

170. 无限性之内的统一体，或者说那个在每一个肯定里面作为核心存在着的统一体，乃是自然界——这里指那个作为万物的永恒诞生地的自然界——的根据。至于那个时间性的自然界，或者说作为现象的自然界，并不是无限性之内的纯粹统一体，而是这样一个统一体，它虽然天然地包含着无限性，但仅仅通过各种关联绽放出光明。

171. 也就是说，统一体自永恒以来即以一种永恒的方式在无限性之内产生出它自己的原型，这些原型和它一样，都是无限的肯定之肯定。然而那个可见的自然界，作为统一体的仅仅立足于关联而存在着的现象，已经脱离了统一体在无限性之内的永恒的内在塑造。 [VII, 176]

172. 因此，如果说自然界里面的事物存在着差别，那么这些事物——它们同样也是大全的各种肖像——之所以彼此有别，完全是基于统一体和无限性的各种不同的关系，而绝不是基于一个现实的对立。

173. 事物包含着的无限性，当与统一体相关联，就是事物的**身体**，而这个身体的真实存在或永恒诞生地（参阅箴言170）是以各种特殊本质性的实在性为基础，这些本质性汇聚在身体之内，其中每一个本身都是不可消灭的，都是永恒的（参阅箴言127）。

174. 反之，当统一体与无限性相关联，就是事物的**灵魂**。灵魂虽然自在地看来等同于核心，但当它与事物相关联，就仅仅是统一体的一个模糊映像，仅仅是核心的一个产物。

175. 灵魂和身体之间的全部对立都是基于一个仅仅通过关联而产生出来的假象：在全部事物里面，灵魂和身体必然都是同一个本质。因为在大全（上帝）里面，统一体和无限性是同一个本质：客观东西和主观东西是同一个本质（参阅箴言169），核心和边缘是同一个本质。

176. 唯有通过身体和灵魂的必然的单一存在，每一个物才是一个与自身相关联的**整体**。但这是一个派生出来的整体，而大全则是一个原初的整体，因为它以同样的方式在自身内包含着统一体和无限性。

177. 事物既是无限实在的东西，也是无限观念的东西。因为事物的实在方面或身体就是无限性之内的统一体（参阅箴言173），而事物的观念方面或灵魂则是统一体之内的无限性，或者说对于那种无限性的一个肯定。

178. 无限性之内的纯粹统一体在自然界里面作为**重力**存在着。正是借助于重力，大全之内的每一个肯定才成为一个单独的核心。

179. 另一方面，统一体之内的无限性在自然界里面通过**光**表现出来。至于人们通常所说的"光"，仅仅是统一体在一个特定位置迸发出来的现象，而这种意义上的统一体同样也活在声音及其他现象里面。

180. 通过重力，上帝启示自身，表现为一个绝对的核心，即使在边缘的每一个点上面也是如此。而通过光，上帝表现为一个绝对的边缘，即使在核心那里也是如此。

181. 重力关注的是事物的心，而不是事物的特殊性，因为重力作为一个单独的核心（参阅箴言178），总是以一种直接的、明确的方式设定每一个事物的每一个本质性，而不必顾及各种外在因素。

182. 重力不认识复合物，而是仅仅认识那个无关联的东西，亦即每一个事物之内的纯粹无限性，在这种情况下，可以说重力是事物的普遍者，它使得任何特殊事物都不可能作为这样一个东西单独存在着。

183. 但是，由于各个本质性相互之间的关联，作为一个纯粹的虚构物（Ens rationis），本身没有能力创造出任何东西，所以无限性的分散在事物之中的肯定（亦即统一体，或那个同样以永恒方式诞生的光）必须照亮一切，这样事物才会显现出来。就此而言,光是严格意义上的**事物**的创造者,换言之,是光赋予事物各自的生命。

184. 重力设定每一个特殊的本质性,而这些本质性派生出来的统一体就是事物;只有在这种情况下,事物才能够作为一个整体存在着。就此而言,重力是事物的**根据**,而光——它提供了事物的代言者,或者说提供了事物之内的肯定的共同生命概念——则是事物的现实性的**原因**。

185. 所谓理由律(根据律),就是指事物通过统一体和无限性的各种关系而相互区分开来。只有依照理由律,才可以想象如下三种不同的情况:1)要么事物——它们不是与自身相关联(因为这是不可想象的,参阅箴言177),而是与其他事物相关联——更多地是隶属于无限性;2)要么统一体在事物之内占据支配地位;3)要么无限性和统一体处于一种平衡状态。

186. 当事物的特殊生命获得一个现象,仿佛它已经不依赖于无限性之内的那个生命,不依赖于那些肯定的自为存在,在这种情况下,无限性就占据着支配地位,统一体沉沦在无限性之内。事物的这种生命是一种重力中的生命,因为重力把每一个事物都还原到全部存在的单纯根基,即各种分离的肯定;也可以说这种生命是一种空间内的生命,因为空间标示着各种肯定相互之间的独立性(参阅箴言144)。

[VII, 178]

187. 反之,时间(参阅箴言131)是同一性在差异性里面的内在塑造活动,通过时间,各种肯定失去了它们相互之间的独立性。因此,通过事物的时间内的生命,统一体表现出它的支配地位,与此同时,空间里面的持存和独立存在(即无限性)遭到否定。

188. 当统一体存在着,同时各种肯定的自为存在没有遭到扬弃,换言之,当无限性存在着,同时统一体没有遭到否定,这就出现了一种完满的平衡状态。

189. 那种具体的深入观察有一个任务,就是要证明,事物的以上三个层次已经在自然界里面现实地表现出来:第一个层次是通过"物质"表现出来的,在这里,特殊性(这是物质的统一体的产物)完全从属于无限性;第二个层次是通过"运动"表现出来的,因为运动摆脱了事物的特殊性,但由于事物立足于各个本质性的相互关联,并因此从属于出生、转变和消亡,所以在运动中,事物失去了它们相互独立的空间内的生命(这是一个动力学过程);至于第三个层次,则是通过"有机体"表现出来的,因为在有机体里面,时间内的生命和空间内的生命和睦共处,每一个肯定的自为存在都成为一个独立的东西。

190. 在第一个层次上面,物质虽然具有一种现实的无限性(参阅箴言177),但这种现实性仅仅相对于重力而言存在着,而

[VII, 179]

不是同时相对于统一体而言存在着,因此它是作为一个不可认识的东西存在着。在第二个层次上面,统一体——作为事物之内的无限性的肯定方面——虽然被设定,但无限性的自为存在却遭到了否定。而在第三个层次上面,真正的现实无限性与统一体同时并存(尽管始终是以一种有限的方式),成为一个可以被认识的东西,物质不仅具有了无限可分性,而且获得了现实的区分性,反之亦然。

191. 如果我们仅仅在关联中进行观察,也可以把这一系列的层次看作是一系列的潜能阶次(Potenzen)。无限性作为一种无限的肯定或上帝的肯定,绝对地看来,是 A^1,而统一体(参阅箴言 168)作为这个肯定之肯定,乃是 A^2,至于这两个东西的无差别,作为上述两个肯定的肯定(在这种情况下,它们重新被设定为一个单一体),则是 A^3。

192. 但由于在一切事物里面,统一体、无限性以及二者的无差别(参阅箴言 166)都必然存在着(参阅箴言 172),所以一切事物(且不管它们相互之间的差异性)都是由一个三位一体的本质构成的,这个本质的模型在最大和最小的东西里面都会体现出来。就此而言,在物质的每一个原子里,无穷多的肯定一方面在关联中完全分散,另一方面又呈现出一种纯粹的透彻性;原子也包含着一个统一体,这个统一体在与自身相关联时设定了无限性,将其设定为一个世界,并在其中直观到**它自己**;正因如此,世界包含着统一体和无限性的一个感性的无差别,而这个无差别乃是真正实体的一个肖像。

193. 无论在上帝之内、事物之间抑或事物自身之内,上述潜能阶次都没有建立起任何差异性。正如在理性里面,伴随着知识本身(A^1),首先,关于这种知识的知识(A^2)被直接设定,在这之后,关于这两个东西的统一体的知识也被设定(A^3),但归根结底,这里只有唯一的一种现实的和不可分的知识;同样,在上帝之内,无限的肯定、这个肯定的肯定,还有这两个东西的单一存在的肯定,都仅仅是唯一的一个无限肯定。

194. 同理,无论在全部事物里面,还是在**每一个事物里面**,统一体、无限性以及二者的无差别,都仅仅是唯一的一种不可分的实在性。

195. 按照潜能阶次的表现,事物的层次划分可以呈现为如下情形。首先,事物存在着,它们仅仅派生自第一个潜能阶次(A^1)的肯定,但并没有在自身内同时包含着这个存在的肯定,因此统一体完全消隐在无限性里面,只有无限性占据着支配地位——在这里,无意识或客观性在现象中占据着绝对优势。其次,如果事物一方面表现出无限性(A^1)的存在,另一方面也表现出这个存在的肯定(A^2),那么它们就显现为一种个别的、有生命的东西,在这里,内在的或主观的生命统治着外在的或肉体的生

[VII, 180]

命。最后，如果除了存在（A^1）和这个存在的肯定（A^2）之外，二者的单一存在的肯定（A^3）也出现，那么不仅每一个类型的每一个个别事物达到了完满，而且整个序列的事物本身都达到了完满，也就是说，它们呈现出大全的一个真实原型。

196. 按照存在的方式，事物的全部差别都可以归结为潜能阶次的这个差别。但关键在于，**这个差别本身仅仅来自于一个特殊事物与其他特殊事物（或事物的整体）的关联**，而**不是来自于它和事物自身的关联**，因为在任何时候，个别事物（无论这是最渺小的还是最伟大的事物）和事物的整体都是由同一个本质构成的（参阅箴言192），都具有同样的性质。

197. 在每一个有机本质那里，甚至在这个本质的每一个部分（哪怕是最小的部分）那里，你都会发现一种现实的无限性和一个统一体，这两个东西单独存在着，同时又融为一体。在物质的每一个原子里面，都有一个同样无限的世界，都有整个宇宙；即使在它的最小部分那里，都回响着神圣肯定的永恒话语。至于原子如何在自身内模仿这个丰富的整体，这与本质无关；用一个比喻的说法，原子的模仿方式仅仅是一个阴影，即事物在无限实体之内相互投射出来的阴影。

[VII, 181]

198. 莱布尼茨说，物质的每一个原子都类似于一个草木繁盛的花园，或一个池塘，其中的每一滴水都包含着大量生物。在这个花园里，每一株植物的每一个枝条本身又是一个花园，正如在这个池塘里，每一滴水的每一个部分本身又是一个池塘，甚至可以说是一个生机勃勃的海洋。

199. 诚然，当物质与其他事物或与事物的整体相关联，无限性确实占据着优势，但如果物质仅仅与自身相关联，或者说就其自在的样子来看，那么物质包含着一种完满的平衡状态；在**物质自身之内**，统一体等同于无限性，主观东西等同于客观东西。因此，假若唯有物质存在着，此外无他，那么物质不会专门显现为一种实在的东西，毋宁说它会显现为一个天然地具有绝对性的大全。但理性提出的要求恰恰就是，按照每一个事物自在的样子来观察它，就好像除了它之外没有任何东西存在似的。

200. 自然界，作为无限性之内的统一体，本身就是一个大全，在自身内包含着事物的全部潜能阶次，但它并没有专门作为其中一个潜能阶次存在着。自然界是每一个潜能阶次的绝对前提；统一体、无限性、还有二者的同一性，都包含在自然界之内，其中每一方都具有同样透彻的纯粹性，同时又处于一个永恒的统一体之中；借用一个后来的例子，这种情形就好比在一个无限的空间里面，虽然长、宽、高各自都是一个独立的东西，但它们同时又处于一个不可分的统一体之中。

201. 只有当事物具有形体，也就是说，只有当事物显现为统一体和无限性的各种情状,事物的全体,亦即自然界本身,才会显现为一种具有形体的东西,但自在地看来,自然界是一个没有情状的实体。诚然,我们能够以经验的方式随心所欲地潜入到世界形体里面,找到泥土、金属和其他类似事物,但这些东西就其自身而言绝不是一种永恒持存着的本质,绝不是实体,因为实体作为一切有形事物的前提,其本身必然不是一种具有形体的东西。

[VII, 182]

202. 按照同一种观察方式(在这种观察方式下,无限的自然界显现为一种具有形体的东西,显现为世界形体),就会导致一种情况,即我们仅仅在关联中(亦即脱离了无限性)观察理念,并把理念与另一个东西对立起来,而这个东西本身仍然只是一个相对的东西(核心形体),不是一个绝对的统一体,如此以至无穷。也就是说,只有通过一种模糊的观察方式,我们才把宇宙看作是一个由物体组成的体系,但真正说来,宇宙是那个无限的、不朽的上帝,他既不是物体,也不是物质,而是一个普遍的、无情状的实体。

203. 万物的本质就在这个上帝之内,而他本身却是处于一个纯粹的统一体之内;他设定了特殊事物,但除此之外,他也设定了他的无潜能阶次的同一性的一幅无潜能阶次的肖像,并将其置于特殊事物之上。

204. 也就是说，当自然界的全部性质汇聚在一起，当边缘等同于核心（就像在世界形体里面那样），当统一体与无限性不仅同时存在着，而且处于一种绝对的平衡状态之中，在这种情况下，全部潜能阶次都消失了，神性的东西绽放出来，彻底照亮那个无性质、无维度的理性，而理性就是上帝在进行创造时的模样。

205. 在理性里面，一切客观性都消失了，但正因如此，一切主观性也消失了；在理性里面，只有一种纯粹的肯定，它既是一个无限的统一体，也是一个同样无限充盈的存在，它活着，自己认识自己。

206. 在最初的那个理念里，已经包含着"存在"和"认识"这两个理念：前者以一种无限的方式包含着认识（参阅箴言61），后者以一种无限的方式包含着存在。这个统一体贯穿着自然界的全部形式。这不是一个通过结合而形成的统一体，毋宁说，它在某种意义上是一种本身就进行着创造或肯定的存在；因此它既是实在的东西，也是观念的东西。

207. 重力是自然界的直观活动。那个规定了事物在空间内的广延的东西，作为存在的形式，也是知觉的形式，即自我意识；事物的性质就是自然界在事物里面的感知活动。

[VII, 183]

208. 事物的第一个潜能阶次相当于自然界的"反思",通过这个方式,自然界表明自己是无限性之内的统一体;第二个潜能阶次相当于自然界的"归纳",通过这个方式,自然界把之前的肯定方面或无限性重新消融在统一体之内;第三个潜能阶次相当于自然界的"想象力",这种想象力在石头那里是沉睡着的,在动物那里开始做梦,最后在人这里苏醒过来。世界体系是一个神性的东西,或者说是自然界的理性,而作为一个无潜能阶次的东西,它把一切东西都消融在自身之内。

209. 既然不存在一个自在的实在世界,那么必然也不存在一个自在的观念世界,因为后者和前者只能处于一种对立关系之中。就本质而言,一切东西都是**同一个东西**,即上帝的无限肯定。你会看到,泥土发生分解,矿石发生结晶,金属产生锈迹,但所有这些情况都是同一个东西的活动,正如植物和动物的活生生的肢体生长蔓延也是如此,只不过这个东西在这里采取了一种独特的塑造方式,即仅仅**作为**一种肯定显现出来,而在泥土、矿石、金属等等那里,它看起来是打上了"存在"的封印。

210. 如果人们不是按照自然界自在的样子,而是仅仅在关联中对它进行观察,就会看到无限性或实存的一种相对增量(Plus),即是说在这种情况下,自然界只有经历三个潜能阶次才会在一个特殊的本质那里达到完满:首先是实存(A^1),其次是这个实存的肯定(A^2),最后是二者的平衡,即A^3。反过来,在观念世界里，将会出现一种平衡的、但也仅仅是相对的肯定增量。

211. 自然界以无与伦比的勤奋和技巧努力创造出各种具有神性的生物，它借助于一切形式，尽可能地把本质性的统一体与偶然的统一体（参阅箴言109）融为一体。那个偶然的统一体，作为自然界的巅峰（参阅箴言204），虽然自在地看来并就本质而言等同于整个无限性，而且吸收了自然界的全部性质（参阅箴言205），但由于它毕竟是一个偶然的东西，所以它只能借助于各种关系的虚妄结合而把那些性质统一在一起，因此相对于本质性的统一体而言，它表现为**事物**或有限性。与此相反，这些最完满的有机组织的灵魂不仅蕴含在核心之内（在这一点上，它和自然界尽其所能创造出的全部事物的统一体是一样的），而且它本身就是核心；灵魂不仅仅是理念，而且也是那个照亮了全部理念的统一体。

212. 只有当统一体在无限性（A=A）里面**完全**认识到自己， [VII, 184] 并且等同于无限性，自然界才会达到完满。同理，只有当无限性再次挣脱了偶然统一体的束缚，和统一体并存于同样一种明澈性里面，观念世界才会达到完满——在这件事情上，科学、宗教和艺术各自以不同的方式做出了努力，但贡献最大的，还是那种神圣的、消融一切的哲学，以及那种同时活在无限自由和统一体里面的和谐国家。

213. 在这里,我们的任务不是去具体讨论观念世界里面的各种关系,而是仅仅清楚地证明(而且我们已经做出了证明),只有唯一的一个宇宙,一个完全彻底地与自身同一、原生的、具有同样的统一体和无限性的宇宙,这个宇宙在一切事物里面都是自身同一的、永恒不变的、始终持存着的。一切在宇宙里面发生的、起源于宇宙的创生,都会重新回到宇宙之内。

附释①:为了提供一个概览,我们希望通过如下这个普遍的范式把整体呈现出来。但我们要警告那些没有能力领悟这个范式的人,不可将其滥用。

	上帝	
	大全	
相对实在的大全		相对观念的大全
重力(A^1),物质		真理,科学
光(A^2),运动		善,宗教
生命(A^3),有机体		美,艺术
世界体系	理性	历史
人	哲学	国家

214. 之前我们已经认识到,自在地看来,实存的全部差别都是虚妄的。现在我们也会看到,全部性质差别都已经消解在绝

---

① 这里及随后的几个附释在原文里本来是注释的形式。因为这几个注释篇幅较大,为便于排版和阅读起见,我们将其改为附释,以下同。——译者注

对者之内。

附释：为了形象生动地表现出差别的虚妄性，我们也采取了如下这种表述方式，比如这样一条直线：

x············——————————————————————

$A^+=B$　　$A=A$　　e　　d　　f　　$A=B^+$

在这条直线里，$A=A$ 这个点呈现出了无限性和统一体的绝对同一性：从这个点出发，虽然左右两个方向都是同样一个同一性，但在左边这个方向上，无限性在整条直线里具有一个相对的优势，即 $A^+=B$，而在右边方向上，则是统一体具有一个相对的优势，即 $A=B^+$。随之还有如下一些值得注意的地方：

[VII, 185]

1) 在这条直线的每一个点上面，始终是同一个东西。$A=B^+$ 的增量并不意味着 B 相对于 $A=B^+$ 具有一个优势，否则的话，就没有同一性可言了。毋宁说，这个点相对自身而言或**在其自身之内**就是二者的完满同一性。只有相对于别的点而言，无限性才具有优势，而但这个情况也适合于**整个 $A=B^+$**。对于 $A^+=B$ 来说，同样也是如此。但由于每一个点的增量或减量并未决定这个点的本质，所以很清楚，如果这条直线沿着 x 的方向延续下去，那么 $A^+=B$ 这个点虽然之前标示着 A 的一个相对增量，但如今相对于 x 而言则是标示出 A 的一个相对减量。在每一个点那里，肯定因素始终而且仅仅是 $A=A$，但由于这个同一性本身与客观性或者主观性的一个增量结合在一起，所以它和每一个点的内在本质都没有关系，而是仅仅标示着这个点的关联情况。

2) 凡是适合于整条直线的情况，也适合于它的每一个个别部分,如此类推以至无穷。

3) 最靠外的两个点叫作"极",$A^+=B$ 这个点是正极,相反的那个点是负极,而 $A=A$ 则是无差别点:就此而言,可以说直线上的每一个点都既是无差别点,也是正极或者负极,这取决于它处于什么关系之中。比如,当 d 点同时与 e 点和 f 点相关联,它是无差别点,当它单独与 f 点相关联,则是正极,而当它单独与 e 点及沿着这个方向的其他点相关联,就是负极。确切地说,它既不是正极或负极,也不是无差别点,因为自在地看来,上述规定中的任何一个都不是这个点的本质。

(d 点代表着自然界中的一个物体,比如磁,这个东西相对于光而言是客观的,这时它包含着存在的一个增量;而相对于另一个物体而言,磁是有知觉的,比如它对于自身之外的铁具有一种知觉。有机体相对于光和物质而言是无差别点,但相对于知识而言,它那里的无限性再度占据了优势地位,因此它是客观的;因此自在地看来,有机体其实既不是无差别点,也不是正极或者负极。)

[VII, 186]　　刚才说到的那条直线,我绝对没有把它看作是哲学或宇宙本身的真正范式(因为宇宙必然而且永恒地返回到自身之内),而是仅仅把它看作是一个类比例子。至于这条直线的绝对肯定和直线本身的关系,则是类似于上帝与万物的关系。也就是说,在这样一条直线的理念里,自在地看来,没有任何一个点**就其本身而言**就已经被设定为正极或者负极,因为只有当人们把一个点抽离整体,不去考察它和肯定本身的联系,而是考察它和**另外**

一些点的联系,这样才会出现"正极"或"负极"之类规定。换言之,只有当整体已经被给予,那些点的差别才会**出现**。同理,通过上帝的无限肯定,没有任何一个事物是**作为这样一个特殊种类的事物**而被设定,毋宁说每一个事物都是作为绝对同一性而被设定,只有当一个事物在整体之内并且伴随着整体,与其他事物相关联,它的独特性质才会**出现**。

215. 绝对者本身或上帝是绝对没有潜能阶次的,它不是任何一个存在者的潜能阶次,哪怕这是一个最高的或无穷高的潜能阶次。毋宁说它是一切中的一切,是一个从任何角度看来都绝对无规定的东西。

附释:正是在这个问题上,有些人完全误解了哲学。这个误解从来没有逃脱我的法眼,而在埃申迈耶尔及其众多追随者的最新著作里,我看到这个误解甚至以一种更明确的方式表现出来。埃申迈耶尔把哲学中的绝对者理解为一个潜能阶次:他不是用真正的亦即没有潜能阶次的绝对者来取代这个(遭到误解的)绝对者,反而企图把它抬高到一个无穷高的潜能阶次(美其名曰比哲学能够达到的潜能阶次更高),而这种做法无论就是"绝对者"的概念还是就"潜能阶次"的概念而言都是自相矛盾的。只要绝对者一般说来是受潜能阶次(无论什么潜能阶次)规定的,那么它始终都还处于相对性的层面,而不是具有一种绝对的自由。然而绝对者之外没有任何东西能够让绝对者表现为一个潜能阶次;绝对者是这样一个东西,一切存在都隶属于它,但它本身却不隶属于任何别的东西,我们既不能说它等同于其他东西,也不能说它不同于其他东西。没有任何一个潜能阶次能够是一个绝对的、最高的潜能阶次。既然如此,埃申迈耶尔不得不在极乐者(das Selige)的潜能阶次之上寻找一个无穷高的潜能阶次,而按照迄今的反思哲学的方式,他提供的解决方案只能是对于哲学中的绝对者的一种无限接近,而这其实是对关于绝对者的真正知识的一种无限否定。

  在埃申迈耶尔的《哲学过渡到非哲学》一书里,我们清楚地看到,他把有限者、无限者和永恒者这三个潜能阶次看作是彼此分离的东西(就像一把梯子的三级阶梯),并且认为,唯有最高的那个潜能阶次亦即永恒者(A^3)才是绝对者。但请注意,我的原本意思是这样的:"有限者""无限者"和"永恒者"——在使用这些词语的时候,我们必须把它们的本意和之前的表述结合在一起——同样都是绝对的,并且在绝对者之内合为一体。假若唯有永恒者(A^3)存在着,由于它是无差别,那么无论有限者还是无限者都没有被设定;毋宁说在这种情况下只有无差别被设定,但问题在于,在绝对者里面,差别(就当前的考察而言)和无差别同样都是绝对的,统一和对立本身仍然是合为一体的。差别是实实在在的,因为有限者和无限者一样,都是上帝的属性,本身都具有神性以及一种自足的独立性。二者的统一并不是一种有限的、在其中消灭了对立的统一,毋宁说按照我们已经做出的解释(参阅箴言162),它是一种神性的统一。——另一位作者依据印度的和基督教的三位一体学说指点并且教导我,无差别或永

[VII, 187]

恒者(A^3)并不是完整的绝对者,也就是说,并非只有圣父才是上帝!

216. 从绝对者的角度看,所有潜能阶次相互之间都是同等的,也就是说,没有哪个潜能阶次是派生自另一个潜能阶次,毋宁说每一个潜能阶次都以永恒的方式派生自绝对同一性。各个形式在大全里面没有先后之分,也不是依次产生出来的。毋宁说,正因为有绝对同一性(意思是,正因为一切存在者都活在同样一个绝对的生命之内),所以才有大全。

217. 一个事物的实在性——这里所说的"实在性"不是指一种相对的实在性,而是指实体性——的程度,即是说一个事物自身内包含的肯定因素的多寡,取决于它在多大程度上接近于绝对同一性或那个充盈的无限肯定。

218. 从现象生命来看,事物同样都是有限的,同样都是仅仅在各种关联中诞生,因此它们是通过实在性的程度而相互区分开来的:正如"3"这个数虽然和"1"一样是有限的,但它毕竟比后者具有一个更大的形态。同理,如果一个东西仅仅派生自第一个潜能阶次的肯定(参阅箴言195),仅仅借助于这个肯定才实存着,那么我们在它那里只能认识到一种不是派生自它的实存,也就是说,这样一个东西看起来是最为有限的。但在那个把A^3呈现出来的东西那里,实在性就达到了一个更高的程度,因为对于一种纯粹相对的观察方式而言,这个东西不仅包含着实存,而且包含着实存的肯定,以及二者的单一存在。如果一个东西本身是实体——这不是指那个活在特殊事物中的实体,而是指那个活在万物的大全中的实体——的一幅肖像,那么它就具有最高程度的实在性。这个东西不是别的,它只能是人。

[VII, 188]　　219. 虽然实在性的程度有着高低之分,但这并不意味着较低程度的实在性是一种**缺陷**(Privation)——这个视角仅仅来源于**我们的**推理式知性,即那种构造出普遍概念,然后将其与特殊事物进行比较的知性。只有当人们把原本属于一个事物的概念的东西剥离出来,才会出现所谓的**缺陷**(Beraubung)。但从那个在大全里面介于概念和实存之间的绝对同一性的角度来看,只要一个事物的概念是包含在大全的概念里面,那么任何隶属于事物的概念的东西,都会通过事物的实存表现出来。事物的真正完满性,单纯就其自身而言(即是说从真实的角度来看),恰恰在于,作为它所**是**的东西而**存在着**。因此,如果一个圆圈不是四方的,那么这并不是一种缺陷,同理,如果一个四方形不是圆的,这也不是一种缺陷;毋宁说,圆圈和四方形各自的完满性恰恰在于"圆的存在"或"四方的存在"。

　　220. 一部古老的著作曾经说道,上帝创造了直白的人,但人却要寻求许多机巧。同样,每一个事物就其自身而言都是直白的,没有任何事物是按照一个普遍概念而被创造出来的,没有任何事物可以拿来和另一个事物真正进行比较——这是 Principii indiscernibilium [不可分辨事物原则] 的真正意思；毋宁说，每一个事物都是一个自足的世界。

221. 如果你能够把自然界的各种形式放到一条直线上来观察（这句话我已经说过一次），你的反思着和比较着的知性难道不会注意到，这里的每一个形式都是一个绝对的东西吗？你能够命令一块石头按照你的知性秩序待在一个地方吗？你能够抓住一株植物，命令它马上开花吗？或者一般说来，你能够命令各种事物如你所安排的那样整齐有序吗？其实你看到的万物，难道不是处于一种神性的紊乱状态之中？所有那些在你看来风马牛不相及的东西，难道不是融为一体，和平共处，每一个都拥有其独特的欢乐？这表明，每一个事物都是一个自足的整体，且正因如此和所有别的事物融为一体。①

222. 哪怕是一个最个别的事物，通过它的实存，恰恰作为这样一个东西，都以一种最直接的方式映射出上帝和总体性。原因在于，这个东西最没有可能依据自身而存在，它的生命最大程度地依附于大全的生命。

223. 有些人企图把被造物的多样性（尤其是那种在人类里 [VII, 189]

---

① 参阅《思辨物理学新刊》(*Neue Zeitschrift für spekulative Physik*)，第二卷，第 16 页（IV, 400）。——原编者注

面体现出来的多样性)强行归结为一个模式,这是一种最为狂妄的做法。这种狂妄导致的结果,不是一种开朗的和平静的观察,而仅仅是一种带着厌恶感的虚假奔忙——在我们的那些刚愎自用想要教导和改善世界的人那里,就是这样的情形。这种狂妄也会导致一种混乱的知性哲学,对造物主横加指责,殊不知造物主的无限丰盈已经通过一切程度的完满性呈现出来,而不是限制在某一个事物里面,而这又是因为每一个事物本身就包含着无限性。

224. 因此自在地看来,没有任何东西是不完满的,毋宁说一切存在着的东西,就它们存在着而言,都隶属于无限实体的存在,而唯有无限实体的本性才包含着存在。这就是万物的神性。最渺小的东西和最伟大的东西一样,都是神性的。原因在于,首先,它们都具有一种内在的无限性,其次,就它们在大全里面的永恒根据和存在而言,它们都是不可消灭的,因为那个无限的整体本身绝对不会消灭。

*　　　*　　　*

通释
论有限者与无限者的关系

通过之前那些命题,我相信我们已经理解把握了普遍理性科学或大全学说的核心内容。

关于有限实存与无限者或上帝的关系,可以说没有什么研究比这还要更加重要的了。对于这个问题,假若理性不能给出一个完全清楚和完全确定的答案,那么哲学思考本身就将是一件无聊的忙活,而理性认识也将是一个完全不能令自己和别人满意的东西。

关于那个关系,我们在前面已经阐释了一个理性的观点。大家很容易看到,这个观点可以归结为如下一些真理。

上帝,作为一个自己肯定着自己的东西,他在大全的全部本质性里面,尤其是在其中的每一个本质性里面,都仅仅肯定着无关联的和永恒的东西。

有限性仅仅立足于各个本质性相互之间的关联;上帝并没有提供这些关联,他既不能对这些关联积极地加以肯定,也不能将其夺走(尽管这些关联就其自身而言已经是一种虚妄的东西)。之所以不能将其夺走,原因在于,假若他这样做了,那么他必然会把那些本质性塑造为一个和他自己一样的纯粹绝对的大全。 [VII, 190]

所以自永恒以来,有限性就伴随着无限者(确切地说,伴随着大全的本质性),和无限者在一起。有限性不具有一种真正的起源(因为它并不是一种真正意义上的存在),也不是上帝的肯定的派生物,好比影子虽然伴随着形体,但它并不是一种本质性的东西。

大全的本质性通过相互关联而获得的生命,与它们在上帝之内的生命相对立。在后面这种生命里,每一个本质性本身都是一个自由的、无限的东西,就此而言,前一种生命就是它们从上帝那里堕落,脱离上帝之后获得的生命。

只有在事物的这种脱离了上帝的实存里,才有时间;但对上帝来说,自在地看来,事物的本质性是永恒的,另一方面,伴随着这些本质性,它们相互之间的无限可能的关联也被设定了,但这与时间无关。

举个例子:作为人,无论如何,你的现实的或当前的生命都是一种处于关联之中的生命,就此而言,它仅仅是你的真正的和永恒的生命的一个**现象**。你的本质或你的理念,**作为你的理念**(因为上帝还没有贫乏到需要创造出一些普遍概念的地步),是一个包含在上帝之内的永恒真理;不仅如此,关联本身(你是通过它而成为现实的你)也是同时伴随着本质性,虽然自在地看来,它是无,而不是什么肯定的东西(因为它仅仅是关联),但它确实是以一种永恒的方式包含在上帝之内,与时间无关。

有限者**不可能**脱离无限者而存在,因为自在地看来,它是无,仅仅依据于各种关联;与此同时,假若没有关联所依附的那些东西,那么关联同样也是无。

如果人们认为,有限者可以脱离无限者而存在,那么有限者就会要求一种独立的起源和一种现实的实存,**而这样一来,单纯的关联本身必然会被看作是某种实在的和现实的东西。**

[VII, 191]　　反过来,虽然有限性同样以一种永恒的方式和无限者一起被设定,但正因如此,它也被设定一种虚妄的东西。——

在这些问题上,所有真正的哲学在任何时候都是和谐一致的。反之所有错误的观点都有一个共同之处,就是它们把有限者和无限者割裂开,而由于自在地看来,有限者仅仅是一种关联,不是一种能够依据自身而存在的东西,而是只能依附于无限者,所以在这种情况下,那些错误观点必然会认为,有限者具有一个独立于无限者的**起源**。

这类完全缺失理性的想象认为,有限者要么具有一个时间内的开端,要么具有一种无尽时间的绵延(这两种想法其实是完全一样的)。我们对于这类想象忽略不论,只想谈谈那种从古代流传下来的流溢说。

诚然,我们承认,相对于其他那些想象,流溢说有一个优点,即它至少主张,首先,上帝是事物的一个静态根据,其次,行为或行动是来自于那些流溢出来的东西,而不是来自于流溢的源头。他们说:"流溢出来的东西之所以流溢出来,不是借助于它们的源头,而是借助于它们自己的重量。它们挣脱出来,不可阻挡。至于它们的源头,就其自身而言,其充盈性没有因为这种流溢而遭受半点损失。无限的实在性虽然流溢到世界之内,但因为它是无限的,所以绝不会有任何损失。"

尽管如此,流溢说和其他错误观点在这一点上是一致的,即它们全都把有限者看作是一种脱离了无限者的东西。对流溢说而言,上帝不是一个封闭在自身内、并且在自身内扬弃了一切关系,将其消融在自己的永恒性之中的大全,而是一个通过逐步创生而拓展自身的原初本质,而在那些最末端的流溢物那里,这个原初本质已经消失无踪,只剩下完满性的缺失,即物质。

有限性的本质在于,绝不可能依据自身而自在地存在着(因为它是一种关联)。所以,假若人们一定把有限者和它的真正的存在根据割裂开来,那么在某种意义上有一种更正确的做法,就是断然否认有限者和无限者之间有任何延续性,而流溢说至少做出了这样一个尝试。

[VII, 192]

如果有限性不是一种单纯的关联(唯有通过这个方式,它才有可能和本质或无限者同时存在着),那么它最终必然会基体化,被看作是一个自足的本质,亦即物质;物质不是上帝所创造的,但它也不可能是某种转变生成的东西,因为它是一切转变生成的基础;除此之外,物质既然与上帝的统一体相对立,那么它按照其本性而言就是一种非同一性,是一种抗拒着规则与和谐的东西。

人们通常认为,流溢说仅仅把上帝看作是世界的建筑师。然而一个事物的规则或概念并不是仅仅以一种外在的方式粘附在事物身上,而是以一种内在的方式天然地包含在事物中,与质料完全融合在一起。

尽管如此,我还是希望强调,在绝大多数古人那里,相比人们迄今的解释和臆测,流溢说具有一种完全不同的和深刻得多的意义。

当古人谈到一种"非创生的物质"(materia increata)时,他们所指的并不是一种独立于上帝的、**现实地实存着的**物质,毋宁说他们真正的意思是:从上帝那里派生出来并且存在着的,只有事物的实在性或完满性;就此而言,事物具有的肯定因素或本质性是上帝创造出来的；反之，不完满的东西就是事物具有的"**非创生的**物质"，这个东西不是上帝所创造的，毋宁是一种虚妄的东西。

至于柏拉图哲学在这个问题上的看法，人们通常都是这样解释的，即柏拉图把那个不依赖于上帝的物质预设为一个现实的东西，这个东西在上帝的理性的安排下，形成一个合乎秩序的、和谐的可见宇宙。我们真的想不通，为什么这样一种解释竟然能够一直延续到当今年代。

无论从整个柏拉图学说的内在关联来看，还是从其著作中那些最毋庸置疑的表述来看（这些表述明确无误地表明了柏拉图关于有限性的真正观点），我们都必须断定，他的另外一些关于物质的永恒实存的说法，要么归咎于前面指出的那种错误解释，要么归咎于柏拉图本人大胆而形象的表述方式。 [VII, 193]

尽管如此，对于柏拉图的那些说法，各种占据支配地位的独断论观点之所以能够这样解释，这恰恰表明，人们对于一种质料的需要是不可遏制的。正如斯宾诺莎指出的，这些独断论观点在谈到"从无生有"的创造时，只不过是把这个预设隐藏起来，因为在人们的想象中，"无"本身必然会重新被当作一种基体或质料来使用。

根据我们的学说，自在地看来，有限者是无，它的存在仅仅是绝对者的一个映像。在这个问题上，一位颇有些名气的人士自以为可以这样转述我的观点（实在说来，这仅仅是一个滑稽的模仿）："由于绝对者的闪光在无那里折断了，所以绝对者获得了现象中的形象,并通过这个方式让无穷多的可显现的实在性产生出来。"

  附释:这句话出自前面已经提到过的《论绝对者箴言录》一书。① 发表该书的杂志编辑完全有理由认为,这本书的戏谑腔调是推销该杂志的最佳工具,因为毋庸置疑,这本书比该编辑本人及其尊贵同事的无聊论文要出色得多。在这里,我觉得我必须对这部箴言录的作者公开致谢,部分原因在于,当看到有人用一种充满机智和情趣的声调打断德国批评家的那些缺乏教养的大呼小叫,这本身是一件愉快的事情,还有部分原因则在于,该作者开创了一个先例,即他让那些外行人士都清楚地认识到,一个笔耕不辍的德国书匠是如何地缺乏哲学判断力;也就是说,该作者根本不是在反对我的学说,而是在反对他以为是、或他冠名为我的学说的东西(在他看来,我的学说是一种摩尼教学说),对其进行滑稽模仿,然后把这当作是一种新颖的、优秀的学说和思维方式,对此深信不疑,并将其放到一部充斥着宗教偏见的书里面。——甚至有一份著名的教学计划,它规定该书为所有学校必须使用的一本教科书,同时严令禁止人们使用其他教科书,用它的原话来说就是,希望通过这个方式来**战胜**当前那种从国外输入进来的神秘主义和独断论。既然如此,这场"胜利"必然会是这样一种情形,即德国的学术青年们一方面对我的学说深恶痛绝,另一方面却对我的学说进行滑稽模仿——当然,他们不会把这**看**作是一种滑稽模仿,反而会认为这是一种最为严肃的东

[VII, 194]

---

① 参阅本书箴言64的注释。——译者注

西,是一个崇高的真理——坚信不疑,牢记在脑海里。——该书作者曾经在报纸上公开致歉,说什么尽管有他奋力抗争,但德国青年还是深受偏激狂热之害,以至于他作为一名教师,在言行举止等方面都不得不投其所好,**带上一点点偏执狂的风格**(或许这是为了更好地接近他们)。真的,这确实是一个非常值得推荐的调控体系,该作者也不愧是一个把教育玩弄于股掌之间的高手。

关于一个滑稽模仿者和他的原型之间的差别,我们没有必要继续浪费口舌。言归正传。那个自在地看来并未存在着,并在这个意义上什么都不是的东西——其实柏拉图所说的Μὴ ὄν[非存在]也是指这个东西——仅仅是关联本身,间接地说,则是指那些**在关联中存在着**的东西。然而那个否定着一切关联的无并不是在大全之外,毋宁说它**本身就是大全**。大全在设定各个本质性的同时,也以一种永恒的方式把各个本质性的永恒关联设定为无,因此大全是一切特殊事物的无——而这里所说的"事物",是就它们与本质性的永恒肯定相对立而言。所以,当另一个人把绝对者称作"绝对的无",虽然他并没有想到我们指出的那层意思,但他毕竟找到了一个更好的表述。当然,他的学说主要关注的是事物的绝对的无,而这些有限的、实存着的事物在他看来似乎是一种最高贵的实在性。

在某些东方的宗教体系(比如波斯宗教体系)里,一种真正的学说的古老萌芽发生了实在论转向,转变为一种二元论。按照这种二元论,除了一个完全实在的(善的)基本本质之外,还有另外一个基本本质,作为纯粹的缺陷、纯粹的无性质(或者说纯粹的黑暗),与之相对立;至于那些现实的事物,则被看作是两个本原的混合物。

然而事物中的无并不是一种纯粹的无性质,而是**实存**的无,它绝不可能与大全或者绝对者相对立,因为它并不具有一种与大全或者绝对者相对立的实存,确切地说,它根本就不具有任何实存。

[VII, 195] 近代以来,由于哲学的秩序完全被颠倒过来,人们不是试图从上帝走向事物,而是试图从事物走向上帝,在这种情况下,那个问题几乎不可能展示出它真正的思辨意义。只有在一种以上帝的完满性为依据的实践哲学里,那个问题才在一个改头换面的形式下重新出现。这就是对于灾害和道德恶的起源的追问。

如果上帝是感官世界的肇始者(通常大家都把这预设为一个毋庸置疑的真理),那么灾害和恶是从哪里来的呢?要么它们也是上帝创造出来的,在这种情况下,上帝本身就成了非完满性的肇始者;要么它们不是上帝创造出来的,而在这种情况下,它们是从哪里获得其不可辩驳的现实性呢?

这个问题促使人们认为,上帝和理性在打一场官司,而这场官司的文书和"终审判决"(正如一名机智的作家表述的那样)就收藏在莱布尼茨的《神正论》里面。

我们当然不能否认,莱布尼茨非常清楚地知道,对于那个问题,只有唯一的一个可能答案,而且莱布尼茨在一些零星言论中已经明确地说出了这个答案。但在他那个时代,任何一个明智的人都可以找到大量理由，以表明莱布尼茨并没有以一种连贯一致的清晰性来论证他的答案。

也就是说，莱布尼茨虽然指出，恶来自于本质的完全缺失，但他并没有断定缺失本身是某种虚妄的东西，也没有指出缺失来自于单纯的关联；他只是告诉我们，上帝的影响仅仅体现在事物身上的肯定因素那里。[①] 他援引早先的经院哲学家的观点，这些人已经教导我们，恶（以及一般意义上的实存）的原因不是一种充足因（causa efficiens），而是一种缺陷因（causa deficiens）。在那个时代，物体的自然惰性已经通过**开普勒**而得到证明，于是莱布尼茨试图以此为例子来澄清这个问题。他说，我们不妨这样设想，有几艘本身完全一样、但是负载着不同重物的船，在同一条河流里顺流而下。如果所有别的条件都是同样的，那么负重较多的船就会比其他船前进得慢。至于这个迟缓的原因，绝不是在于重物，因为所有的船毕竟都在前进，而不是在后退。也就是说，重物或汹涌的波涛仅仅是这些船的运动的原因，但不是运动的缓慢或阻碍的原因，因为它们对于所有的船都是一视同仁的；既然如此，缓慢或阻碍的原因只能在于船自身，亦即在于物质的天然的惰性，而这种惰性就是事物的原初缺陷的一个例子。——同理，上帝赋予事物以一切，即它们的本质性、完满性

[VII, 196]

[①] Malum est privatio entis, cum contra actio Dei ad aliquid positivum pertingat. Theod., Tom. I., P. 1., p. 141. ——Actio Dei producit et conservat, quicquid in creaturis est positivi, et largitur iis perfectionem, essentiam et virtutem etc. ibid. p. 142. ["恶是本质的缺失，与之相反，上帝的活动延伸为某种肯定的东西。"《神正论》第一卷，第一部分，第141页。——"上帝的活动创造并维系着被造物自身内的全部肯定因素，并赋予被造物以完满性、本质和力量。"同上书，第142页。] ——谢林原注

或力量；至于事物的非完满性的原因，则是基于一种自然的缺陷，基于一种单纯的缺失，而缺失在自身内不具有任何肯定的东西。

我们请读者自己动手，从莱布尼茨的上述言论中提炼出一种对于我们的观点而言也是最合适的解释。我们仅仅指出，莱布尼茨的洞察一切的精神不可能没有注意到这样一个后果：如果所有能够把事物本身和上帝区分开来的东西都是立足于一个纯粹的缺陷（亦即立足于一种不具有肯定因素的东西），那么全部事物中的实在因素或实体必然是唯一的一个实体，亦即上帝，而这样一来，莱布尼茨的那句名言——"**假若没有单子，那么斯宾诺莎是有道理的**"——反而会体现出它的真正价值。

这个研究其实构成了哲学的核心，但它在康德的批判主义里面却完全消失了。这个情况既是可以理解的，也是顺理成章的，因为哲学里面的某些粗俗之人宣称，"有限者与上帝的关系"这一问题是没法解答的；在这些人看来，说什么有限实存是一种从上帝那里堕落、并且脱离了上帝的生命，这简直是一件稀奇的事情，而既然这些人自己的实存已经完全陷入到各种关联里面，那么他们只能获得一个最为直接的经验，即唯一的、真正的罪恰恰是实存本身。

[VII, 197] 我们在前面的箴言里已经充分证明，事物在上帝之内的"存在"就是它们相互关联时的"非存在"，反过来说，事物在相互关联中的"存在"必然意味着，它们"不在上帝之内存在"，或从上帝的角度来看，它们其实是"非存在"。至于这个观点的进一步

的展开及其形象生动的阐述,则是宗教学说的任务:如果当代的**某些人**根本没有理解我关于宗教学说的第一个阐述①,那么我觉得我也没有义务继续给他们详加解释。他们的理解力可以歇息了,直到它可以重新振作起来的那一天。

有些人认识到,有限者是没有起源的,而有些人却以为,有限者有一个实在的起源。人们经常觉得,这两种观点都是晦涩难解的。为了澄清这个现象,我们希望以柏拉图解释哲学家和智术师之间的区别的一段话②作为结尾:

智术师的晦涩难解是一回事,而哲学家的晦涩难解又是另一回事。

智术师逃遁到非存在(τοῦ μὴ ὄντος)的黑暗里面,通过长久在那里厮混,适应了那个地方。由于他们身处黑暗之中,人们很难认识他们。

但哲学家却是通过理性的考察始终紧靠着存在者(τοῦ ὄντος)的理念。由于那个地方明亮耀眼,人们同样很难认识到他们。须知民众的灵魂之眼没有能力坚持凝望那神性的东西。

---

① 即《哲学与宗教》一书,图宾根,1804。——谢林原注
② 参阅柏拉图以"智术师"冠名的那篇著作,双桥版,第二部分,第175页。——谢林原注。译者按,这段话的确切位置见于柏拉图《智术师》(*Soph.* 254a-b)。

自然哲学箴言录

1806

F. W. J. Schelling, *Aphorismen über die Naturphilosophie,* in ders. *Sämtliche Werke*, Band VII, S. 198-244. Stuttgart und Augsburg 1856-1861.

自然哲学之第一部分或通论部分

a) 论自然界的本质和事物的现实性；论物质和运动

1[①]. 任何一个人，如果他仅仅关注单纯的存在（Daseyn），而不去理睬它的样式和形式，那么他必定会觉得这是一个奇观，并且对此充满惊诧：对于纯粹的存在，毫无疑问，在那些最早的朦胧观点中，人们是带着惶恐和一种神圣的恐惧突然注意到这一点。

2. 在所有个别的现实事物里面，唯有存在（Existenz）本身是一个无根据的、无限的东西，唯有它是一个自己掌控着自己的东西；如果一个人没有深入到世界的广袤和整体里面，徜徉其中，他怎么可能直观到那道永远躁动着的、孕育着生命的洪流呢？这道洪流淹没任何堤岸，冲破任何横亘在面前的围堵，但它的一切行动都是为了重新掌控自身，而不是停留或束缚在任何限制那里！

---

① 这篇著作的箴言编号在原书中是罗马数字，本书统一改为阿拉伯数字。——译者注

3. 与此相反，个别性所在的地方是一个永恒的黑夜，而那个自在且自为地不可显示的东西就潜藏在其中：人们不可能说，个别性是转变而来的，但人们同样也不可能说，个别性自在地已经作为这样一种东西存在着。个别性仅仅依附于无限者，和无限者一起存在着，它既不可能在无限者之前，也不可能在无限者之后存在着；个别性既不是一种触手可及的东西，也不是一种真正实在的东西，毋宁说，它就像一个镜框或镜像，如果没有一个东西在其中框束自身，那么它绝不可能出现。

[VII, 199]

4. 无论在一个个别的存在那里，还是在那些为数众多、不可胜数的事物的存在那里（庸众对于其中的大部分事物表示蔑视，认为它们的存在和他们自己的存在是不可相提并论的），你都会发现，它们的真正目标或唯一目的就是要存在。

5. 因此，对于这种无本质的、空虚的个别性本身，对于那种无条件的、无限的存在，如果你把它们看作是一出罕见的大戏，那么你会发现，这出大戏的唯一根据就是一个未知的本质，这个本质用存在的理念充实我们，而它自己则是一种纯粹的、必然的（但绝非受制于外的）乐趣，要在自身之内以无限的方式启示它自身。

6. 你不要揣测这里有什么选择或任性，毋宁说这里只有一种美好的必然性，它来自于一个无需反思就无限地爱恋着自己的自然界。之所以说"无限",因为一切有限性都有一个根据,而这个根据既不是在自然界之内(因为自然界完全浑然一体,不是什么双重化的东西),也不是在自然界之外(因为自然界本身就是全部存在)。

7. 既然实体——我们可以这样称呼存在本身——不是别的,仅仅是一种纯粹的想要做出肯定的乐趣,既然它无需任何选择、区分等进一步的理由和规定,就以一种无限的方式存在着,那么各种程度的实在性的形式和样式就没有被它排除在外,毋宁说按照它的本质的必然性,它本身就是所有那些形式或概念。这一切的唯一原因,就是它想要作为那些形式或概念而存在,想要在自身内以一种无限的方式拥有它们、肯定它们。归根到底,一切存在都是一个本质性的自然界的自身启示(参阅箴言2)。

8. 即便如此,你还没有知觉到,也没有真正认识到个别事物。因为,只有当永恒者在事物之内启示自身,你才可以说:"事物存在着。"因此事物单就其自身而言并未存在着;诚然,它们具有一种生命,或者说它们本身就是一种生命,但这仅仅是无限者的生命;换言之,它们的存在掌握在太一的存在手中。

9. 无论有光或是没光,你都看不见透明的空气:同理,无论依附或是脱离实体,事物都不存在。事物脱离实体就不存在,因 [VII, 200]

为在这种情况下，它们遁入到黑夜之中；事物依附于实体的时候也不存在，因为在这种情况下，太一之光淹没了它们。

10.因此无论如何，我们认识到的始终是一种不可估量的无限性；即使实体就是全部形式，它本身也没有变得多样化，而是始终保持为唯一的实体。实体和那些形式之间没有一种实在的关系，假若没有实体，那么形式就是**无**。同理，实体也没有受限或束缚于任何一个形式，它始终是自由的，不是任何个别事物可以掌控的，正如一个心灵虽然等于它的全部思想，但反过来，个别思想并不能掌控心灵本身。

11.既然如此，这个无形式的无限性的尺度会出现在哪里呢？换言之，现实存在的真正场所出现在什么地方呢？一切个别性都是某种绝对有限的东西，但存在（无论它是什么东西的存在）就其自身而言却是无限的，所以它也不可能借助于任何个别形式而真正得到理解或把握。

12.那个作为**全部事物**而存在着的东西，由于它的本质是一个统一体，所以唯有它才能够成为存在的**尺度**。由于它一方面作为全部形式而存在着，另一方面始终保持为唯一的一个东西（参阅箴言10），所以无论事物的大全，还是全部存在的统一体，都是同样无起源的、永恒的。

13. 事物的无限性虽然就其本身而言也是不可估量的,但**作为事物的无限性**,仍然仅仅隶属于唯一的一个本质,这个本质的本性就在于作为全部事物而存在,因此在它的统一体里,所有事物必然相互渗透,融为一体。永恒者不是诸多事物中的一个,也不是一个特殊的东西,毋宁说它同时是全部事物和每一个事物,而在这种情况下,个别东西和整体同时、并且以同样的方式存在于永恒者的神圣塑造活动之中。

14. 既然存在隶属于本质,那么存在的无限性就是以本质的统一体为尺度。那道淹没个别堤岸的洪流找到了它的永恒河床,但这个河床也不是一个特殊的形式,而仅仅是那个无限的、作为全部事物而存在着的本质的统一体自身。

15. 按照诗人笔下的关于远古世界的传说,当混沌的暴力被制服,无形式的怪物被驱逐之后,才有一个由极乐的、永生的诸神所掌控的温和王国。同样,只有当人们在存在的无限性里面同时也认识到了永恒创造者的统一体,他们才会直观到事物的纯净、和谐和持存。永恒创造者借助于他的创造活动的本质力量,在使事物从非存在那里凸显出来的同时,使事物就其自身而言就隶属于他的存在,并把事物纳入到他的生命的统一体之内。 [VII, 201]

16. 所以,如果你已经看到了存在的丰盈性,同时看到事物就其自身而言是一种缺乏尺度和目标的东西,那么你也应当认识到事物的那个内在的、神圣的纽带,看到事物如何通过本质的统一体(它们隶属于这个本质)融为一体。

17. 借用柏拉图的话来说,一切盲目的、无规矩的、向外发挥作用的力量,都是来自于古老的自然界,也就是说,来自于那个单纯外在的、无知觉的自然界;唯有这个自然界是事物的诞生地,而在这种情况下,事物也是在其中拥有它们的纯粹外在的生命(参阅箴言8)。

18. 反之,一切表现出尺度和内在目标,并且把事物的可理解性和和谐一致表现出来的东西,都意味着一种神圣的统一活动,意味着事物在实体的核心之内的内在塑造,而通过这种内在塑造,事物在自身内接纳了那个永恒的存在。

19. 借助于实体的无限性,事物之间也获得了存在的单纯联系,这是一种纯粹外在的联系,因为生命并不是**它们的**生命,而仅仅是实体的生命(参阅箴言13)。

20. 但是,借助于实体的统一体,事物不仅获得了一个自然的纽带(亦即诞生意义上的纽带,作为第一个纽带),而且获得了一个神圣的纽带,这个纽带是事物的内在真理,同时肯定着事物的存在(参阅《导论》① 第195节)。

---

① 即本卷收录的《自然哲学导论箴言录》(1806),以下同。——译者注

21. 在永恒太一和无限完满者之内，万物永恒地贯连在一起，一览无遗；至于那些通过空间、时间、接触等单纯的外在关联而出现的关系，全都只是那种永恒贯连的一个影像。

22. 有些人本身仅仅生活在一种排斥关系之中，并在这种关系中进行观察，所以他们觉得，这种和谐是不可理解的。然而自然界的各种现象及其自足生命毕竟让他们注意到，事物有一种神圣的联系，而且空间和时间并不是把事物统一起来的唯一纽带，更不是第一位的、最高级的纽带。这些愚蠢的人，由于他们不理解自然界的奇迹，不认识那个真正的本质，所以他们大言不惭地宣称，自然界是一个不真实的东西。① [VII, 202]

23. 实体作为无限性之内的统一体乃是外在自然界的本质（参阅《导论》第170节），是万物的统一性和纽带，就此而言，我们有理由把它看作是永恒自然界的心灵或内核。

24. 正如太阳自由地悬挂在苍穹之中，用纯净光明的力量把万事万物联系和统一在一起，同样，永恒自然界的心灵也是屹立在联系本身之中，作为统一体，作为统一体的神圣的内在塑造

---

① 近代哲学对于事物的这种神圣统一体是何其无知，可以通过许多例子窥见一斑。比如，有些人无比强调分析知识和综合知识之间的区分，仿佛科学发展到最后，就是以这两种知识为最终的分支。关于这个问题，任何人只要看了这一部分末尾附加的评注（在这里我请求大家马上去读读那个评注），就必然会知道，相对于真正的知识亦即理性知识而言，那个区分是毫无意义的。——谢林原注。译者按，参阅本书箴言95之后的"箴言22之注释：关于分析命题与综合命题的区分"（VII, 218-220）。

力,自由地不受任何约束;它是一切有知觉的存在的发源地,而这个发源地是可见的自然界里面的一颗跳动着的心脏,它在自然界的神圣身体里面全方位地推动和驱动着一切,制造出各种躁动,使一切被造物亲密无间。

25. 那个**创造性自然**(Natura naturans)同样也是如此,也就是说(参阅《导论》第90节),它在自身之内以同样的方式既是无限性,也是统一体,既是万物的扩张,也是万物的活生生的凝聚,而它自身却是摆脱了任何联系,具有永恒的自由。

26. 创造性自然,作为一个自由的无限者,无限地肯定着万物,把万物纳入到它的本质的统一体之内,在这种情况下,它**直接**就是事物的总体性,正如一个有机物就是它自己的全部部分,和这些部分一起构成唯一的一个不可分的整体。至于那些事物,虽然它们本身就是创造性自然,但就它们**作为**事物**存在着**而言,它们是**被造的**和**被束缚的**自然(Natura naturata)。

27. 实体作为全部事物**存在着**;然而事物的神圣状态在于(参阅箴言13),它们全都隶属于唯一的一个实体,而且万物的存在是以每一个事物的存在为尺度,反过来,每一个事物的存在也是以万物的存在为尺度:按照这个尺度,每一个事物的实体都**存在着**,然而没有哪一个事物可以单独或孤立地存在着,换言之,没有哪一个事物绝对地存在着。毋宁说,当每一个事物与**自**

身相关联的时候,它也是作为其他事物而存在着,而其他事物同样能够仅仅与自身相关联,同时作为另外一些事物的本质性而存在着,而那些事物的肯定仍然遵循着同样的方式……这个序列本身是**走向无穷**的,而这意味着,所有这些事物(或者说事物的肯定)都同时被设定了,而它们实际上就是同时现成地存在着。它们等同于那个创造性实体,就是实体本身,只不过这一切都是从实体的丰盈存在来看才是如此。

28. 按照这个方式,当每一个个别事物的实体仅仅与**自身**相关联的时候,它就表现为另一个事物的本质性,而后面这个事物同样仅仅与**自身**相关联,并且作为另一个事物而存在着,如此以至无穷。每一个事物都完全停留在**自身之内**,绝不会超出自身。然而实体本身是**永恒**的,所以,**只要**它作为一个特定的个别事物而存在着,那么它**同时**也是作为所有别的事物而存在着:在这种情况下,对实体而言,被造事物(参阅箴言26)的生命就直接瓦解了,重新融入到**实体**的生命的绝对同一性之内,融入到那种自由的永恒性之内。

29. 创造性自然作为一个整体(参阅箴言25),乃是实体的同一性或永恒**系动词**(copula)——在这里,"实体"既是指**全部事物**,也是指万物的**统一体**。同样,在个别事物那里,创造性自然必然也是实体的绝对同一性或**系动词**——在这里,"实体"既是指**这一个个别事物**,也是指万物的本质,亦即一个**无限的**

东西。

[VII, 204]　　30. 全部现实性都是基于每一个事物内部的三个要素的不可分的统一体，这三个要素就是：1) 创造性自然，2) 作为无限者的实体，3) 作为**这一个**个别事物的实体（因为实体按照一种永恒的必然性，作为全部事物存在着）。从这个方面来看，由于每一个个别事物都以其他个别事物为前提（参阅箴言27），如此以至无穷，所以这里有一个无穷序列。但从实体的角度绝对地看来，由于个别事物（借助于**系动词**）绝对地联系在一起，所以序列的无限性是一种**现实地**摆在面前的、真正现实的无限性。因此，就实体作为**创造性自然**而言，在它那里，每一个事物都以一种永恒的方式完全处于一种纯粹的、不变的临在状态（Gegenwart）。

31. 因此在每一个事物那里，**系动词**或绝对同一性都是一个**永恒的东西**，通过它，每一个事物都直接融入到创造性实体里面（参阅《导论》第98、99节）。

32. 当尺度和无限的力量联合起来，就产生出那个明亮的诸神肖像，即理念。这是纯粹肯定活动的必然乐趣的一个产物，但它已经通过万物的统一体而变得柔和。理念不是事物自身，毋宁说它是这一个事物在永恒的创造性自然之内的神圣存在，亦即这一个事物的肯定①或临在状态。

33. 所以**理念**也可以被看作是每一个事物之内的**系动词**或**创造性自然**(参阅箴言31)。

附释②：为了解释这一点，我们请大家回想一下，我们早先就已经使用过这个程式。无限者(A)**作为**A，直接也是有限者(B)，而这个绝对同一性的表达式就是A=B。从B出发，这个序列可以走向无穷；**系动词**本身不以任何东西为前提；A不可能被规定为B，除非它还可以被规定为C、D等等，如此以至无穷。——A不可能也是B（即是说A不可能是有限者），除非它在同一个不可分割的肯定中仍然是无限者，也就是说，除非它不仅是对于B的肯定，而且也是对于这个肯定的肯定。因此它是$A^2=(A=B\cdots$但从"A=B$\cdots$"这一方面来看，无限性对于A^2而言是一个绝对临在的无限性，所以个别事物也直接融入到创造性自然(A^3)里面。因此每一个个别的事物，就它包含在创造性自然里面而言，其完整的表达式乃是$A^3/A^2=(A=B\cdots)$。

34. 反之，个别的现实事物是实体，而这里的实体是指一个现实的有限者。当然，实体**同时**也是一个无限的东西，只不过这是那个不可消解的联系的另一个独立存在着的方面(参阅箴言29)。 [VII, 205]

---

① 这就是命题"A=A"中的肯定；真正意义上的纯粹肯定恰恰就是同一性本身。——谢林原注
② 这个附释在原文中是脚注的形式。——译者注

附释①:绝大多数人在这里会遭遇一个困难,即他们很难理解,无限者如何能够与有限者统一在一起,或者说无限者如何能够直接就是有限者。原因在于,他们不懂得什么是绝对同一性,而且他们始终把存在想象为一种不同于实体本身、现实地可以区分出来的东西,殊不知存在恰恰就是实体本身。在"A是B"这个命题里,实际上陈述出来的仅仅是这样一个事实:A是B的**本质性**(Esse, Wesenheit),就此而言,B单凭自身是**不可能存在**的,毋宁说它只有在和A的联系中才**存在**。这恰恰也是"**上帝是全部事物**"这一命题的意思,而这个命题用拉丁文来表达的话,不应当是"Deus est res cunctae",而只能是"Deus est res cunctas"(通过箴言8和箴言20的比较,我们可以看出,事物如何从被动态提升为主动态)。现在,如果有人指责道,通过"**无限者是有限者**""**自由的东西作为这个东西直接也是被束缚的东西**"(箴言26)等命题,我们把两个东西混淆在一起,犯了逻辑矛盾的错误,那么我们不得不向他指出,他误解了全部逻辑的第一个法则。很显然,A之所以是B,是因为它是B的本质或**本质性**(Esse),所以A不可能**等同于**单纯的B本身。如果有谁觉得这个情况太过于悖理,那么他不妨通过下面这个绝佳的例子来检验一下。比如"当前这个物体是红的"这个命题,很显然,红色性质在这里不可能是一种独立存在的东西,但是它通过同一性而与主词"**物体**"结合在一起:它是一个被谓述的东西。至于那个做出谓述的东西,物体,则是这个性质的**本质性**(Esse),所以它确实是这个

---

① 这个附释在原文中是脚注的形式。——译者注

性质（正如这个命题表述的那样）；但由此却不能得出，主词"**物体**"的概念（在逻辑上）等同于谓词"**红**"的概念。——因此，当我们说"实体作为实体是有限者"或"A=B"，我们确实认为，实体是这个有限者，而且它实际上也不是别的什么东西，但这并不意味着，实体因此在逻辑上本身就**等同于**个别性（B）。

35. 虽然自在地看来，实体本身不是被束缚的，但作为这样一个东西，它毕竟又是被束缚的（**参阅前一个命题的附释**）：同样，个别事物的整体也不可能是以外在的方式联系而成的，尽管它和这些事物一样，也是一个联系而成的东西。毋宁说，作为整体，它直接地重新消融在自由的自然界之内，好比一个有机体的个别部分，作为统摄在有机体下面的东西，虽然相互之间全都是联系在一起的，但各个部分的整体却不是以外在的方式联系在一起的，不是以捆绑的方式形成的。 [VII, 206]

36. 所以，**个别事物与个别事物的联系在自然界内部**是可以无限追溯的，也就是说，这种联系绝不可能转化为整体自身的一种联系，因为整体是永恒自由的，仅仅维系在自身之内。

37. 你徒劳无益地试图打破这个圆圈，试图找到一个点，以便在那里把握这个圆圈或这个圆圈的开端之处。一切事物都只能是以永恒的方式包揽在这个整体之内，这个整体就好像一个魔圈，一个眨眼间（mit Einem Schlag）就存在于那里的魔圈，与此同时,所有隶属于它的东西同样也是永恒地存在于那里,必然是真正临在的,就和魔圈自身一样。你自己也只能**存在于**这个圆圈之内,所以你不可能同时又超脱出来。

38. 任何一个整体既可以被看作是由它的全部部分联系而成的,也可以被看作是一个自由的东西,但与此同时,它始终只是同一个整体;同样,对于那个自由的、亦即创造性的实体而言,被束缚的自然界不是一个偶然的东西,而是一个本质性的成分;它和实体是**共存的**,正如实体是和自身共存的。

39. 实体的本性就在于无限地肯定着个别事物,永恒地把它们融为一体,所以,如果你扬弃了个别事物,或者说如果你认为它们在某个时候是遭到扬弃的,那么你就扬弃了实体自身。这就好比,如果你消除了一个圆周的个别点,你也就消除了这个圆周,随之消除了圆心,随之消除了圆圈本身。

40. 就此而言,事物具有一种完全直接的、就理念而言永恒的现实性;任何一个个别的实存,**作为**一个个别的东西,其根据都位于永恒的系动词之内(参阅箴言29);借助于**系动词**,实体**作为**无限者,同时也是有限者,是**每一个**独特的个别事物(参阅箴言34)——实体虽然不是绝对地成为个别事物,但在与另一个个别事物相关联的时候却是如此,而另外那个独特的个别事物同样也是实体,它又与别的个别事物相关联,如此以至无穷

[VII, 207]

（因为事物的无限性已经**永恒地**包揽在总体性之内）。

41. 所谓"实体是一个独特的个别事物"，意思是指：实体有无限的能力作为每一个事物而存在，这种能力过渡到相互关联的个别事物之内，而这样一来，个别性与实体的最初关系，亦即那种诞生关系或纯粹外在的生命的关系（参阅箴言17），就重新被给定了。

42. 但是，能力的这种过渡不是以一种绝对的方式，而是仅仅在与另一个东西相关联的时候发生的，这个东西又与别的东西相关联，如此以至无穷（参阅箴言40），而且所有这些事物在创造性的实体之内都以一种永恒的方式现成存在着，真正同时存在着。既然如此，那么很显然，外在生命的这出表演是以一种无关时间的方式包揽在实体的永恒性之内，只能**立足于**实体的永恒性。

43. 但在这种过渡中，能力通过一个永恒的和内在的尺度也得到了柔化，不至于打破限定。也就是说，通过那个尺度，能力得到控制，并作为形式或概念显现出来。而从它那里，就好像通过一道闪电（参阅《导论》第116节）或一个罕见的现象，立即产生出形体实存的可理解性和启示。

44. 事物的全部规定就是实体的全部规定（这里指实体作为

这一个事物存在着而言),但它们不是实体的绝对意义上的或自在的规定,毋宁说仅仅是实体在与自身相关联时,作为另一个事物的本质性时的规定。在这种情况下,这些规定也是可以追溯至无穷的。

45. 作为**这一个**个别事物的肯定,也就是说,就其被看作是一个纯粹有限的东西而言,实体有可能不同于自身,与自身产生隔阂,不被自身所理解,只不过这里的"自身"同样也是指它作为另一个个别事物的肯定,仅仅被看作是一个有限的东西而言——而这种情况可以追溯到个别性的原初黑夜(参阅箴言3)。也就是说,在这种情况下,实体是一个标的,但正因如此,一个个别事物成为另一个个别事物的启示。

[VII, 208] 46. 然而个别事物也仅仅是以一种抽象的方式被说出来。**自在地看来**,这样一种分割在实体之内是不存在的,因为,当实体作为个别事物存在着的**时候**,它同时也作为**全部**事物存在着,无限地当下存在着。作为个别事物和整体之内的**创造性自然**(参阅箴言33),它是绝对同一性,是最纯粹的纯洁性和直接性。

47. 由此可以明确得知,自在地看来,实体并没有溢出自身或者发生扩散,另一方面,只要一个个别事物仅仅与其他个别事物相关联(亦即从无限者那里抽象出来),那么对它而言,其他个别事物就不可能具有核心的完整性和明晰性,而是只能处于相互隔阂的状态和一种非本质的联系中（参阅《导论》第109节），并在其中显示出来，存在于它的面前。

48. 长久以来，科学一直都想要搞明白，现实事物（尤其是形体）为什么具有如此令人惊诧的外观。但由于绝大多数人根本就不知道，事物的个别性和实体如何能够统一起来，所以他们也不可能明白，实体如何作为这些事物而现实地**存在着**。

49. 很明显，一个仅仅依赖于其他事物才存在着的东西，和一个单凭自身就存在着的东西，不可能具有同样的实在性。无论如何，这绝不是一个单纯程度上的差别，而是一个完全不同类型的（totius generis）差别，好比白昼与黑夜的差别，存在与非存在的差别。①

50. 由于自然界在本质上是创造性的，所以它的那些概念虽然绝对地就其自身而言并不是一种实实在在的东西，但是当它们全部融为一体，也就是说，当它们在整体之内、与整体同时在一起，它们就是一种实实在在的东西。另一方面，由于整体永恒不变地是一个现实的东西，所以那些孕育在其中的概念必然也

---

① 这就是斯宾诺莎在两种东西之间明确设定的差别：一种是 quod in alio est, per quod etiam concipitur[基于他者而存在，并且通过他者而被理解的东西]，另一种是 quod in se est per se concipitur[基于自身而存在并通过自身而被理解的东西]，即自由的和永恒的自然。——谢林原注。译者按，这是斯宾诺莎分别关于"样式"（个别事物）和"实体"的界说。参阅斯宾诺莎《伦理学》第一部分，界说三、五。

是以一种永恒的方式存在于实体之内。

51. 事物在创造性自然之内不是以一种物理的或自然的方式当下存在着（参阅箴言30），毋宁说，创造性自然以一种本质性的方式作为事物本身**存在着**：同理，真正说来，事物与实体的关系也不可能是一种物理的或自然的关系；换言之，我们可以说一个事物存在于另一个事物之内，但我们不能说事物也是像这样存在于实体之内，仿佛渗透或者分裂了实体，毋宁说，我们只能将其比拟为概念或想象与灵魂的关系。同样，我们也不能说什么形式落入或者过渡到实体里面；我们只能说，实体是一个在本质上可以形象化的实体，各种形式虽然存在于它里面，但是并没有分割实体，更没有制造出多个实体。

[VII, 209]

52. 如果人们没有认识到，实体本身如何以一种本质性的和不可分的方式作为全部事物**存在着**，那么当他们发现，一方面是各种形式的持续更替，另一方面是实在事物的持续的与之配合，他们就只剩下两种选择：要么认为形式本身不是一种本质性的和真正永恒的东西（但这个观点是错误的，参阅箴言50），要么认为实在事物不是一种本质性的东西，虽然形式是通过它们才存在着并且显现出来。

53. 有些人认为，质料（Stoff）是一种可以接纳全部形式的东西，它既可以轻松随意地接纳形式，也可以随时离开或者放弃它们。而在一种更高的意义上，质料是古人所说的Mὴ Ὄν[非存在]，按照这个观点，物质（Materie）是一种彻底剥离了任何形式的东西，它虽然不是完全的"无"，但毕竟与"无"最为接近，它是实在性的极端匮乏，是最高程度的渴求本身。

54. 因此，那不具备任何真理的东西，要么是形式，要么是物质；但反过来，自然界的持续变化已经明确表明，实体与形式之间不是像两个同样实在的事物那样有所联系，而且实体在整个现实性里面绝不可能处于被动地位或发生变形。

55. 假若形式像人们通常想象的那样，确实给实体打上了自己的印记，那么就有可能出现这样的情况：比如，当一个实在事物促成了一株植物的存在，它似乎就因此直接过渡到了动物自然界，随后离开植物，返回到空气、水以及其他元素之内，但没过多久，它又按着相反的方向重复同一个历程。单凭这些情况，人 [VII, 210] 们必然就会对实体和形式之间的任何实实在在的亲密性产生怀疑。

56. 或许有人宁愿以戏谑的方式说道，自在地看来，实体本身并没有发生变形，而与此同时，变形就其自身而言和实体一样也是不可见的，正因如此，所以会出现一种对照或对应；这就好比，光单就其自身而言（即在缺乏黑暗的情况下）也是不可见的，而当它和阴影摆放在一起，就成为可见的，并且使得密度显现出来。

57. 当那种吞没一切的能力得到控制（参阅箴言43），它就在事物那里呈现为一种广延冲动,而事物则是在一种相互排斥的关系中（参阅箴言47）显现出来。通过这种情况,相互关联的事物实际上也获得了一种纯粹外在的生命,或者说它们相互之间全都显现为一个外在的东西。

58. 那种得到控制的能力造成一种冲动,这种冲动热烈地涌向自身内部,以便在这里尽可能地——但却是无穷无尽地——填满形式。这种热烈冲动不但构成了诞生事物的内在性,而且也是诞生事物的外在表现,它表明,一切存在都在神性的统一体之内得到了内在抚慰。

59. 这就是物质的奇妙产物,它既不是完全外在的,也不是完全内在的,既不是完全显现的,也不是完全遮蔽的,而是安然地**屹立**在二者之间;这是神性能力的生发和总括,是大全的第一个肖像。

60. 实体的永恒统一体通过无穷多的事物展现自身,同时又把展现出来的事物永恒地收回到自身之内,给予它们各自的本质一个尺度;同样,实体作为个别事物的本质,也创造出无穷多的回应着它的自身肯定的东西,同时又把它们永恒地收回到作为统一体的自身之内,将它们束缚在一起,并通过这个方式呈现出一个既是独立的、同时又存在于个别事物之内的大全。

61. 创造性实体一方面把统一体放置到深不可测的实在性之内,另一方面又把这个深不可测的实在性提升为统一体——这个统一体是事物的光,但还不能照亮整个实在性。通过这种内在塑造活动,创造性实体不但创造了可见的实在性,亦即被动的自然(Natura naturata),而且创造了那个介于光明和黑暗之间的东西,亦即真正的物质。 [VII, 211]

62. 尽管如此,我们只是在一般的意义上阐明了事物的形体方面的诞生,还没有阐明其在现实中的诞生。一方面,存在的接受性是无限的,另一方面,存在又是不可分的;正是由于上述情况,所以自然界具有一种强大和强烈的冲动,要在一切事物里面尽可能诞生出一切事物,并且以一种紧凑的方式把它们同时呈现出来。就此而言,在自然界里面,没有一个事物是孤立的,毋宁说全部事物都包含在一个神圣的混沌之内。坚硬的石头不可能存在,除非另一个东西和它一起、在它之内存在着;它和那个东西不是通过堆积或混合而在一起的,毋宁说它们处于一个不可分的生长过程之中。但自然界的最高产物是一些作为特殊大全的东西,在它们那里,自然界的创造乐趣真正得到了满足,并表现和呈现出来。

63. 恰恰通过我们所描述的各种形式之间的更替，全部存在表明自己是一个完整的统一体，是一个不可分的东西。全部事物最终都会消融在唯一实体的存在里面，隶属于这个实体：同样，较高的东西也会把较低的东西吸纳到自身之内，把后者当作是一个隶属于它的存在的东西。土、空气、水被吸纳到植物之内，植物被吸纳到动物之内，低等动物被吸纳到高等动物之内，全部事物最终都被吸纳到天体之内，天体又被吸纳到大全之内，而大全则是被吸纳到永恒的实体之内。因此每一个较低的东西都隶属于一个较高的东西的存在，全部事物最终都隶属于那个永恒唯一和无限完满的东西的存在，但正因如此，没有任何事物是从那个东西那里产生出来的，毋宁说它们和它**同时**存在着。

64. 我们已经发现，一个事物的形体方面就其自身而言实际上就是完整的实体（参阅箴言61），也就是说，在这种情况下，实体沉迷于它的肯定乐趣，就好像被这个乐趣拖拽着一般，执着地肯定着个别事物，完全作为个别事物存在着。换言之，之前提出的那个命题（参阅箴言30）永远都是有效的：在每一个现实事物那里，创造性自然或实体，既是无限的，也是有限的，这两种情况必须以一种不可分的方式在当下统一起来。

[VII, 212] 65. 当实体作为形体存在着，它在这种情况下确实只是一个有限的东西（参阅箴言44）。但是，基于绝对同一性和永恒系动词，实体不可能是一个有限的东西，除非它在同一个处境下同时

也是全部事物的本质(参阅箴言29),也就是说,唯其如此,它的有限性才会消融在它的永恒生命之内(参阅箴言28)。

66. 但作为全部事物的本质,实体就是全部事物的内在现实性,并且在唯一的一个本质之内把它们吸纳进来并联系在一起(参阅箴言21);实体既是一个特定的有限者,同时也是全部事物的本质,这只有在如下情况下才是可能的,即它在那个有限者**自身之内**就把全部事物吸纳进来并联系在一起。

67. 然而这个有限者并非全部事物,它仅仅是**这一个**事物;它不是在绝对的意义上存在着,而是在与其他事物相关联时存在着,而其他事物,作为**这一些**事物,同样只有在与另外一些事物相关联时才存在着。既然如此,就个别事物作为个别事物而言,虽然全部事物的本质就在它之内,但这个本质不可能在一种绝对的意义上把全部事物吸纳进来并联系在一起,毋宁说它只有在与个别事物相关联时才能做到这一点;但正因如此,这个本质只能、而且必然与另外一些事物发生关联,因为这些事物与那个个别事物是相互关联的。

68. 诚然,这些情况也仅仅是以一种抽象的方式被说出来。当实体作为这一个个别事物存在着**的时候**,它在自身内同时作为全部事物存在着(参阅箴言28);因此,当它在这一个个别事物里面把事物吸纳进来并联系在一起**的时候**,它同时也在全部事物里面把全部事物联合为一个整体。

69. 所以，对绝对意义上的实体而言，在这种情况下（参阅前述），被束缚的事物的生命也消融在一种无限的临在之内，仿佛消融为一种不可分的接受性（正因如此，这种接受性其实**不是一**种接受性）。但是，当实体在现实中**仅仅**作为这个事物存在着，也就是说，当实体仅仅在与这一个事物相关联时把事物吸纳进来并联系在一起，就不会出现上述事情。

[VII, 213]

70. 事物在一个个别事物之内主动联系在一起，形成一个活生生的统一体，对于这种情况，唯一适合的概念就是"**灵魂**"概念。真正说来，灵魂无非就是一种"多中见一"的能力。

71. 在实体之内，绝对地看来，无限性或存在始终都是完全契合于这个存在的统一体或不可分的肯定，也就是说，无论是作为统一体或永恒心灵（参阅箴言23），还是作为存在或现实性，实体都是同一个东西，因此实体在这种或那种情况下并不是一个双重化的东西，毋宁仅仅是一个绝对的单一体。

72. 个别的现实事物**是**实体，但这绝不是绝对意义上的实体，而仅仅是一个与自身相关联的实体，也就是说，实体同时也是别的事物，而那些事物同样不是绝对意义上的实体（参阅箴言27）。所以，就实体作为个别事物而言，它不仅是一般意义上的事物,而且在每一个环节上始终都是一个完全被规定的东西,仅仅是**这一个事物**;与此同时,实体作为无限者,它不仅始终是全部事物的始终相同的临在,而且也是一个完整存在着的个别事物本身的临在。

73. 实体一方面是一个个别事物,是个别事物本身,另一方面又是全部事物的本质,因此这里有一个必然的差别。对于那个保持着自己的绝对性和永恒性的实体(这时它作为**全部事物**存在着)而言,这个差别是被扬弃了的(参阅箴言32),但对于个别事物而言,亦即对于那个事实上仅仅作为**这一个事物**而存在着的实体而言,这个差别始终保留着。

74. 恰恰是本质(作为全部事物的统一体或肯定)和个别事物的特殊存在之间的这个差别,造成了一种抽象的有限性;根据这种有限性,个别事物的存在不是**实体的存在**(Esse substantiae),而仅仅是一种立足于形式或关联的存在。

75. 尽管如此,借助于永恒系动词(参阅箴言29),借助于上帝在自然界里面的内在塑造活动,事物的本质和存在仍然是统一起来的(这表现为它们事实上存在着)。正因如此,全部事物都是直接通过绝对者而获得生命,并产生出一个完全获得生命的整体,即**被动的自然**(Natura naturata)本身。 [VII, 214]

76. 严格地说,绝对意义上的实体不能被称作"获得生命",因为在实体里面,存在和本质都是同样无限的,没有什么东西需要"获得生命"。正因如此,绝对意义上的实体也不可能获得一个形体上的自然界。

77. 毋宁说,创造性实体在个别事物里面是灵魂和身体的系动词,正如它在整体上是事物的大全和统一体的绝对纽带(参阅箴言29)。借助于这个永恒的同一性,即使在个别事物那里,自在地看来(亦即从每一个事物的**理念**或**创造性自然**看来,参阅箴言33),灵魂和身体也不是两个真正不同的本质存在,毋宁说它们仅仅在一种抽象的观察方式下显现为两个不同的东西。也就是说,"灵魂"和"身体"仅仅是同一个本质存在的双重思想;换言之,同一个本质,如果从有限性方面来观察,就是身体,而如果从无限性方面来观察,则是灵魂。

78. 任何一个事物的灵魂都包含在永恒自然界的心灵之内(参阅箴言23),因此包含在全部事物的内在的、永恒的当下存在之内。如果我们在这种情况下观察它,那么它本身也是全部事物的一种临在。但**抽象地看来**,也就是说,如果它事实上仅仅是**这一个**事物的灵魂,如果它仅仅与这一个事物相关联,表现为事物的联系,那么它仅仅是对于事物的一个直接知觉,即是说它和那个事物之间是一种直接的关联。但这样一来,一切与那个事物没有直接联系在一起的东西对它来说必然都是不可见的,尽管从创造性自然的角度看来,那些东西始终都是以同样一种永恒的方式临在着(参阅箴言32)。

79. 正因如此,按照这个方式,灵魂不可能是自在的事物本身的一个概念,而只能是相互关联的事物的一个概念,也就是说,它不可能知觉到事物在永恒者或绝对同一性之内的样子,而是只能知觉到事物的相互排斥和无关本质的联系,而在这种情况下,它本身仅仅是一个对于物质的表象。 [VII, 215]

附释①:绝大多数人自以为已经明白,灵魂拥有概念、表象等等。然而在自然界里有一些活生生的概念,它们无非就是概念本身,是一些不可能"**被拥有**",相反却是自为存在着、并且无须借助于反思即发挥着作用的概念——这些情况对他们来说不仅是不可理解的,甚至是不可理喻的。就此看来,在我们这个时代的哲学世界里,仍然保留着笛卡尔时代的顽疾,那个时代否认一切晦涩的概念,亦即一切非反思的、非主观的、仅仅客观存在着的概念,但这样一来,它就把整个自然界(不仅是那种通常所谓的僵死的自然界,而且包括那种活生生的自然界)都放逐到纯粹机械力学的王国里面。

80. 同理,灵魂不可能在一种绝对的意义上成为它所直接肯定的事物的概念。毋宁说,灵魂只能是那种与其他事物相关联的事物的概念,也就是说,灵魂只能是作为**身体**的事物的概念。

---

① 这个附释在原文里是脚注的形式。——译者注

81. 虽然灵魂作为那种事物的概念,也沾染了该事物的有限性,但是按照最初的那种必然性(参阅箴言65),灵魂与身体的关系始终都是无限性与有限性的关系。所以,每一个事物正是通过它自己的灵魂而不断消融在永恒存在里面。在这里,我们的任务尤其是要更准确地解释这一点。

82. 任何一个事物,如果它仅仅作为**这一个**事物(亦即一个完全被规定的东西)存在着,那么它是**静止的**;但任何一个事物,如果它不仅在这一瞬间显现出来,而且能够显现为更多的东西,或如果它不仅像当下这样存在着,而且能够作为更多东西存在着,那么它是**运动的**。

83. 绝对地看来,实体是不动的,因为在它之内既没有距离,也没有间隙。这里并非先有某个东西存在着,然后有别的东西产生出来。毋宁说实体同时作为一切东西存在着,在任何一个瞬间里,它都是永恒性,而作为一个永恒的东西,它又仅仅是唯一的一个不可分的肯定。但是,当实体作为个别事物存在着,它看起来就好像从一个个别事物过渡到另一个个别事物;它就像一个始终愿意完全展示自己,但在现实中却永远达不到这个目标的东西,毋宁说,它本身实际上始终是一个永恒封闭的圆圈。

84. 在那个持续地从一个个别事物过渡到另一个个别事物的过程中,实体仿佛制造出了时间之流(参阅《导论》第131

节)。但从理念来看,永恒性是先于时间的,它始终是第一位的或最高的东西,或更确切地说,它是**唯一的东西**,而时间性的东西本身是包含在这个永恒性之内。

85. 当实体作为一个个别事物存在着,它借助于自己的永恒自由,直接也作为全部事物存在着。全部事物和这一个事物虽然都包含在**创造性自然**和那个化解了一切矛盾的神性塑造活动之内(参阅箴言32),但它们只能在**被动的自然**之内同时存在并融为一体,除此之外没有别的途径。实体之所以看起来是向前推进的,其原因并不是像某些人所说的那样,是因为物质永远不会餍足,始终追求着更多的东西;毋宁说真正的原因在于,当实体作为这一个事物存在着,它本身就**现实地**作为更多个别事物存在着(这些个别事物是那个有限的个别事物所不能囊括的),正因如此,实体看起来是在这一个事物里面持续推进,不断蔓延并过渡到其他事物。

86. 因此,对个别事物来说,事物的潮起和潮落、诞生和回归等等都仅仅是它们的永恒性的一些可感知的波动;这些环节虽然在有限者看来是相互分离的,但自在地看来(亦即在实体的生命中)却是不可分割的(参阅箴言30)。

87. 基于上述理由,如果不考虑形式的全部更替,那么自然界就实体而言始终都是同一个东西;然而有些人不理解这一点,因为他们根本不知道,自然界如何在本质上就作为全部事物**存在着**,于是他们必然会假定有如此众多的实体,并把它们看作是自然界的不同产物。好比一个完满的、溢于言表的心灵,始终保持为同一个东西,始终把它的思想消融在永恒的自身之内,始终和它们融为一体:同样,自然界和它的产物也是始终融为一体,始终直接地存在于每一个事物面前,同时又坚持着自己的单纯性和永恒性。

[VII, 217]　88. 所以,实体作为一个绝对的和永恒的东西,不仅不**被推动**,自在地看来,甚至不是一个**推动者**。而当实体作为有限者**存在着**,这个有限者当然不是一个推动者,而仅仅是**被推动**。因为有限者就其自身而言在每一个瞬间都仅仅是**这一个**东西,而且只能作为这一个东西存在着。有限者的本质是静止,它的形象是空间,而空间就是静止本身。

89. 火焰不可能持续燃烧,因为它需要空气作为滋养,而空气本身是受另外一些事物规定,这些事物又受另外一些事物规定,如此以至无穷:基于同样的理由,身体现象也不可能是一个持久的现象,确切地说,一切形体都仅仅在一个瞬间具有一种真实的和完满的存在,正如被融化和被分割的银块仅仅在一瞬间展示出自己的力量。

90. 在任何被造物和后来形成的事物里面,真正活着的东西是一个永恒地被诞生出来的**理念**,而每一个事物的开端和终结本身都是这个理念的不同环节(这些环节仅仅在现象中是相互分离的),正如在自然界的那些奇妙变化里面,当自然界把一个最初的土性物塑造成一个气性物,这两种状态的真正的、从本性上来说永恒的中点,也是那个在其中活动着的**理念**。

91. 所以,无论有限者怎样运动和变化(参阅箴言89),其最终根据和永恒源泉都是在于全部事物相互之间的联系,在于每一个事物的存在都以全部事物的存在为尺度,以及反过来全部事物的存在都以每一个事物的存在为尺度(参阅箴言27)。由于全部事物在实体之内实际上是同时存在着,所以它们的存在是一个不可分割的存在,而在这种情况下,从那种外在的生命来看,全部事物同样地爱恋和仇恨着彼此——所谓爱恋,指它们相互补充,而所谓仇恨,则是指它们的存在相互排斥——不断地动摇在和谐和争吵之间,并通过这个方式一方面彰显出平静的永恒性,另一方面彰显出各种力量的统一体。

92. 所以,在**宇宙**里面,唯有**第一推动者**(primum Movens)才是永恒自然界的心灵(参阅箴言24),或者说世界的神圣灵魂。它不断地把全部事物消融在自身之内,仿佛将它们吞噬了一般,因此它是永恒性的最初的和最高贵的工具。 [VII, 218]

93. 即使在个别事物里面,那和它一起同时诞生的灵魂也是永恒心灵的一个内在塑造物(参阅箴言88),而灵魂在与身体相关联的时候是一个真正的无限者。有限者作为一个被推动的东西,始终而且在每一个瞬间都是**这一个**东西;但是灵魂能够知觉到其他事物**是**其他事物,而由于其他事物又是和别的事物联系在一起,如此以至无穷,所以灵魂乃是无限者在有限者之内的一个真正的、活生生的临在。

94. 正因如此,唯有灵魂才是每一个事物里面的推动者,按照事物所处的关系来推动事物;灵魂不断地把有限者消融在无限者之内,因此它是永恒性在每一个事物之内的工具。

95. 因此我们才会认为,自然界从灵魂和身体出发,最终转变为一个真正具有神性的形象,仿佛作为一个具有知觉能力和理解能力的上帝而被诞生出来。至于**实体本身**在个别性里面,在事物的联系里面,如何作为一个无限的和永恒自由的东西存在着,这是我们接下来必须要考察的情况。

箴言22之注释:关于分析命题和综合命题的区分

假若"A=A"这个原则仅仅具有普通逻辑所承认的那种形式上的意义——如果我思考A,那么我思考A——那么从这个原则出发,实际上只能推演出康德所说的那种分析命题。然而"A=A"这个命题绝不是仅仅具有一种形式上的意义,毋宁说它是一个最高意义上的存在命题(Existentialsatz),通过这个命题,全部存在的本质和状况都被谓述出来。全部存在都是基于主体和谓词的一个不可瓦解的联系，这个联系在那个命题里不是针对一个特殊的状况，而是普遍地和绝对地被谓述出来。如果人 [VII, 219] 们承认（人们必须承认），谓词（亦即被谓述的东西）和主体（做出谓述的东西）之间的关系是这样一种关系，它虽然**不能**自在且自为地存着，但通过与主体的联系毕竟**存在着**，那么很清楚，命题"A=A"（亦即同一性原则）所谓述出来的，无非是那个**永恒的系动词**，它把**自在存在着的东西和不能自在且自为存在着的东西**联系在一起，也就是说，它是无限者和有限者的绝对同一性。由此可以清楚看出，通过任何一个借助于这个法则而发生的联系，换言之，一般说来在每一个理性命题里面，结合起来的不是两个同样的东西，而是两个在现实中相互独立的东西，而且这两个东西始终是做出谓述者和被谓述者的关系。从形式上看，或者说从分析的角度看，二者不是一个单一体；假若**没有上帝**，二者就不会是一个单一体；但是，通过上帝，它们也不是一种综合的关系，毋宁说它们是一个绝对的单一体。——既然如此，事情本身就很清楚，一切综合命题，作为**这样一种命题**，同时也获得了实在性，这种实在性一方面覆盖了经验命题，另一方面也覆盖了所谓的先天命题。比如，对于有限的存在者（即那些没有同时认识到全部事物的存在者）而言，因果关系仅仅是一种综合关系；但在上帝之内，结果（亦即被谓述者）和原因（亦即做出谓述者）不仅同时存在着，而且是一个绝对的单一体；也就是说，被作用者（B）是绝对者，发挥作用者（A）也是同一个绝对者，因此二者之间既不是一种综合关系，也不是一种分析关系，毋宁说它们是绝对地联系在一起的。同样，在每一个经验命题和完全个别化的命题里面，当主体和谓词与绝对者相关联的时候，也是一个绝对的单一体。然而理性知识所追求的，乃是把渗透在个别事物中的全部东西都消解在"A=A"的清楚明晰性里面。比如，按照通常的观察方式，人们必定会认为，"空气消融在雨水里面"这一命题仅仅包含着一个极为偶然的联系。因为，我绝不可能从"空气"的概念推导出"水"的概念，而且我也不可能从当前瞬间的概念推导出，恰恰现在会下雨。所以，人们说，这是一个综合命题。但问题在于，如果我们不是抽象地观察这个自然状态，而是联系到它在宇宙中的生命和实体的统一体，那么我们就会一般地认识到，那个状态是如何派生自**这个状态**，而且，假若我们能够超出自己的立场，通观整体，那么我们将会明确地认识到，如果现在不下雨，那么宇宙的和谐就会遭到破坏，随之"A=A"必然会遭到扬弃。任何时候，把一个综合联系等同于一个偶然联系的看法都是一个主观的假象，也就是说，这个假象是基于我们不够完满的认识，因此它本身不是一个肯定的东西。对于一切包含在现实性层面内的东西，上述考察都是有效的。自然界的全部变化和运动都仅仅是一些从个别性立场出发看到的环节，它们隶属于实体的永恒的、绝对同一的、在自身内绵延不息的生命；所有这些环节都以同样的方式，按照一个永恒的秩序，发源自绝对同一性。

b) 论自然界本身在个别性中和在事物的联系中的无限性和自由

96. 通过以上所述,我们已经一般地认识到永恒实体在事物——永恒实体就作为事物存在着——中的自由和无限性。但这里讨论的是这种自由和无限性的现实性,换言之,这里要考察的是,本质的这种无限性和自由如何在自然界里面成为可见的和可以认识的。

97. 对于事物,有一种双重的观察方式。要么仅仅关注被肯定的事物自身,不去理睬那肯定着它的东西(参阅箴言32之附释)——我们把这称作"抽象观察方式",要么关注神性存在和每一个事物的肯定,亦即关注实体本身如何作为每一个事物存在着——我们把这称作"理性观察方式"。

98. 总的说来,抽象观察只能注意到事物的各种无关本质的属性,这些属性本身不包含着任何实实在在的东西,而且由于这些属性是无关本质的,所以,假若没有那个维系着它们、使它们显现出来的肯定,人们根本就不会注意到它们。 [VII, 221]

99. 肯定者和被肯定者以一种永恒的方式合为一体,必然是同在的;就此而言,在一个现实事物自身之内,也绝不会只有单纯的被肯定者,毋宁说只有它和肯定者的统一体。这个统一体让我们充分认识到肯定事物和现实事物的理念。

100. 被肯定者只能借助于肯定者而存在,和它一起存在,正因如此,它不可能**作为**被肯定者**存在着**,毋宁说它只有作为肯定者和被肯定者的统一体或纽带才存在着。反过来,作为单纯的被肯定者,它的形式必然表现为一种无能(即不能自为地存在着),或者说表现为一种完全的虚弱无力。

101. 实体是一种自身肯定和自身启示。所以,单纯被肯定者在性质上是一种完全缺乏实体的东西。

102. 空间就是这种缺乏实体的东西——这种与肯定者分离了的被肯定者,或者说那些从实体那里抽象出来的事物——的形式(参阅《导论》第143节)。

103. 实体作为有广延的东西**存在着**(参阅箴言34之附释),但它本身却不是有广延的。① 既然空间是那种与肯定者分离了的被肯定者的形式(参阅箴言102),那么在这种情况下(参阅箴言99),空间既不可能是某种现实的东西,也不可能与现实事物**本身**有任何关系。

---

① 所以斯宾诺莎说,Deus est res extensa[上帝是广延物,或上帝作为广延物存在着],但我们从来没有听到斯宾诺莎在什么地方说过,Deus est extensus[上帝是有广延的]——而在我们这个时代,无论是有学识的还是无知的群众都是在后面这个意义上理解斯宾诺莎。——谢林原注

104. 那在全部事物之内的绝对者是肯定者和被肯定者的统一体，就此而言，绝对者绝不会通过空间而具有情状，毋宁说它在事物之内把空间设定为一种虚无的东西。

105. 空间是一种缺乏统一体的多样性，是一个缺乏圆心的圆圈，反之，永恒者是多样性中的统一体，它在任何地方都是圆心，在圆圈里面也是如此。

106. 当全部事物的肯定或概念被设定在一个个别事物之内，空间就遭到了否定。但由于个别事物，就其自身而言，仅仅是**这一个**个别事物，所以它不可能掌握整体的概念，而在这种情况下，那个概念就在个别事物之内发生过渡（参阅箴言41），一方面把个别事物设定为虚无的，另一方面把它设定为实在的。作为孤立的存在者，作为单纯被肯定的东西，个别事物是虚无的；而当个别事物接受整体的概念的支配，在自身内展示出整体的统一体，它就是实实在在的。 [VII, 222]

107. 但无论如何，肯定者或概念和被肯定者是永恒地、必然地同在的（参阅箴言99），就此而言，无论是把被肯定者从肯定者那里抽象出来，还是把肯定者从被肯定者那里抽象出来，都不可能作为一个实在的和现实的东西存在着。

108. 如果人们把肯定者从被肯定者那里抽象出来，或把它看作是一个与后者相对立的东西,这就是**时间**原则。但如果人们不去理睬对立,而是关注对立中的统一体或系动词(参阅箴言31及箴言32之附释),那么他们就会认识到事物中的永恒性。

109. 在那种抽象观察方式看来,时间原则是一种在任何地方都表现为圆心,但却从来不会表现为圆圈或框架的东西(参阅箴言3),因为它淹没了被肯定者。而在那种真正的统一体(亦即绝对系动词)里面,被肯定者虽然与肯定者联系在一起,但却不是以一种暂时的、时间性的方式,而是以一种永恒的、不依赖于任何时间的方式。

110. 当空间遭到否定,换言之,当永恒者作为"多中之一"存在着,全部事物的内在统一体作为时间,作为一个无限概念,被设定在"多"之内,并掌控着"多"。然而在一种原初的和永恒的意义上,永恒者不但是"多中之一",而且是"一中之多";换言之,在一种永恒的意义上,不但肯定者与被肯定者联系在一起,而且被肯定者也与肯定者联系在一起。

111. 从这个联系出发,不但在整体里面,而且在个别事物里面(参阅箴言43),都产生出事物的那个神性尺度(参阅箴言14)。

112. 我们可以把这个双重的统一体表述为一个双重的纽

带，这个纽带包含在那个绝对的纽带里面；借助于这个纽带，一 [VII, 223]
方面，永恒者把自己设定在事物的大全之内，另一方面，永恒者
把这个大全设定在它自身内，使之隶属于它自己（参阅箴言
13）：但这两个方面在永恒者之内是合为一体的，或更确切地说，
永恒者本身仅仅作为唯一的纽带存在着，它在两种情况下都是
同一个实体。

113. 如果说通过第一重意义上的纽带，空间遭到否定，而被肯定者中的无限概念则得到设定，且被肯定者也因此被设定为一个时间性的东西，那么反过来，通过第二重意义上的纽带，时间遭到否定，而空间则被设定为被肯定者的一种现实的、自为的存在，因为当被肯定者与肯定者统一起来的时候，它也具有永恒性，也是一个自足的大全。

114. 因此空间和时间相互否定，这就导致，无论在什么地方，无论在什么东西那里，都不是仅仅有空间或仅仅有时间，毋宁说，只有通过空间和时间的相互区分或相互否定，才会出现现实性。

115. 那被设定在空间之内的时间，或者说那个嵌入到被肯定者内部的肯定者，乃是事物身上的第一个纽带，是事物的**第一个维度**。

116. 那被吸纳到时间之内的空间，或者说那个与肯定者并存、并在它之内被设定的被肯定者，乃是事物身上展示出来的第二个纽带，是事物的**第二个维度**。

117. 无论哪一个维度，作为空间和时间的无差别，其本身已经是实在的（参阅箴言104），换言之，每一个维度都已经包含着全部事物。但由于每一个维度都仅仅表现出一个相对的无差别，所以，只有在这两个统一体的相互区分里面，通过一个绝对的纽带（参阅箴言103），那个绝对实在的东西才会出现。

118. 完满的实在东西是那样一个东西，在它里面，整个**理念或创造性自然**活生生地呈现于当前（参阅箴言33）。所以它必然是一个在统一体之内三重化的、同时在三重性之内统一起来的、不可分的东西。也就是说，它是一个三重化纽带的表达式，而这个纽带就其自身而言仅仅是唯一的一个纽带：这就是"A=A"的被谓述出来的全部内容。

119. 这个完满的实在东西就是形体性的物质（参阅箴言59）。

[VII, 224]   120. 物质在完全同等的方式下既是"多中之一"，也是"一中之多"，它在两种方式下都是同一个整体。无论从哪个方面来看——我们可以将其分别称之为实在方面和观念方面——物

质都是完整的，双方中的每一方都表达出了实体的完整本质。

121. 物质里面的这个统一体也是本质和形式的统一体。因为"多中之一"就是那种充实并设定了底料（被肯定者）的东西，而那个活生生的"一中之多"则是尺度或形式。

122. 对于物质，我们同样可以要么把它看作是一个自在存在着的东西，要么把它看作是一个从实体那里抽象出来，脱离了实体的东西（参阅箴言97）。在后面这种情况下，物质本身仅仅显现为一个被肯定者，仅仅具有一些纯粹被动的规定，亦即一些在自身内不包含着任何肯定东西的规定。

123. 这种观察方式带来的后果之一，就是把物质想象为一个纯粹被动的或仅仅具有接受性的本原，它可以接纳各种形式的印记，但我们在前面已经部分指出，这些形式是一种虚无的东西（参阅箴言53及以下）。

124. 只有当人们把物质看作是一个抽象的东西，它才有可能具有一些变形或规定，但这些变形或规定——比如位置的不同、形状、大小等等——在自身内不包含着任何本质性。

125. 如果把物质的这些纯粹被动的差异性总括在一起，就叫作"机械力学"。就此而言，一种机械力学的自然观乃是基于一种纯粹的抽象，而之所以会出现这种抽象，就是因为人们忽略了物质的一切实在因素和肯定因素，仅仅关注那些虚无的东西。

126. 按照那种抽象的观察方式，物质仅仅是一个掌控在绝对系动词之下的东西，但就这个东西自身而言，换言之，如果这个东西从绝对系动词那里抽象出来，那么它不具有任何实在性。但是，如果我们从物质的本质来看待它，也就是说，如果我们把物质看作是一个肯定的、自在的东西，那么物质恰恰就是肯定者和被肯定者的活生生的绝对系动词，和它没有任何区别。

[VII, 225]

127. 如果我们把物质看作是一个自在的或处于纽带中的东西，那么它是**现实**无限的，无论在整体还是在个别事物里面都是如此。因为纽带本身就是对于临在的无限性的绝对肯定。

128. 如果一个东西借助于本质或肯定是无限的，那么它是**现实**无限的；与之不同，那种想象中的或经验性的无限性则是基于各种抽象有限性的单纯堆积，因此它其实是对于无限性的持续否定，而不是对于无限性的肯定。

129. 任何一个东西，如果它不是就本质而言无限的，那么即使通过无穷的堆积，它也不可能成为无限的。就此而言，空间中的分量不能创造出无限性，更不能消灭无限性。所以，如果我们不去理睬任何空间，那么物质，还有物质的各个部分，自在地看来都是无限的。

130. 有些人没有能力理解这种**现实**无限的东西,于是找出一个理由来否认它,说什么"无限的数"不可能在现实中或在当前存在着。但实际上,单凭一些数学的例子就可以说服他们,确实存在着一种根本不能用数——无论是有限的数还是"无限的数"(假若他们能思考这样一种东西的话)——来衡量的无限者;也就是说,在那些例子里面,人们已经带着完全的明晰性直观到或直接认识到,确实存在着这样一种无限性。

附释[①]:斯宾诺莎在一封著名的谈到无限者的书信(《遗著》,书信29)里使用了一个比喻:当两个具有不同圆心的圆圈包含着一个居间空间,这个居间空间的大小是无限可能的,因此这种无限性是一种绝对临在的、现实存在着的、完满的无限性。1)首先,这种无限性不是从居间**空间**的**大小**推导出来的;对于这种无限性而言,空间的大小是完全无关紧要的;即使在这个空间的最小部分里面,也和在整个空间里面一样,仍然包含着无穷多的差别。2)其次,这种无限性不是从**给定部分的数量**推导出来的;它的理由仅仅在于,**如果一个事物没有包含着明显的矛盾,那么它的本质或理念是不受数的规定的**。3)最后,那个形状所包含着的无限可能性也不同于一种想象中的无限性(比如数的序列的无限性),原因在于,在前面那种无限性里,最大值和最小值是可以完全准确地加以规定的——也就是说,既有这样一个

---

① 这个附释在原文里是脚注的形式。——译者注

点，两个圆圈的距离在那里是最大的，也有那样一个点，两个圆圈的距离在那里是最小的。——简言之，这种无限性和那种想象中的无限性根本没有任何共同之处，而尽管如此，它仍然是一种不可否认的、显而易见的无限性。

[VII, 226]　　131. 实体的本质仅仅在于，它**存在着**，换言之，实体是对于它自己的存在的绝对肯定。但自在地看来，一切存在本身都是无限的（参阅箴言2），反之，一切有限性，作为有限性，都是对于存在的否定。由于实体的本质只能派生出**存在**，绝不能派生出**非存在**，所以实体的本质也只能派生出无限的东西，不能派生出有限的东西。

132. 一切存在，作为存在，必然都是单纯的，因为它是一种绝对的自身肯定。正因如此，当物质作为**存在**存在着，也就是，当我们按照物质自在的样子观察它，物质也是绝对单纯的，绝非组合而成的。

133. 同样，当肯定或实体作为事物而存在着，它也绝不是可分的，毋宁说只有那种从实体那里抽象出来的东西才是可分的。就此而言，一切分割都仅仅是一种想象中的分割，它和实在的东西或肯定的东西没有任何关系。

134. 自在且自为的实体不是这一个存在和那一个存在，毋宁说它仅仅是同一个存在。然而一切**存在着**的东西,从存在本身的角度来看,都只能在实体之内存在,并且等同于实体。所以,在自在的存在本身里面,没有分离,没有距离,没有间隙,毋宁说只有唯一的一个不可分的、完全一体化的本质。

135. 通过第一个纽带(参阅箴言112),永恒者在圆圈的每一个点上面都是完整的圆心(参阅《导论》第180节),是整体的不可分的本质,是对于个别事物本身的肯定。

136. 所以,通过一和多的纽带,自然界里的每一个事物都在每一个其他事物那里间接地具有它的核心,而在这种情况下,虽然全部事物在一种抽象的观察方式下显现为相互分离的,但真正说来,或从肯定方面来看,它们全都现实地存在于实体的唯一核心之内,相互交融。

137. 事物的这种一体化不是基于它们的个别性,毋宁说,是那个作为事物存在着的普遍者或本质把事物统一起来。这种一体化也不是事物的一种内在的或观念上的联系,因为它不是基于事物在实体之内的统一(参阅箴言18),而是基于实体在事物之内的统一。 [VII, 227]

138. 事物的这个统一体可以比拟于自然界中的重力。在重力里面,整体的纽带也是对于个别事物的肯定,所以它在空间**之**

内扬弃了空间。重力同样也不是事物的特殊性导致的结果(参阅《导论》第 181、182 节),而是纯粹无限性或纯粹存在本身(参阅箴言 2)导致的结果。

139. 如果你想要理解空间的虚无性,以及为什么事物的本质不包含分离,而是仅仅包含着一体化和临在,那么你得把自己放在重力中的实体的位置。

140. 重力中的实体照亮了全部事物,包揽了全部事物,虽然它自身并没有被包揽。对这个实体而言,没有什么东西是看不穿的、晦暗的、可分的,毋宁说所有东西都位于一种绝对的一体化之内。

141. 如果我们把物质从实体那里抽象出来,也就是说,如果我们把物质看作是一种单纯的 Naturatum[自然产物]或 Moles[底料],那么它只能把重力中的实体当作是自己的根据。换言之,如果我们按照一种抽象的观察方式不把物质看作是一种自身同一的东西,那么,由于这种东西一旦脱离实体(即"多中之一")就不可能存在,所以它必然把"多中之一"(亦即重力中的实体)当作是它的根据。

142. 被肯定者和肯定者之间的对立相当于静止和运动的对立(参阅箴言 82)。现在,正如单纯的静止和单纯的运动都不是真正的本质,毋宁只有它们的绝对系动词才是真正的本质(参阅箴言88),同理,重力中的实体也不单单是静止,而是永恒静止中的永恒运动。而这样一来,那种抽象的静止——它是空间的一幅肖像——就遭到了否定(亦参阅箴言88),因为一切东西都在空间里面运动,但空间自身却是不动的。

143. 静止中的运动表现为事物的重量,它不是事物的偶然属性,而是事物的本质属性,它不是事物的存在的一个规定,毋宁说它是存在本身,是事物的存在的客观真理。 [VII, 228]

144. 一个事物的本质或纽带不受另一个事物的本质或纽带所规定,反之亦然。因为在这两个事物之内,只有同一个本质。

145. 只有当我们按照一种抽象的观察方式,让事物摆脱那种绝对同一性关系,并把它们放置在一种相互关联和相互区分的关系中,我们才能设想事物相互之间的作用。但在这种抽象的情况下,事物本身是虚无的,既然如此,事物相互之间的全部作用就其自身而言也是虚无的。

146. 正因如此,从本质或实在东西的角度来看,事物之间不可能有一种作用和被作用的关系,毋宁说它们之间只有一种绝对同一性关系。

147. 一个事物之内的存在之所以看起来受另一个事物之内的存在规定,唯一的原因在于,那个事物之内的存在和这个事物之内的存在仅仅是同一个存在。

148. 每一个本质都已经直接通过**存在**本身而与实体统一起来,随之与全部事物统一起来。所以,在重力里面,全部事物的统一体,或者说一个事物与所有别的事物的统一体,不是一个结果,毋宁说这是一个原初性的东西,是存在本身或肯定本身。

149. 按照那种抽象的观察方式,全部事物相互之间必然是陌生的,没有任何共通性,正如空间里的每一个点和别的点都是陌生的,没法结合在一起。因此,重力中的事物的一体化不可能以那种抽象意义上的事物自身为根据,毋宁说事实正相反,是事物以统一体(即重力的本质)为根据。

[VII, 229]

150. 如果人们把重力归结为物体或底料的一个力或属性,① 这就等于否定了那个重力中的上帝,并且从一开始就剥夺了自然界的神性。

151. 当本质作为全部事物存在着,它不可能和别的什么东西有任何关系,毋宁说它仅仅是它自己的核心。一切东西都在

---

① 比如牛顿的引力学说就是如此。即使人们像通常那样说到,牛顿的引力学说仅仅针对现象,这也是不正确的。——谢林原注

它之内存在着,但它自己却不是在任何别的东西之内存在着。

152. 那在每一个事物之内作为重力存在着的东西,和那个有重量的东西,是同一个东西。所以,即使遭到事物的极端制约,那个自在无限的、不具有重量的自然界本身仍然是自由的;反过来,事物才是遭到自然界的神性自由的极端制约。

153. 一个永恒的真理或一种理性秩序,比如圆圈的一个本质属性,不可能因为一个现实的圆圈的大小和样式而发生变异,同理,重力的永恒法则和同一尺度也不可能因为事物的大小或状态而发生变异。

154. 实体在一个最大的东西之内并不比它在一个最小的东西之内更充分,无论是在不同的、不等的东西里面,还是在相同的、相等的东西里面,实体都是同一个绝对同一性。实体不会由于那种通过抽象观察而产生出的差别而发生变异。

附释① : 物理学必然已经在"绝对重力"的名义下认识到重力的这个绝对的和彻底的统一体。单凭这一点就已经足以表明,其他那些关于重力的本质的观点都是错误的。——反过来,人们在产物中而不是在本质中观察到的那种"特殊重力",其概念则为我们所说的那种抽象观察提供了一个例子。——在这里,我们只是顺便提醒大家注意到一点,即如果人们遵循机械力

---

① 这个附释在原文里是脚注的形式。——译者注

学的方式,把重力和光完全对立起来,那么这种二元论必然已经表明,"特殊重力"根本是不可理解的。实际上,自然界的这两种属性虽然在整体上始终保持着平衡,但在个别事物那里却是不断变动着的,同理,特殊重力的增加和减少也融入到了整个自然界的内在的生命更替过程里面。——此外我们在这里还希望指出,迄今为止,我们一直都是把重力仅仅看作是一个普遍者或纯粹肯定。但是特殊的东西是和普遍者同时存在着的;重力中的本质是纯粹的系动词本身,这个系动词就其自身而言不可能具有质、量等规定,但是那些能够具有质、量等规定的东西是和这个系动词同时存在着的,比如伴随着命题"A=A"中的纽带,作为主体的A和作为谓词的A是同时存在着的。重力被看作是一种活生生的节奏或一种自身同一的肯定;但是从它那里直接凸显出——或更确切地说**和它一起**同时**存在着**——对立面,亦即极性,以及个别生命的整场大戏;相对于这场大戏,重力乃是它的不可见的根据和永恒承载者,但是重力只有在一个更高的潜能阶次那里才使自身重新成为一个完全客观的东西。

[VII, 230]

155. 由于在真正的实体里没有距离,没有近和远(参阅箴言83),所以自然界里面的远程作用是一个不可思议的东西。

156. 一切通过事物的神性统一体而相互沟通的东西,按照一种绝对的观察方式,都是一种远程作用。

157. 重力是自然界的一场寂静的庆典，通过重力，自然界欢庆着它的包含在无限性中的统一体，即是说欢庆着它的完满。

158. 重力中的本质本身并不从属于空间，而是凌驾于一切空间之上；它是一切空间的神圣对立面。

159. 所以，真正的宇宙，亦即实体本身，就空间而言既不可能是无限的，也不可能是有限的：之所以不是无限的，因为空间里的一切东西都是有限的，而之所以不是有限的，因为大全不可能是一个有限的东西。真正说来，正如存在着一些在本性上就超越了全部数目的事物（参阅箴言130），同样，大全在本性上也超越了全部空间。

160. 空间无非就是那种被剥夺了统一体的多样性或无限性（参阅箴言105），因此它是真正的总体性的对立面。既然如此，把空间应用到大全上面的做法只能制造出矛盾，因为这种做法本身就是一个矛盾。

161. 人们愿意把宇宙想象为一个统一体（参阅《导论》第145节）；因为只有作为统一体，宇宙才是总体性；但是，除非宇宙是一个有限的东西，否则它不可能在空间里面作为一个单一的东西存在着。正因如此，人们把宇宙想象为一个就空间而言有限的东西，但是他们同时又希望宇宙是大全，所以他们最终不得不认为宇宙是一个就空间而言无限的东西：也就是说，人们有时把宇宙想象为有限的，有时把宇宙想象为无限的，这取决于他们的关注点究竟是统一体还是大全。

[VII, 231]　　162. 但我们不能理解，这样一种游离在对立面之间的想象——这两个对立面在空间里是没法统一起来的，因为空间恰恰以它们的分离为前提——如何能够被称作是**理性**的一个自相矛盾。

　　163. 当理性作为一个客观的东西活在宇宙中，就是重力，当它把自然界的无限性完全呈现在眼前，并在这里呈现出想象在无穷远的地方寻找的东西，这就扬弃了那个明显的矛盾。这个真正的无限性在最小的和最大的东西里面都是同一个无限性，它凌驾于一切尺度之上，无与伦比。

　　164. 这样一来，由于大全（这里指那个创造性的和生产性的大全）不具有任何量的规定，所以它也不是那种抽象意义上的物质（即一种可分的空间填充物，或一种有形体的东西），而仅仅是一种实体意义上的物质。

　　165. 正因如此，大全也不可能有形状，不可能具有各种尺寸；它不是一个缺乏客观性的点，也不是像所谓的绝对空间那样没有边界，因为它已经凌驾于一切空间之上。

166. 重力中的实体是事物的有限性的本原。它一方面把整体的无限概念设定在个别事物(即被肯定者)里面,另一方面又把个别事物设定为一种不能自为存在着的东西,也就是说,设定为一种由它所掌控的底料,或一种时间性的东西(参阅箴言115)。

167. 个别事物之所以**存在着**,是因为整体的无限概念在它那里得到肯定;但正因如此,它不是**作为**个别事物而存在着,而是只有在服从整体的情况下存在着(参阅箴言106)。所以,个别事物的生命既不是一种绝对意义上的存在,也不是一种绝对意义上的非存在,而是一种游离在存在和非存在之间的东西。

168. 整体的无限性没有能力在自身内包含着整体的无限概念,所以无限性在被肯定者那里表现为一个持续不断的更替过程,表现为这个过程的一种有限蔓延:因此整体的存在是一个持续的消亡过程,而反过来,唯有在消亡过程中,它才具有一种存在。

169. 由于在创造性自然里,那个把无限概念和个别事物联系在一起的纽带是一个永恒的纽带,所以在这个奔忙于产生和消亡的更替过程中,这个纽带的永恒性,或者说这个纽带的**理念**的永恒性(参阅箴言33),彻底显现出来。永恒者的存在在个别事物那里表现为一个更替过程,而反过来,从永恒者的角度来 [VII, 232]

看,更替过程则是表现为一种存在。

170. 事物的有朽性的显现方式,必须以事物自己的生命的发展情况为尺度;反过来,无限概念愈是充分地活在事物之内,并把事物自己的生命压制下去,事物就愈是必然会摆脱有朽性。

171. 重力(参阅箴言138及以下)是事物的唯一纽带(参阅箴言112);或更确切地说,只有从某一个方面来看,当重力把无限概念和个别事物联系在一起,才可以说它是一个纽带;但反过来,当重力把个别事物吸纳到无限概念之内,把它们永恒地设定为它自身(参阅箴言110、112),在这种情况下,不能说它是一个纽带。

172. **创造性实体**或**创造性自然**在每一个事物里面都直接地、而且必然以双重的方式**存在着**,也就是说,它既是无限概念和个别事物的统一体,也是个别事物和无限概念的统一体;换言之,它本身(参阅箴言25)就是这个双重化纽带的统一体。

173. 纽带作为重力乃是身体的本质或肯定;而从另一个方面来看(参阅箴言171),同一个纽带,作为个别事物和无限概念的纽带,也是灵魂的本质,或者说是那种肯定意义上的灵魂本身。

174. 从这个方面来看的纽带，或者说作为灵魂的本质的纽带，在自然界里既是实在的，也是现实的，正如从前一个方面来看，纽带在重力中既是实在的，也是现实的。

175. 灵魂和身体之间的关系就是观念和实在的关系，既然如此，基于纽带的一体化（参阅箴言171），灵魂的本质仅仅以观念的方式包含着的东西，和身体的本质仅仅以实在的方式包含着的东西，必然是**同一个东西**。 [VII, 233]

176. 从实在方面的纽带（即重力中的本质）来看，重力自身是怎样的情形，那么从观念方面的纽带来看，**光**也是怎样的情形。因为那个以观念的方式包含在乃光里面的东西，和那个以实在的方式包含在重力之中的东西，是同一个东西。

177. 一切存在者都以一种不可分的方式作为灵魂和身体存在着，因为在一切存在者里面（参阅箴言172），纽带必然而且永恒地以双重的方式当下存在着。

178. 灵魂的本质和身体的本质必然只是同一个本质。因为（参阅箴言173），这个本质是同一个存在的同一个纽带，只不过可以从不同的方面来看。

179. 对于每一个个别事物来说，无限概念和个别事物的纽带是绝对唯一的纽带。因为永恒者不是按照普遍概念来进行创造或做出肯定(参阅《导论》第88节),毋宁说,每一个个别事物都是一个自足的世界,仿佛没有什么东西在它之外似的。

180. 这个绝对唯一的纽带同时也是一个绝对不可分的纽带;因为它作为身体和灵魂的本质仅仅是同一个纽带。

181. 每一个事物的纽带,作为一个绝对唯一的和绝对不可分的纽带,就是**理念**,而正因如此,理念既不可能是一个普遍概念,也不可能是单独的灵魂或单独的身体,毋宁说它只能是灵魂和身体的绝对同一性。

182. 重力中的实体把自己作为事物的大全中的统一体而加以肯定;但与此同时,它又以一种永恒的方式肯定着它的这个肯定,因为它把事物的大全吸纳到它的本质的统一体之内。

183. 所以,当重力与光相关联(参阅箴言176),我们可以把重力看作是纽带的另一个方面,看作是第一个潜能阶次的肯定,即 A^1,同时把光看作是第二个潜能阶次的肯定,即 A^2(参阅《导论》第191节)。

[VII, 234]　　184. A^1 的表达式是**存在**,A^2 的表达式是这个存在的肯定(参阅前一条箴言);但二者是同一个东西,因为存在不可能是一种

有别于它的肯定的东西,而反过来,存在的肯定也不可能是一种有别于存在本身的东西。二者不是在本质上有所区别,而仅仅是在一种关联中相互区别。

185. 由于重力中的本质以一种实在的方式充实了万物,所以光中的本质,作为一种临在的、无限的思维,必须以一种观念的方式充实万物。

186. 在重力里面,纽带或永恒者仅仅表现为肯定者或主观东西;相应地,被肯定者或客观东西显现为一种时间性的东西或过渡性的东西(参阅箴言168)。

187. 只有当重力中的纽带与纽带的另一方面亦即光(参阅箴言176)统一起来,它才显现为一个被肯定者。因为光中的本质相对于重力中的本质而言乃是后者的概念或肯定(参阅箴言183)。

188. 个别事物仅仅通过它自身与无限概念的纽带而隶属于永恒性(参阅箴言159),因此个别事物能够作为一个永恒的东西,作为一个隶属于永恒者的东西存在着,但唯一的前提是,无限概念,还有无限概念与个别事物的纽带,也被设定为存在着,或者说再次得到肯定。

189. 如果说重力中的本质设定了事物中的时间,那么光中的本质,作为时间的否定,则是设定了事物中的永恒性。

190. 当本质在重力中作为个别事物与所有别的事物的纽带存在着(参阅箴言126),并且扬弃了个别事物的自为存在,它也就扬弃了这个事物的个别性。反之,光作为一个肯定着**纽带本身**并使之客观化的东西,不但展示出纽带的唯一性,随之也展示出事物本身的唯一性。

[VII, 235]

191. 通过光的展示,事物身上的纽带——它使事物具有一种永恒的真理(参阅《导论》第99节)——显现为一个永恒的、绝对唯一的纽带(参阅箴言189、190),而事物本身同时也显现为一个永恒的、绝对唯一的概念,代表着那个无限的肯定乐趣(参阅箴言32)。

192. 运动是纽带的一个表现,个别事物通过运动而与其他事物联系在一起,而其他事物虽然包含在它的肯定里面,但却不是包含在它自身(作为被肯定者)里面。因此通过重力(参阅箴言142),运动被设定在(个别事物的)静止之内。

193. 所谓运动中的静止,是指许多事物的概念包含在一个事物的肯定里面,而那些事物同时也在这个被肯定的事物里面临在着,也就是说,那个肯定,作为其他事物的概念,以一种客观的方式被设定在这个事物自身之内。

194. 这种情况是在灵魂之内发生的；因为灵魂是纽带的概念或肯定，而纽带虽然作为个别事物的本质同时也是全部事物的本质（参阅箴言106），但在重力里面仅仅是肯定者。

195. 永恒者，作为大全中的统一体，在每一个特殊事物那里都是绝对唯一的纽带，也就是说，是一个绝对唯一的或绝对个体的身体①：同样，这个永恒者，作为统一体中的大全，在每一个特殊事物那里也是绝对唯一的纽带，亦即一个绝对唯一的或绝对个体的灵魂。

196. 每一个灵魂都是一个肯定（参阅箴言194），如果灵魂同时包含着更多事物的肯定，换言之，如果灵魂在一个更充分的意义上把统一体中的大全（参阅箴言195）包含在自身内，把永恒静止作为无限运动（参阅箴言193）包含在自身内，那么它就会相对地愈加完满，或者说相对地具有一种更高程度的实在性。

197. 就灵魂作为一个肯定同时包含着其他事物的肯定而言，其他事物的本质也会在身体的本质或纽带那里以一种客观

---

① 请大家参阅箴言103及其注释。——我说，永恒者作为一和多的绝对唯一的纽带在每一个特殊事物那里都**是**个体的身体，但我没有说，这个纽带是**一种身体性的东西**。在同样的意义上，我说，作为另一个纽带，它是灵魂，又因为它在每一个个别事物那里都是绝对唯一的纽带，所以它是个体的灵魂。——谢林原注

[VII, 236] 的方式展现出来,因为灵魂是肯定的概念,而肯定是身体的本质(参阅箴言184)。

198. 同理,当身体的实体或系动词展现为其他事物的本质或统一体,身体就显现为一个具有灵魂的东西。

199. 所以,灵魂和身体不仅就它们的自在体而言,而且就它们的完满性程度而言都是合为一体的;由于一切可能程度的实在性都包含在宇宙里面(参阅箴言7),所以宇宙也包含着身体和灵魂的一切程度的完满性。

200. 当灵魂现实地认识到**自己是**身体里面的全部事物的无限概念,那种最高程度的生命活力或那种最完满的灵魂就被设定。在这个时候,身体把大全中的统一体完满展现出来,而灵魂则把那种完全消融在统一体里面大全展现出来,于是边缘完全等同于核心。

201. 事物的层次秩序是向心过程的一个层次秩序,在这种情况下,越来越多的事物,最终是全部事物,都包含在唯一的一个事物及其概念(即事物的灵魂)之内。

202. 就身体是一个具有灵魂的身体而言,它身上的被肯定者从属于一个更大程度的更替过程。因为,作为一个具有灵魂的东西，身体的本质同时展现为全部事物的本质（参阅箴言198），因此相对于肯定或纽带而言，被肯定者或被联系者显得愈加重要。

203. 无限概念与个别事物的纽带是一切个别事物的根源。重力不断地把全部事物回溯到存在的这个根源上面，而光则是这个根源的代言人。

204. 重力中的本质是事物的非独立存在的本原；它是阴间的神，是地府中的朱庇特。反之，光是事物的独立生命的本原。既然事物在自身内不但包含着它们的存在，而且包含着它们的存在的肯定（参阅箴言185，以及《导论》第195节），换言之，既然事物的大全被设定在事物的概念或灵魂的统一体之内，那么事物本身也是一些自足的宇宙，并且等同于实体。

[VII, 337]

205. 重力中的运动是个别事物的非独立性的一个标志，或者说它意味着，个别事物没有以一种客观的方式把它的核心包含在自身之内，而是在自身之外的其他事物那里拥有它的核心（参阅箴言194），既然如此，那么重力就是事物的向心力，而光则是事物的离心力，因为借助于光，全部事物的无限概念在它们那里被设定为一个客观的核心（参阅箴言194）。

206. 正如重力中的本质本身并不在空间之内，而是超越了全部空间，同样，光的本质也不是在时间之内，而是超越了全部时间。

207. 光的本质把一切时间性的东西设定为永恒性，正如重力中的本质把一切空间性的东西设定为统一体。

208. 重力之所以否定着全部空间，原因仅仅在于，重力的本质是全部空间的自在体或肯定者；同理，光之所以否定着全部时间，原因也仅仅在于，它是全部时间的自在体或肯定者。

209. 重力之所以设定了时间，原因仅仅在于（参阅箴言106），它把全部时间的肯定者设定在个别事物之内。反过来，光必然会在事物之内设定空间，但是它不是把空间**作为**空间包含在自身内，而是把全部空间的肯定者（参阅箴言205），亦即那个超越了全部空间的东西——这是一个不在空间之内的宇宙——包含在自身内。

210. 所谓自然界，就是按着一个层次秩序（参阅箴言201）把时间的肯定者设定在个别事物之内。正因如此，自然界本身在整体上更多地是显现为一个封闭在空间形式下的东西。伴随着时间的自在体在个别事物之内的完满的塑造活动，时间才（在历史里面）取得统治地位。

211. 在个别事物里面,灵魂(参阅箴言 195)是时间的肯定者,正如在整体里面,无限的、当下存在着的思维是时间的肯定者(参阅箴言 208)。因此,即使在动物的灵魂里面,也有一种贯穿时间的力量,亦即一种对于未来事物的憧憬。灵魂不断地摆脱时间,让它的统一体重新获得生命,而这是一种把它自身的一切东西重新设定为永恒性的意识。 [VII, 238]

212. 时间所依据的东西,或更确切地说,我们谈论时间时所依据的东西,只能是那个反过来作为空间的根据的东西(参阅箴言 102,以及箴言 108)。因此时间和空间必然在自身内包含着同样的要素。

213. 假若时间与空间完全对立,那么时间就是一个与被肯定者完全分裂开的肯定者;但由于这种分裂是不可能的,所以时间也不可能与空间完全对立。时间必须包揽空间,正如空间已经包揽时间(参阅箴言 114)。

214. 时间里的真正时间性的东西是"**未来**"。因为正是通过"未来",肯定者与它所肯定的东西联系在一起,可能性和它的实现也联系在一起。因此在绝大多数情况下,"未来"概念都是基于那两个方面的对立。

215. 但是,由于"未来"作为"**未来**"仅仅是**可思考的**,而且显然只是想象的一个产物,所以那在时间的时间性东西(参阅箴言214)里面唯一实在的东西,恰恰只是肯定者和被肯定者的**纽带**,亦即一种非时间性的东西。①

216. 正如事物的内在**统一体**在空间里面只能表现为空间的否定,随之表现为一切**存在**和**持存**的否定,表现为事物的持续的消逝过程(参阅箴言168),同样,事物的**永恒性**在时间里面只能表现为时间的否定,随之表现为一切**转变生成**的否定——表现为"**过去**",全部时间都消解在其中。

217. "过去"是被设定为**空间**的时间,或时间里面的空间性东西。正如"未来"仅仅是从肯定者这一方面出发,与它所肯定的东西形成的综合,同样,"过去"仅仅是从被肯定者这一方面出发,与那个肯定着它的东西形成的综合——这是一种抽象的或无生命的永恒性。

218. 然而真正的永恒性不是一种与时间相对立的永恒性,毋宁说它是那种在自身内包揽着时间,并将时间设定**为**永恒性的永恒性(参阅箴言169)——它不是一种与转变生成相对立的存在,毋宁说它是那种与永恒的转变生成永恒地统一起来的存在。

---

① 同样,空间的第一个维度里面的实在东西也不是空间性东西本身,而是这样一种东西:空间在它里面遭到否定,而它在空间里面也遭到否定——这就是底料(参阅箴言117)。——谢林原注

219. 正因如此,时间里面的真正活生生的东西只能在"现在"出现,它是"过去"和"未来"的统一体,是存在和转变生成的统一体。同理,空间里面的真正实在的东西仅仅是第三个维度,它是前两个维度的综合(参阅箴言117)。

220. 和"未来"一样,"过去"**作为**"过去"也仅仅是**可思考的**,仅仅是想象的一个产物。在实在的东西本身里面,既没有"过去",也没有"未来";但在"现在"里面,唯一实在的东西也不是那种时间性的东西,而是存在和转变生成的活生生的纽带,亦即一种非时间性的东西(参阅箴言218)。

221. 所以,一般意义上的时间,**作为时间**,仅仅在一种抽象的、亦即无视实在东西的思维里具有实在性。

222. 每一个事物在与时间相对立时都是现实永恒的,正如它在与空间相对立时是现实无限的(参阅箴言127)。

223. 时间性的东西与永恒者的关系,无非就是被肯定者与肯定的关系。肯定不可能脱离被肯定者而存在,二者不是以一种暂时的或偶然的方式,而是以一种永恒的和必然的方式同时存在着;同样,时间性的东西也是以一种永恒的方式和永恒者同时存在着,而且它本身也是永恒的。

附释①:为了避免可能的混淆,我在这里提醒读者注意以下几点。——我们说过,那个在任何情况下都是绝对者的东西,必须被理解为谓述者和被谓述者的**作为统一体**的永恒统一体。我们不能提出"被肯定者是如何产生出来的?"或"被肯定者从何而来?"之类问题,因为被肯定者和肯定者一样,都是永恒的,正如反过来,肯定者就其自身而言也不可能脱离被肯定者而**存在着**。就此而言,存在本身或真正的永恒者只能是这样一种绝对的必然性,即肯定者必定与被肯定者联系在一起,无限者(作为原型)必定与有限者(作为映像)联系在一起,二者是不可分割的,只能同时存在着。只有通过这种必然性,只有在这种必然性之内,伴随着这种必然性,二者才**存在着**;而这种必然性本身,作为二者的纽带或本质,却是以同等的方式凌驾于二者之上。——现在,我们能够(这是关键之所在)把肯定者和被肯定者的那个统一体要么看作是一个形式上的东西,要么看作是一个实实在在的东西。作为一个形式上的东西,肯定者(A)和被肯定者(B)被设定为一个单一体,而这本身就表明,无论是作为A的A,还是作为B的B,都不可能单凭自身而存在,因为只有二者的统一体才一个实实在在的东西。换言之,作为A的A和作为B的B本身都只是一些形式上的或观念上的因素。——实实在在的B是被设定在B中的A,而实实在在的A是被设定在A中的B。——所谓"被设定在B中的A",意思是指A和B的统一体本身被设定为一个被肯定的统一体。而所谓"被设定在A中

---

① 这个附释在原文里是脚注的形式。——译者注

的B",意思是指二者的统一体本身被设定为一个肯定的统一体。A和B的活生生的**纽带**是永恒的,同样,A和B**结合而成的东西**也是永恒的,和那个纽带同时存在着。因此,实实在在的**被肯定者**是A和B结合而成的东西,而实实在在的肯定者则是A和B的纽带或**肯定本身**。这就是上述命题里的那些词语的意思。——关于肯定者和被肯定者的那种形式上的关系所说的一切,也适用于二者的实实在在的关系。一方的说法可以直接替换为另一方的说法,正如一方的说法可以直接消解在另一方的说法之内。——如果有人愿意把以上命题与我在《自然哲学与改良后的费希特学说的真正关系》(*Darlegung des wahren Verhältnisses zwischen der Naturphilosophie und der verbesserten Fichteschen Lehre*)一书里做出的澄清联系起来,进而把它们与我在新版《论世界灵魂》(*Von der Weltseele*)里附加的一篇论文里做出的澄清联系起来,那么这里所说的东西对他而言就不会有任何疑难。

224. 进而言之,正如实在的东西在被肯定者里面本身仅仅是肯定者,同样,肯定在时间性的东西里面本身仅仅是一个非时间性的东西,即永恒者。

225. 每一个事物的永恒生命和时间性生命仅仅是同一个生命;从数目上说,除了时间性生命之外,没有**别的**生命。毋宁说只有同一个生命,它就肯定而言是永恒生命,而在被肯定者那里则是时间性生命,反之亦然。

226. 唯有大全才是就本质而言存在着,而事物只有通过大全才存在着(参阅《导论》第159节)。因此事物仅仅在大全之内**存在着**,相对事物而言,大全是 Natura prius[一个在本性上在先的东西]。换言之,大全必须始终已经**完全**而且**完满地存在着**,这样个别事物才有可能存在,才会现实存在着。

[VII, 241]

227. 但是,如果个别事物从大全那里抽象出来,就会出现一个必然的矛盾。也就是说,一方面,大全不是从理念来看,而是借助于一种抽象而被放到个别事物前面,但另一方面,个别事物只能在大全之内存在着,在这种情况下,个别事物必须被纳入到大全之内,同时又必须不被纳入到大全之内。对于这个矛盾,想象只能借助于一个无限序列来将其解决,而这等于是说,它根本不能解决这个矛盾。也就是说,一个抽象出来的东西与另一个抽象出来的东西捆绑在一起,而后面这个东西又需要与别的抽象出来的东西捆绑在一起,如此以至无穷(因为在这种情况下,肯定的不可分的统一体已经被扬弃了)。

228. 但理性却是在眨眼间(mit Einem Schlag)设定了无中介的、无限的大全,仅仅在大全**之后**和**之内**设定了个别事物。

229. 在这个大全之内,每一个事物的存在也是一个绝对无条件的、绝对不可分的存在（肯定）；这个存在是永恒的，与任何时间无关。

230. 但是，当从大全那里抽象出来，**本质**就不会在自身内直接包含着**存在**（参阅箴言226）；于是事物——它必然在大全之内存在着——显现为一个既可能存在，也可能不存在的东西，亦即一个偶然的东西；此外事物也显现为这样一个东西，它的存在能够被规定为更大或更小。

231. 这个抽象的存在，这个在不损害概念的情况下能够被规定为更大或更小的东西，叫作**绵延**（Dauer）。

232. 假若绵延的肯定者本身不是永恒性（亦即无限性的一种不可分的肯定），那么根本就不会发生时间的流逝。① 同样，假若没有整体的始终现实的"现在"，那么事物的那种松散的时间联系——抽象只看得到这种联系——本身也是不可能的。

---

① Uni quis durationem abstracte conceperit, nunquam poterit intelligere, qua ratione hora ex. gr. transiere possit. Nam ut horat transeat, necesse erit, ejus dimidium prius transiere et postea dimidium reliqui et deinde dimidium, quod hujus reliqui superest, et, si sic porro infinite dimidium a reliquo subtrahas, nunquam ad finem horae pervenire poteris. Spinoza in Opp. posth. p. 468. ["如果一个人以抽象的方式想象绵延，那么他绝对无法理解，比如一个小时能够出于什么原因而发生流逝。然而一个小时必然会流逝，先是它的一半，然后是剩下的一半，以及一半的一半，并不断过渡到剩下的一半。在这种情况下，如果不断地、无限地从剩下的部分里抽去一半，那么一个小时永远都无法到达它的终点。"斯宾诺莎：《遗著》，第468页。]——谢林原注

[VII, 242] 233. "绵延"概念和"永恒性"概念是根本不同的,而如果不考虑绵延,那么事物都是永恒的。事物的生命是短暂的,但永恒性还要短暂得多,因为它在每一瞬间都是完整的永恒性(参阅箴言83),正如实体在每一个点都是完整的和无限的实体(参阅箴言154)。

234. 即使是无限的绵延(假若这是可思考的),也不可能制造出永恒性。正因如此,即使是最小的绵延也不可能消灭永恒性。

235. 如果时间被应用到宇宙上面,就会产生一个不可解决的矛盾。因为,时间基于肯定者与被肯定者的对立(参阅箴言108),但在宇宙里面,被肯定者和肯定者是绝对等同和绝对重叠的,被肯定者不会吞没肯定者,也不会被后者吞没。那作为同一性存在着的东西,也作为总体性存在着。

236. 你想把宇宙看作大全,然而除非宇宙是一个在时间上无限的东西,否则大全不可能存在于时间之内。而假若是这样的话,统一体就被扬弃了。你想把宇宙看作统一体,然而除非宇宙是一个在时间上有限的东西,否则统一体也不可能存在于时间之内,而在这种情况下,你虽然得到了统一体,但却失去了大全。

附释①：值得注意的是，当普通知性面对这个矛盾的时候，从空间的角度来看，它在任何时候都倾向于把宇宙看作是一个无限的东西（即认为世界是没有边界的），而从时间的角度来看，它更倾向于把宇宙看作是一个有限的东西（即认为世界有一个开端）。公开的宗教也持有同样的观点。这些倾向也是以空间和时间的原初对立为根据：也就是说，在时间里面占据支配地位的是统一体，而在空间里面占据支配地位的是无限性。

237. 假若世界曾经有一个开端，也就是说，假若世界的存在可以回溯到一个特定的时间，而且世界里面的变化和运动可以归结为一个特定的数目，那么人们必然会主张，存在不是派生自上帝的本质，也就是说，上帝的理念本身必然会遭到扬弃。因为存在，亦即大全，在本质上派生自上帝的理念，正如从三角形的理念可以派生出一个结论，即它的三个角加起来等于两个直角。

238. 反过来，假若世界没有一个开端，从无尽的时间以来就绵延着，那么人们必然会主张，并非整体先行于部分，而是反过来部分先行于整体。因为，除非人们认为时间是由无穷多的点组合而成的，否则他们不可能制造出一条直线式的无尽时间。然而这些全都是一些极端荒谬的观点。 [VII, 243]

239. 只有当整体作为**整体**存在着，部分才随之存在着。然

---

① 这个附释在原文里是脚注的形式。——译者注

而整体既不是有一个开端，也不是没有一个开端，因为它超越了全部时间。整体不是自永恒以来存在着，而是以一种永恒的方式存在着，好比同一律的真理作为一个永恒的东西不是基于无限的时间，而是基于它的本性。

240. 宇宙不是被创造出来的，因为一切存在都仅仅是它的存在；同样，宇宙也不可能毁灭，因为它不可能过渡到任何别的东西那里，因为它本身就是一切存在。宇宙既不可能增长，也不可能衰减，因为无限者既不可能变得更大，也不可能变得更小。宇宙不会经历任何变动，既不会经历一个外来的变动（因为没有任何东西在它之外），也不会经历一个产生自内部的变动（因为它是一切它能够是的东西，而一切东西都是在与时间无关的情况下同时存在着）。由于在宇宙里面，可能性总是通过现实性而得到充实，所以宇宙处于一种不朽的静止状态，而这种状态仅仅是它的自身肯定的完满充实和无限力量。

241. 当重力中的本质和光中的本质处于相互分离的状态时，它们始终只是自然界的观念上的要素。然而创造性自然重新把它们统一起来（参阅箴言172），因此在自然界里面，没有任何实在的东西是单单隶属于重力中的本质或光中的本质（参阅同上）。

242. 正因如此，自然界里面的**现实的**潜能阶次不可能单单表现为重力、光以及二者的同一性。因为一切现实的东西都表现出了重力和光的三重纽带。

243. 创造性自然,作为光和重力的活生生的统一体,首先在个别事物里面绝对地肯定它自己,而个别事物就是这个肯定的第一个潜能阶次,即 A^1,在这里,重力、光以及二者的统一体全都从属于重力。创造性自然继续肯定它的这个肯定,即 A^2,而在这里,重力、光以及二者的同一性全都以光为代言人,并以这个方式显现。当创造性自然把这两个东西,即存在(A^1)和这个存在的肯定(A^2)重新统一起来,就是 A^3,而只有在这种情况下,它才作为真正绝对的系动词展现出来;现在,光和重力从属于共同的纽带(它们原本就包含在这个纽带之内),并以这个方式显现。 [VII, 244]

244. 在我们的观察下,实在的潜能阶次的这个序列呈现出来——第一个潜能阶次呈现为自然界的普遍变形,或者说呈现为事物最初从重力那里绽放出来的样子;第二个潜能阶次呈现为一种动态的生命,或者说呈现为事物的最初的内在联系;第三个潜能阶次呈现为一种有机的生命,呈现为内在生命和外在生命的同样完满的展现。

245. 对自然界的这些实在的潜能阶次进行观察,乃是专门的自然哲学的任务。

谢林著作集

论德国科学的本质

1807

F. W. J. Schelling, *Ueber das Wesen deutscher Wissenschaft*, in ders. *Sämtliche Werke*, Band VIII, S. 1-18. Stuttgart und Augsburg 1856-1861.

现在居然有很多人带着一种特别的强调语气谈到德国科 [VIII, 3]
学，至于这些人所理解的"德国科学"究竟是什么东西，他们并没
有做出解释；同样，他们也没有明确地指出，当前存在着的，究竟
是一个充斥着概念和矛盾观点的混乱状态呢，还是一个先行的
甚或未来的科学？当然，人们是可以谈论"德国科学"的。因为
科学对于一个民族本身来说，不是某种外在的东西，既不是某种
从别的地方照搬过来的东西，也不是某种作为工具而被使用的
东西：科学是一个民族的真实内核、本质、心灵，它和一个民族的
存在本身是一种水乳交融的关系，而且谁会否认，科学只有在一
个民族里面才具有一个真实的存在呢？要证明这些主张，我们
可以看看那些发生在德国的宗教革命和科学革命，通过这些革
命，德意志民族领先于所有别的民族，并且明白无误地表明（这
是任何别的民族都没有做到的），德意志民族的心灵和精神的旨
趣就是要掌握一切认识的基础，除此之外，它再也没有别的什么
目的。就此而言，我们也不能认为德国科学的形态和内在内容
是一种偶然的东西。在某些德国人看来，尤其值得惊叹的是，对
于形而上学的热爱虽然在所有别的民族那里早就已经衰竭，但
在德国人这里却是另外的情形，即总是一再获得青春活力。这
些人似乎认为，德国人最好是以其他民族为榜样，拒斥形而上
学。在我们看来，这些人根本没有认识到本民族的本质，因此也
就没有理解把握到本民族的命运。德意志民族的心灵和精神是
如此之独特，它不可能亦步亦趋地追随其他民族的道路。它必 [VIII, 4]
须走自己的道路，而且也将会走自己的道路，即使迄今为止一直

都是徒劳无功,也绝不会迷茫。德意志民族的使命是一个完全独特的使命,它的发展和进步的方向是一个必然的方向。

　　自从德意志精神首先摆脱了那个既有的信仰,即以为一切科学要么是空洞的,要么是基于一些狭隘而僵死的形式,并从这个瞬间开始,仅仅信赖科学和清晰认识的力量——从这个时间起,就有了一种完全独特意义上的德国科学。从此以后,它的前进步伐就不再是偶然的或漫无目的的(就像在其他民族那里一样),而是有一个特定的目标,有一个必然的方向。

　　十分奇特的是,人们一直都还没有注意到,宗教信仰的公开分裂已经为德意志民族规定了一个比在其他民族那里高得多的目标。尽管人们抱怨,德意志民族是如何受累于那种分裂,但迄今都还没有人认识到,分裂究竟是为了什么而发生,德意志民族的这个内在矛盾最终将会把它带到什么地方。——让我们抛弃一切倒退的思想!一切倒退——除了那些通过进步而出现的倒退之外——都是毁坏和灭亡。诚然,世界精神的创造物包含着一种活生生的循环,总是在自然界和历史里面制造出同样的东西,但这些东西已经具有不一样的、更高的意义。同样,人类精神的创造物也以类似的情形向前推进。那时候,当德意志民族决定性地挣脱了传统的信仰,它为自己立下了一个誓愿,即在未来以完满的方式克服对立,把那种遭到抛弃的统一性(这仅仅是一种缺乏认识的和平状态)重新树立为一种自觉的统一性,使之成为一个处于更高层次、具有更伟大的意义和更广阔的领域的统一性。这就是德意志民族的目标,而由于那个誓愿,虽然德意志民族在其他民族的财富面前看起来是如此贫乏,在其他民族的高傲面前看起来是如此卑微,但是,当其他民族自以为已经完成了最高的研究,认为现有的本原之上没有任何更高的本原的时候,德意志民族却在那个誓愿的驱使之下,抱着极大的热情重新探究一切认识的基础,潜入到深不可测的根基之中。

  发生在16世纪的精神转变是一场革命,它是在科学和真正的形而上学的影响下出现的,其目标是反对当时的宗教信仰里面的机械论和物理学。本原,一切信仰的灵魂,战胜了物质,战胜了那个开始变得自高自大的身体。因此在那位发动革命者①的精神里,出现了一种以情感为旨归的形而上学;因此不是著作,而是信仰的魔术成了他的学说的唯一和全部。随着时间的流逝,那个在德国科学里面首先发展起来的东西,尤其是在当前这个时代里,以新的力量鼓励我们去创造那些已经创造出来的东西。就是那样一个东西,作为一个直接的或间接的后果,与德国科学的开端最为密切地联系在一起。

  对于当前这个时代,即便是最为沉醉不醒的人都知道,如果这个时代没有留下一个新的世界,没有留下一个新的创造(不管这是什么类型的创造),那么它始终不会完结。现在,我把所有处于那个开端和当前时代中间的东西都看作是一个纯粹必然的过渡现象,同时把整个时代看作是一段把分裂推进到极致的时期。也就是说,当统一性被扬弃之后,对立必然会以强劲的方式

---

① 指马丁·路德(1483—1546),他在1517年贴出《九十五条论纲》,公开反对罗马天主教。——译者注

在一切方向上爆发出来，那些原本隐藏在和谐状态中的要素全都以孤立的方式出现，扩展和应用到现实事物上面，然后被消灭。科学的真正特性在于，它必须超越自己的全部可能形式，达到一种自由的和清晰的意识，这样它才能够在一种神圣的无差别里面得到完成。不可否认，只是从那段时间以来，早先的那种对于德意志民族的本性来说陌生的二元论观点——即认为在作为体系的人里面，自然界是僵死的，唯有精神性本原才是活生生的——才成为一种占据统治地位的观点，它逐渐战胜了每一种类型的科学，战胜了认识的每一个分支，最终战胜了公开的生命本身。按照这种观点，天上和地下的一切东西都是僵死的，唯有

[VIII, 6] 主体的虚假生命是一个例外，既然如此，一切形而上学都必须回到主体，而且形而上学为了把自己和物理学区分开来，不得不过渡到经验论，然后把宗教以及所有隶属于宗教的东西扫地出门，将其置于自己和整个现实世界的彼岸。

有些人虽然也在寻找统一性，但他们眼里的科学仅仅是一种清晰的认识，而既然在他们看来，一切可以清楚认识的东西里面都不可能包含着任何神性东西，所以他们必然把那种非神性的东西，把那种本身无生命的、仅仅通过一种机械的交互作用而制造出生命假象的东西看作是唯一的实在性，然后谴责道，任何认为这种实在性之外还有一种存在的想法都是迷信、欺骗和谬误。在这种情况下，二元论就把自己消灭了。这个消灭是按照另外一种更适合于德意志民族的心灵的方式发生的，亦即通过一个绝对的分离，一方面承认，科学只有以死物为对象，并且在

死物里面才是可能的,另一方面认为,对于活生生的、自由的和神性的东西,人们只能深深地意识到自己的无知,而那些东西唯有通过憧憬、信仰和无关认识的情感才揭示出来。这样一来,有限的和所谓的现实东西作为肯定的东西被完全放在一边,而无限的和所谓的观念东西作为否定的东西则被完全放在另一边,至于那个把二者维系在一起的纽带,却完全消失了。

对立的一切要素逐渐出现,它们在一切方向上的应用都遭到挫败,最终自己消灭了自己——这些情况给所有其他民族造成一个错觉,仿佛一切哲学都走到了尽头(现在这可以看作是整个欧洲的普遍看法),但实际上,当那种虚假的科学和那些抽象的理论走向灭亡之后,真正的哲学和形而上学必然会在德国重新崛起。这个标志着新的、产生自肯定本原的科学的转折点,就是康德所促成的认识的重生。如果有人认为,德国后来之所以出现各种科学革新,其最终原因不过是取决于个别伟人的精神,是这些个别伟人发动了科学革新,那么这实在是一个非常狭隘的观点。实际上,无论是在过去的宗教革新里面,还是在当前的科学革新里面,根本因素都是德意志民族的精神本身,所有革新都是从这里获得它们的起源,获得那种推动它们前进的力量。同样,对于这些伟人的各种言论,我们也不能按照当代人们的看法,甚至不能按照伟人自己的看法来理解,而是必须把它们放在各个时代的伟大联系里面,放在一个向前推进的教化过程里面,然后来理解它们的意思。从这个立场出发,在我们看来,康德的革新的根本要素是这样一个证明,即事物的僵死性无非是主体

[VIII, 7]

必然赋予事物的一个形式和外在方面,还有,这些单纯作为现象的事物,包括自然界本身,都以某种本质性的东西或活生生的东西为基础,尽管这种东西从知性的单纯形式来看是不可触及的。尽管如此,康德只是以一种否定的方式对自在之物做出规定,亦即认为自在之物仅仅与现象中的物相对立,但正因如此,他把思想导向一种真正的形而上学,而且,作为长久以来的第一个人,他重新把一种神性的、原创性的东西,把一个真正的存在者,当作是自然界的基础。只有在康德之后,才可能出现另外一个人,①他重新认识到了一切自在体(An-sich)的真实本质,并且发现,普遍的自在体乃是自身运动、自身启示和自身肯定的源泉——是自我性的源泉。未来的时代也许可以研究,究竟是什么东西阻止了这个强有力的精神,使他在达到对于自在体的真实认识之后,却不能看清自在体的全貌,不能直观到一切事物乃至整个自然界的自主性和生命力,不能把自己提升到一切自我性的最初源头,提升到**那样一个东西**,相对于它而言,一切别的自我,在孤立的状态下,都仅仅是阴影和假象,但在统一的状态下,则是活生生的组成部分和真实的肖像。

一切德国科学从一开始就确立了这样一个**方向**或**目标**,亦即考察自然界的生命力,以及自然界与精神性本质和神性本质的内在统一。约翰内斯·开普勒的伟大精神就活在这个直观里面,他在笛卡尔的时代,给予大地以呼吸和灵魂,不但认识到了精神性形式的物理意义,而且认识到了数学在自然界和世界体

---

① 指费希特。——译者注

系里面的表率意义。这些认识恰恰就是那位德国发明家①的灵魂，他没有满足于这样一个认识，即那个唯一的实体的生命已经包含着所有生命，而是敏锐地预见到，物质的每一个部分都类似于一个充满有机生物的花园，类似于一个充满活物的大海。在真正的精神和意义上，斯宾诺莎也属于德意志民族，尽管法国和英国的无神论者把他引以为同道中人，但直到莱辛和雅各比这些德国人揭示出斯宾诺莎的真正意义之前，他的学说在总体上对于其他民族而言始终是一本紧紧关闭的书。关于这个真理，关于德国精神的方向，振聋发聩的雅各布·波墨提供了一个最为坚实的证据，他从一种纯粹的激奋状态出发，除了自己的内心之外，不懂得任何别的学说和天赋，但却凭借一种极乐的直观，仿佛着魔一般，创作出他如迷宫般复杂的、与自然界的黑暗力量相类似的诗，以描述万物的本性和上帝的本质。波墨又吸引了哈曼，一位具有玄奥精神的人物，他比任何别的人都更深刻地觉察到，人们对于各种抽象表述的滥用扼杀了自然界，而且在他那个时代，所有空虚无聊的人都自以为凌驾于自然界之上，自以为统治着自然界，同时对于自然界抱有一种道德上的敌意。②够了，谁还想逐一列举这些**不可胜数的证人**吗？简言之，一切带着原初力量起源于德国精神的东西，都齐心一致地走向一切认识的这个目标。

尽管另外一些德国人轻率地投身到对立双方的一个极端上

[VIII, 8]

---

① 指莱布尼茨。——译者注
② 参阅《论造型艺术与自然界的关系》中的言论，见前一卷第293页（VII, 293）。——原编者注

面,尽管德国科学曾经迷失在各种最为尖锐的分歧里面,但它并没有抛弃自己的宗教特性。从宗教出发而摆脱宗教,这也是可能的,比如在古罗马,比起那些在理智上否认上帝,但在内心里却皈依上帝的人,卢克莱修所具有的自然崇拜和真正的宗教激情更加充分。德意志民族就其整个本质而言就追求着宗教,但这个民族的特点在于,它所追求的宗教是一种与认识联系在一起的宗教,一种基于科学的宗教。既然如此,德意志民族必然以一种引人注目的方式证明了培根的那句名言,即一种肤浅的、仅仅浅尝辄止的哲学会离开上帝,而一种完整的、彻底的哲学会回到上帝那里。真正说来,使宗教通过最高的科学而获得重生,这就是德国精神的使命,是德国精神所追求的确切目标。在一段必要的过渡和分裂时间之后,当人们遗弃了那件通过前几个世纪的宗教革命而肇始的事业之后,我们立即接管了它。从现在起,贯彻实施和完满化的时代开始了。

[VIII, 9]

德国人具有天生的忠诚,其表现在于,他们即便对于那些颠三倒四的东西也不离不弃,而是持久地塑造它们,直到它们的虚无性完全显现出来。同样,一切高尚事物和杰出事物在德国的退化和瓦解,只剩下世间事务和世间事物中的概念本身,这些情况更多的是证明了德国人的前后一贯。所以在德国这里,一些败坏性的原理产生了更为恶劣得多的影响,而且在事实上把整个民族都弄得颠三倒四,好比少许酵母就把整块面团都发酵了。人们也许会说,世界上的一切崇高和伟大的东西都是通过我们在最广泛的意义上所称的"形而上学"而出现的。是形而上学把国家作为一种有机的东西创造出来，赋予一群人以唯一的心灵和情感，亦即使之成为一个民族。正是通过形而上学，艺术家和诗人才亲身感受到了那些永恒的原型，并以感性的方式将其重现。这种内在的形而上学以同样的方式激励着政治家、英雄人物、信仰领域和科学领域的伟人，它是这样一种东西，不仅远离各种所谓的理论（它们使得品格端正的人堕入谬误），同样也远离那种肤浅的经验（是它造成了各种理论的对立）。

一切形而上学，不管是以思辨的方式还是以实践的方式表现出来，都是基于一种天分，即能够在"一"中直接认识到"多"，反过来能够在"多"中直接认识到"一"：一言以蔽之，都是基于一种总体感。

形而上学是一切机械论的对立面，它是一种有机的感觉方式、思维方式或行动方式。但最近时代的目标，却是要摧毁个人和整体里面的一切形而上学，而这个目标实际上就是当前时代的一切机灵心思、教育智慧和政治智慧的秘密。 [VIII, 10]

我们不希望从那些真正的思辨科学那里拾取例子。比如，物理学已经完全被机械论控制了，这是一件众所周知的事情。诚然，物理学应当立足于现象的机械论，但是，物理学通过这种机械论应当呈现出来、并且真正看到的东西，却不再是机械论：正因如此，物理学家需要一种内在的形而上学，需要思辨带来的直观和深刻性。现时代的每个人都已经接受了这样一个观点，即哲学的主要贡献和主要事务在于摆脱一切来自于神明的东西，摆脱一切真正的形而上学。我们在这里仅仅谈论那样一些科学，它们和人的生命直接相关，直接规定着人的生命。首先，就人们相互之间的普遍关系而言，当前所有理论的出发点和立足点都是个人的绝对的人格性。这些理论认为，人类之所以有法和法律，不是为了制造出一个类似于宇宙的整体，不是完全以一个整体为目标，而仅仅是为了让个人能够自顾自地、封闭地、孤立地存在着。所谓"性格"，作为个人的标志，据说是一种道德上的"不可入性"（类似于机械物理学所认识的那种最高性质），即能够绝对孤立地存在着，把所有别的人都排除在外，自得其乐。基于这种最为荒谬的、狂妄自大的绝对自私性，人们建立起一种对于古人来说闻所未闻的科学，一种所谓的"自然法"，它在所有的事情上给所有的人以同样的权利，不承认任何具有内在约束性的义务，而仅仅认识到一种外在的强制，不承认任何积极肯定的行为，而仅仅认识到各种允许，仅仅认识到各种限制，但每一个人之所以按照他的原初的权利有意识地接受这些限制，只是为了能够更为可靠地在一种自我满足的孤独状态中享受剩余下来的权利。随后，从这些混浊的源泉出发，从这种最为可鄙的自保之心和一切人对一切人的敌对状态出发，通过**人们的**协商和相互缔约，出现了国家。

[VIII, 11]

如果在人类里面，从来没有"上帝的介入"这一必然的原则（它把人们融为一体，反过来又让统一性通过多样性而得以实现），如果个人的人格性就是最高原则（为了这个原则的缘故，所有别的东西才存在，才发生），那么我们不可能真正把整体当作意愿的目的。相应地，对于伦理学法则（即在整体的意义和精神下来行动),我们只能在一种否定的意义上加以理解和遵循,也就是说,**不去做**任何违背整体的意志的事情(假若整体能够有一个意志的话)。这样一来,一切德行要么仅仅属于否定的类型,要么它们同样只能从这个方面表现出来;在这种情况下,人的完整价值只是在于他因顾及别人而给予自己的限制,而不是在于他为了别人而主动做出的行为;相应地,那些只有在一个公开的和共同的生活中才发展并且表现出来的德行,是不存在的,毋宁说仅仅存在着私人生活的德行。而且国家也相信,它可以不需要那些公开的和共同的德行,正如它也可以不需要任何内在的联系力量。国家不需要深思熟虑,因为它相信,可以动用暴力来阻止那些危害到国家的存在的行为,而国家之所以需要暴力,只是为了进行压制。在这里,最高目标就是把一切天才、一切历史和体制都加以彻底的机械化。一切东西在国家里面都应当是必然的,但这不是指在一件神圣的作品里,一切东西都是必然的,而是指在一架机器里面,一切东西都服从于强制,服从于外在的驱动。

诚然,人们在实践中必然会发现,借助于所有这些手段,国家还从未成为一个整体,甚至连那种盲目的必然性都从来没有建立起来,至于这些情况的原因,人们无论如何必须在机械论的缺陷中去寻找;新的齿轮镶嵌进来,而为了运转起来,它们又需要另外一些齿轮,如此以至无穷。一个机械的永动机(Perpetuum mobile)永远都是一个遥远的目标,反之,只有自然界和人类的有机艺术才有能力制造出真正的永动机。

[VIII, 12]　在一个如此形成的国家里，一切东西的价值仅仅在于，人们能够确切地把它们计算出来，并加以期待；至于一切来自于神明的东西——它们从天而降，不可能被计算出来——则不具有任何意义。

一切机械论都会消灭个体性，恰恰是有生命的东西不能融入到机械论之内，因而显得无关紧要。但一切伟大的和神圣的东西始终都是通过奇迹而发生的，也就是说，它们不是遵循普遍的自然规律，而仅仅是基于个体的法则和本性。如果一个国家是通过非形而上学的、单纯机械的方式而形成的，那么它的方向恰恰就是要消灭个体性。因此在这样一个国家里，各种事务的统治者和领导人都是一些最没有个性的人，是一些天资极为平庸、完全以机械的方式培养起来的人。事情甚至到了这个地步：如果一个人对于真正的科学和理念一窍不通，那么他就被看作是栋梁之材。到头来，即使对于国家领导人，人们也仅仅重视他们的私人德行，而不去考虑他们的公开德行，而既然实际上不存在任何共同的东西或真正公开的东西，那么私人生活的平庸道德最终甚至被推到了最高地位，就连王公贵族所接受的教导，都是他们应当容忍什么东西，而不是他们应当独立地做些积极肯定的、有利于本民族的东西。国家把一切东西都建基在私人生活的自私自利上面，反过来，它和公民之间的唯一关系就是让公民尽可能地从国家谋取利益，把自己的利益放在国家的利益之上，而且如果可能的话，把国家的金钱和财富据为己有——但是，这样一个国家如何能够应对战争呢？进而言之，大家都知道，在战争里，唯有个别伟人才能够做出决断，带来帮助，但在和平时期，恰恰是这些人遭到压制，甚至已经被消灭掉。除了那种以理念为指引的战争，即是说除了那种具有宗教性的战争之外，没有什么正义的战争。战士不是一架随意运动的机器，毋宁说只有当他遵循着上帝的法则，遵循着自然界，参加它们发动的战争，才谈得上胜利或者失败。如果出现了一场神圣的战争，那么国家在自身内就没有包含着任何神圣的东西，因为它把自身里面唯一神圣的东西，亦即宗教，作为一个陌生东西排除在自身之 [VIII, 13]
外，把自己作为一个单纯服务于世间目的的机构而建立起来。

德意志民族就其内在本质而言是宗教性的(religiös)；但每一个民族都是通过它的特殊本性而获得实力和力量。其他民族也许可以在别的什么东西的驱动下联合起来，对于荣誉的幻觉也许可以把整个国家凝聚起来，指引整个民族走向凯旋，但德意志民族需要的却是一个更为内在的纽带。没有任何民族像德意志民族一样，带着这种意识和这种坚韧去从事一场神圣的战争。德国的王公贵族们的心灵和精神沉浸在那个伟大的宗教变革之中，不管他们对此是抱赞成或反对的态度。那么现在这一切是如何发生改变的呢？很显然，对于这个问题的答复在很大程度上也包含在科学的历史里面。对于人，一般地可以说，他注定会因为自己的人格性而成为整个自然界的牺牲品。所有别的被造物都生活在一些特定的范围里面，过着预先被指定的一生；它们的有限性就是它们自己的德行和权利，不管情况是怎样的，它们本身都是纯粹的，没有任何过失。但人面临着一切矛盾，单单在自身内就几乎经历了存在的整个序列;同样一个人,既有能力做最高尚的事情,也有能力做最低贱的事情。人们经常注意到,欧洲所有别的民族在天性上都比德意志民族更有规矩,正因如此,我们可以认为,由于德意志民族自己的普遍包容性乃是其他民族的根基,由于德意志民族自己的天生的统一矛盾的能力乃是其他民族的潜能阶次。既然如此,德意志民族的命运难道不就是人类的普遍命运吗?也就是说,虽然其他民族分别呈现出了人类的不同的发展阶段,但唯有德意志民族才经历了所有这些发展阶段,最终呈现出人的本性所能达到的最高的和最丰富的统一性。

[VIII, 14] 如果一个民族的文明以压倒性的优势规定了另一个民族的文明,如果前者在一个多世纪以来引领着后者的**伦常习俗**和语言,并且通过它的各种优点和缺点,通过它的各种优秀人物和败类影响了后者,如果前一个民族最终在外在方面也统治了后一个民族,这有什么值得大惊小怪的呢?毋宁说只有相反的情况才是最值得惊叹的吧?但是反过来,后一个民族也找到了一个中介,能够把一些原理输入到前一个民族的最伟大的或至少是最具权威性的部分里面,这些原理的精神由于在本性上更多地是向外发挥作用,所以它通过一个迅速的(哪怕是可怕的)危机而得到克服;尽管如此,后一个民族正在慢慢地蚕食着前一个民族的内在生命。在这个关系里,有哪些后果是值得期待的呢?

就德意志民族与其他各个民族的这个关系而言,为了认识到这个民族的精神的真正本质性,以及这个民族的原初的意识方向，我们必须分离出所有那些东西，它们要么是通过我们的祖先与外国民族的偷情而产生出来的，要么作为一种外来的杂质已经在内在本性上改变了纯粹的德意志金属。真正属于"外来户"的，不是德国哲学（虽然人们长久以来就指责这一点），而是那些抽象的理论和肤浅的原理，它们已经逐渐渗透到生活和共同体的所有分支里面，而且有着持久的影响，但与此同时，它们早就已经遭到经验的反驳，并且每天都展现出自己的虚无性。

尽管如此，当德意志民族表现出内在的分裂、矛盾和无能，我们也不可以把这些全盘归咎于外来因素的影响。德国精神的本质和使命，就是要在全部形式里面做出尝试，而这就是一种无穷丰富的分裂的根据。一切生命都要求总体性，但是如果总体性缺乏了统一性，那么它只会走向分裂。就此而言，我们的身体的个别部分构成了一个形式，只有当这个形式获得统一性，本质或真正的生命闪电才迸发出来。如果形式四分五裂，那么生命闪电就会在它迸发的地方寂灭。**我们**在同一个时间和同一块土地上看到无穷多类型的人。很多人已经完全沉陷在感性的泥淖里面，在他们的局促的精神力量看来，最高原则就是，除了感性事物之外，不去发现和思考任何东西。有些纯粹的"知性人"（Verstandesmenschen）——实际上这类人很稀少，很多都是冒充的——通过放弃和谦虚来寻找自己的知性，但他们完全没有能力创造出任何积极肯定的东西。至于"理性人"（Vernunftmenschen）则是这样一类人，他们以为，凭借纯粹的理性就可以超然于一切现实性和一切行为之外。除此之外，甚至还有一些"超理性人"

[VIII, 15]

(Ueber-Vernunftmenschen)！然而这种包含着和谐的人（通过和谐，所有那些东西才要么获得高贵地位，要么获得现实力量和现实性），简言之，这种真正的神一般的人，在任何地方都还未曾出现。所有那些人都表明，他们既没有能力拯救共同体，也没有能力发明一种有利于整体和普遍者的东西。这个时代恰恰缺乏那种内在的、精神性的生命闪电，而且无论在什么地方（至少在德国），当力量的分化在全部方向上都已经达到极致的时候，也还没有表现出生命闪电的迹象，没有表现出一种可以作用于生命的东西。假若生命闪电显现出来，那么它就会像一道亮光，像一个来自于天国的使者，满足了所有民族的祈愿，突然之间，以一种奇妙的、神圣的方式把分裂的东西统一起来。但现在，人们脱离彼此，孤孤单单，每一个人都站在一个终端位置；至于那种能够把所有的人都消融为唯一意愿和唯一行动的力量或火花，还从来未曾显现。

你们辱骂自然界，说它封闭感官，而且没有按照你们的抽象模式来创造出人；你们玷污和扭曲了人的本性，以此满足你们的心意；你们咒骂自然界时的那种疯狂劲，比过往时代的那些通过自残来达到极乐境界的人的疯狂劲还要无耻得多。你们也不想想，在科学、宗教和艺术这些事情里面，就和在各种世间俗务里面一样，如果缺乏一种超乎寻常的自然力量，那么根本就成不了什么大事，而且即使是灵魂的那些最为崇高的表现，如果缺乏一种强有力的感性，那么对于世界来说也是毫无影响。你们不想想，当你们扼杀激情的时候，你们同时也就剥夺了德行的应用材料，剥夺了物质，而如果没有物质，德行也不能表现出来。自然界的任何力量就其自身而言都是好的，而且，就它们是一种积极肯定的力量而言，是神性的；它们不会成为否定的和恶劣的东西，除非它们企图摆脱力量的原初尺度，为着自己发挥作用，使自己成为万物的中心。但是，如果德行本身无非就是原初力量的那个神圣尺度，那么这些力量必然会成为德行的表现，正如在明亮的天空里，太阳之所以具有统一性的形象，原因仅仅在于，同一个苍穹也隐含着风暴和雷电的力量。谁会认识不到愤怒、仇恨、爱荣誉以及其他性情的神性根源呢？对于那些由于气候原因而天性就在自然力量和感性方面更为匮乏的民族来说，一种掏空人心的道德必然会造成严重得多的恶劣后果。 [VIII, 16]

同样，你们又向知性宣战，因为你们仅仅认识到它的否定方面，却没有认识到它的肯定方面。即使我们像通常的观点那样，仅仅把知性看作是理性和感性的中介，那么在这种情况下，知性看起来已经代表着实现，或者说它是人里面的实现过程的唯一力量。于是甚至出现这样一个问题，即从人的角度来说，知性作为那两个对立面的共同纽带，且正因如此作为人本身的纽带，是否处于一个比理性和感性更高超的地位？但正如事情本身和经验已经无比清楚地表明的那样，如果知性脱离理性和理念（知性是它们的工具），或者如果知性脱离感性直观和力量（知性必须给它们打上理性和理念的烙印），那么它都是一个空洞的、徒劳无益的、无足轻重的东西；然而恰恰是经验为知性指明了它在人类本性的整体里面的特定的、有机的关系。心脏之所以在身体里面自由而有力地跳动，难道不是因为它是两个系统的纽带，难道不是因为它从属于一个统一体，而统一体不再区分为任何部分？唯有通过知性，精神的全部产物才获得内在的力量和独立性；甚至勇敢、德行和激奋之类行为也是通过知性才打上神性的一个烙印。但是，正如在科学里面，单纯的狂热、感触和感觉已经成为一种习俗，某些愚笨的人甚至认为蔑视科学乃是天才的表现，同样，在我们的日常生活的各种事物里面，相比清晰的知性，人们更信任无知性的狂热，相比对于必然事物的清楚认识，人们更信任虚幻的意见。

[VIII, 17]

你们多次指责德国哲学家，说他们不但对于共同体漠不关心，而且不赞同人们众口一词地对于古人和当前状态的堕落的抱怨；一般说来，德国哲学家甚至由于这个缘故而惹恼了大家，即他们忙于研究那些超感性的、超出了通常的理解能力的东西，而世界的各种状况看起来已经把所有的人类力量都召唤回地面。假若近代哲学的方向也是如此地不食人间烟火，假若大地呈现出来的无非是一场令人毛骨悚然的关于有机事物的瓦解过程的大戏，那么，当人们脱离大地而转向天堂，这有什么值得谴责的呢？但是，既然你们无比深刻地感受到了那些状态的虚无性，并且早就将其公之于众，又何必再来抱怨那些状态的堕落呢？难道你们不是应该为此感到高兴吗，既然粉碎一切的命运已经用强烈的敲打摧毁了那座由谎言和谬误建成的大厦，甚至连最轻柔的窃窃私语都没有放过？如果你们无比坚定地相信，那些在一个种族里面已经播下的真、公正、善的种子，只能长出杂草和劣质的果实，你们还会对于一个时代或一个种族仍然抱有希望吗？真的，虽然按照通常的说法，经验是一个笨蛋的师父，但你们对于一个种族里面的沉睡精神和内在死亡是如此之了解，以至于你们可以明确地预言道，就连经验也不会改变什么和改善什么。既然如此，你们应该对谁说这些话呢？只能是对这样一些人，他们一方面沉迷于各种抽象理论的肤浅概念，另一方面满足于一种不纯粹的、甚至可以说肮脏的经验，在自诩具有一种真正的实践智慧的同时，却蔑视那种真正的哲学，亦即对于存在者的最高认识。你们也沾染了那种虚妄的迷信，以为旧事物能够战胜新事物，与此同时你们又坚信，只有完全的革新—— [VIII, 18]
抵抗这个革新乃是过去整个时代的那些死人和蠢人的主要任务——才能重新带来荣誉和福祉！你们这整个种族都是一些被阉割了的好色之徒和弱不禁风的肤浅之人，一些无论对于生命的严肃还是对于科学及艺术的严肃都同样一窍不通的人；必须要等到你们这个种族消灭之后，人们才能够重新展开充满力量的行动……

人名索引

（说明：条目后面的页码是指德文版《谢林全集》的页码，即本书正文中的边码。）

A

Anaxagoras 阿那克萨戈拉 VI, 93

B

Baco, Francis 培根 VI, 10; VIII, 9
Baumgarten, Alexander 鲍姆伽登 VI, 5
Böhme, Jakob 波墨 VIII, 8

C

Cicero 西塞罗 VI, 66
Copernicus 哥白尼 VI, 5

D

Demeter 德墨忒尔 VI, 39
Descartes, Rene (Cartesius, Renatus) 笛卡尔 VI, 88-91, 93; VII, 148, 215

E

Epikur 伊壁鸠鲁 VI, 84
Eschenmayer, C. A. 埃申迈耶尔 VI, 18-20, 21, 26, 28, 31-32, 50-51, 54, 64; VII, 186
Euripides 欧里庇得斯 VI, 69

F

Fichte, J. G. 费希特 VI, 19, 27, 42-43, 54, 62, 79-82, 118,

122-130; VIII, 7

G
Goethe, J. W. von 歌德 VI, 8

H
Hamman, J. G. 哈曼 VIII, 8
Herakles 赫拉克勒斯 VI, 46
Hippel der Ältere, Th. G. von 希贝尔 VI, 5
Homer 荷马 VI, 9; VII, 145
Hume, David 休谟 VI, 10

I
Irus 伊罗斯 VII, 145

J
Jacobi, F. H. 雅各比 VI, 6; VIII, 8

K
Kant, Immanuel 康德 VI, 3-10, 17, 27, 49, 74, 79-81, 117-122; VII, 196, 218; VIII, 7
Kepler, Johannes 开普勒 VII, 195; VIII, 7

L
Lambert, J. H. 兰伯特 VI, 7
Leibniz, G. W. 莱布尼茨 VI, 47, 91, 104-117, 125-126, 130; VII, 159, 162, 173, 180, 195-196; VIII, 8
Lessing, G. E. 莱辛 VIII, 8
Locke, John 洛克 VI, 10
Lucretius 卢克莱修 VIII, 8
Luther, Martin 路德 VIII, 5

N
Netwon, Isaac 牛顿 VI, 7; VII, 228

O
Odysseus 奥德修斯 VII, 145

P
Parmenides 巴门尼德 VI, 7
Pershphone 佩耳塞福涅 VI, 39
Platon 柏拉图 VI, 7, 14, 16, 28, 36-37, 38-39, 62, 79; VII, 143, 192-193, 197, 201

Pope, Alexander 蒲柏 VI, 10

S

Schelling, F. W. J. 谢林 VI, 54
Schulze, G. E. 舒尔策 VII, 153, 193-194
Sokrates 苏格拉底 VI, 37, 60
Sophokles 索福克勒斯 VI, 66
Spinoza, Baruch 斯宾诺莎 VI, 17, 24, 26, 49, 63, 93-101, 103, 113; VII, 193, 196, 209, 221, 225, 241; VIII, 8

V

Villers, Charles de 韦勒斯 VI, 10

W

Wieland, Ch. M. 维兰德 VI, 9
Winkelmann. J. J. 温克尔曼 VI, 8; VII, 143
Wolff, Christian 沃尔夫 VI, 5, 116

Z

Zeno 芝诺 VI, 7

主要译名对照

A

Abdruck 摹本
Abfall 堕落
abseits 凌驾于……之上
Abseits 彼岸世界
Absicht 意图
absolut 绝对的
das Absolute 绝对者
Absolutheit 绝对性
Abstufung 层次分化
Accidens 偶性
Affektion 情状
Affirmation 肯定
Ahndung 憧憬
All 大全
Allheit 大全
Anschauung 直观

-intellektuale Anschauung 理智直观
-intellektuelle Anschauung 理智直观
an sich 自在的，在其自身
An-sich 自在体
Atomismus 原子论
Ausdehnung 广延

B

Band 纽带
Befreiung 解脱
Begriff 概念
Bejahung 肯定
Beschreibung 描述
Bestimmung 规定
Betrachtung 观察

Betrachtungsweise 观察方式
Beziehung 关联
Bezug 关联
Bild 形象,图像

D

Dämon 神明
Dasein 实存,存在
Dauer 延续,绵延
Denken 思维
Denkungsart 精神境界
Differenz 差异
Differenzwerden 差异转化
Diesseits 此岸世界
Ding 物,事物
Dogmatismus 独断论
doppelt 双重的
Dualismus 二元论

E

eigen 私自的
Eigenheit 自私
das eigentümliche 独特之处

Ein - und Allheit 大全一体
Einbilden 渗透式塑造
Einheit 统一性,统一体
Einrichtung 制度
einweihen 参悟
einzeln 个别的
Einweihung 参悟,祝圣仪式
Emanation 流溢
Emanationslehre 流溢说
Empirismus 经验论
Endabsicht 终极目的
endlich 有限的
das Endliche 有限者
Endlichkeit 有限性
Entschluß 决断
Epos 史诗
Erde 大地,地球
Erfahrung 经验
Erkennen 认识活动
Erkenntnis 认识
Erklärungen 解释
Erscheinung 现象
esoterisch 内传的

ewig 永恒的
das Ewige 永恒者
Ewigkeit 永恒, 永恒性
Existenz 实存
exotersich 外传的

F

Form 形式
Freiheit 自由
für sich 自为的, 自顾自的

G

Gebot 诫命
Geburt 诞生, 降生
Gefühl 情感
gegeben 给定的
Gegenbild 映像
Gegenstand 对象
Gegenwart 现在
gegenwärtig 当前的
Geist 精神
Geisterreich 魂灵王国
geistig 精神性的

Geschlecht 种族
Glaube 信仰
Gott 上帝, 神
Götter 诸神
gottgleich 等同于上帝的
Gottheit 神性
göttlich 上帝的, 神的, 神圣的
das Göttliche 神性
Grund 根据

H

Handlung 行动
Harmonie 和谐
 -prästabilierte Harmonie 前定和谐
Heidentum 异教
Hylozoismus 物活论

I

Ich 我, 自我
Ichheit 自我性
ideal 观念的, 观念意义上的
das Ideale 观念

Idealität 观念性
Idealismus 唯心论
Idee 理念
Ideenwelt 理念世界
Identität 同一性
Identifikation 等同
Idol 痴迷对象
in sich selbst 自身之内，基于自身
Indifferenz 无差别
Individualität 个体性
Institut 机构

K
Kritizismus 批判主义
Kunst 艺术

L
Leben 生命
Lehre 学说，教导
Leib 身体
Leiblichkeit 身体性
Licht 光

M
Materie 物质
Mittel 中介
Mitteilung 分有，分享
Möglichkeit 可能性
Monade 单子
Mysterien 神秘学
Mythologie 神话

N
Natur 自然界，本性
Naturphilosophie 自然哲学
Naturwesen 自然存在
negativ 否定
Nichtabsolutheit 非绝对性
Nichtigkeit 虚妄，虚无
Nichtphilosophie 非哲学
Nichts 虚无
Notwendigkeit 必然性

O
Objekt 客体
objektiv 客观的

Occasionalismus 机缘论
Offenbarung 启示
öffentlich 公开的,公众的
Organ 装置,器官

P

Phänomen 现象
positiv 肯定的
Potenz 潜能阶次
Prinzip 本原
Prius 前提
Produzieren 创造
Propädeutik 导论

R

Raum 空间
real 实在的,实在意义上的
das Reale 实在
Realität 实在性
Reflexion 反思
Relation 关联
Religion 宗教

S

Schicksal 命运
schlechthin 绝对的
Schuld 罪过
Schwere 重力
Seele 灵魂
Sehen 观看
Selbstbejahung 自身肯定
Selbstbewußtsein 自我意识
Selbsterkennen 自我认识
selbstgegeben 自行给定的
Selbstheit 主动性
Selbstrepräsentation 自我呈现
selig 极乐的
das Selige 极乐者
Seligkeit 极乐
Sinnenwelt 感官世界
sinnlich 感性的
Sittengebot 道德律
sittlich 道德的
Sittlichkeit 道德
Spekulation 思辨
spekulativ 思辨的

Sphäre 层面
Staat 国家
Staatsoberhäupter 国家领导人
stetig 持续不断的
Stetigkeit 延续性
Stoff 质料
Stufe 层次
Subjekt 主体
subjektiv 主观的
Substanz 实体
Substrat 基体
Sündenfall 原罪
Symbol 象征
Symbolik 象征系统

T

Tat 行为
Tathandlung 原初行动
Tatsache 事实
Teilnahme 参与, 分享
Totalität 总体性
Trägheit 惰性
Tugend 德行

Tun 行动

U

Übel 灾难
Übergang 过渡
übersinnlich 超感官的
Unding 莫名其妙的东西
unendlich 无限的
das Unendliche 无限者
Unendlichkeit 无限性
unmittelbar 直接的
Universum 宇宙
unsinnlich 非感性的
Universum 宇宙
Ursprung 起源
Urwesen 原初本质

V

Veranstaltung 安排
Verfassung 机制
Vergangenheit 过去
Verhältnis 关系, 情况
Verhängnis 厄运

Vernunft 理性
Vernunftbetrachtung 理性观察
Vernunftmensch 理性人
Verstand 知性
Vollendung 完满
Volksglaube 民间信仰
Volksreligion 民间宗教
Vorsehung 天命
Vorstellkraft 表象力
Vorstellung 表象

Werkzeug 工具
Wirklichkeit 现实性
Wissen 知识
Wissenschaft 科学
Wissenschaftslehre 知识学

W

das Wahre 真相
Wahrheit 真理

Z

Zeit 时间
Zeitleben 时间中的生命
zeitlich 应时的，短暂的
zeitlos 与时间无关的
Zentrum 核心
Zukunft 未来